高校女教师
三重身份的文化透视

唐文焱　著

ZHEJIANG UNIVERSITY PRESS
浙江大学出版社
·杭州·

图书在版编目(CIP)数据

高校女教师三重身份的文化透视 / 唐文焱著. 一杭州 : 浙江大学出版社,2022.10(2023.3 重印)

ISBN 978-7-308-23094-0

Ⅰ. ①高… Ⅱ. ①唐… Ⅲ. ①高等学校－女性－教师－研究－中国 Ⅳ. ①G645.1

中国版本图书馆 CIP 数据核字(2022)第 176356 号

高校女教师三重身份的文化透视

唐文焱　著

责任编辑	张凌静(zlj@zju.edu.cn)
责任校对	殷晓彤
封面设计	周　灵
出版发行	浙江大学出版社
	(杭州市天目山路 148 号　邮政编码 310007)
	(网址:http://www.zjupress.com)
排　　版	杭州朝曦图文设计有限公司
印　　刷	浙江新华数码印务有限公司
开　　本	710mm×1000mm　1/16
印　　张	11
字　　数	210 千
版 印 次	2022 年 10 月第 1 版　2023 年 3 月第 2 次印刷
书　　号	ISBN 978-7-308-23094-0
定　　价	68.00 元

序

促进社会进步和人的全面发展是高等教育的宗旨和使命。随着社会现代化进程的推进,高等教育的重要地位和作用也进一步凸显,社会发展对高等教育的功能要求也更加多元。高等学校不仅担负着高层次人才的培养工作,还发挥着高新技术产业孵化以及为政府部门科学化决策提供建议的智库作用。高校教师的职业压力也随之加大,成为一个带有全球性的普遍问题。

在高等教育蓬勃发展的今天,高校女教师无论在数量上还是质量上已经成为主力军。作为高校重要的人力资源,高校女教师职业发展状况不仅直接影响着我国高等教育事业的发展,彰显着性别平等的文明与进步,而且对大学生性别角色定位和职业发展期望都会产生重要影响。然而,在现实中尽管高校女教师的队伍不断壮大,其发展与男教师之间的鸿沟依然明显,依然存在男女教师参与高等教育的进程以及在高等教育中拥有的资源、权利和发展机会的不平衡。这样就会使高校女教师比男教师承受更大的职业压力和负担。这些不断增大的压力和负担降低了她们本应从工作中获得的满足感,并直接影响她们的身心健康。

显然,职业方面的压力与境遇还不能完全代表高校女教师所面临的现实困境。女教师的社会角色与身份带来的矛盾与冲突也是主要困境之一。在社会生活中,角色和身份是人们在社会生活中形成的,与人们在社会关系体系中所处的地位以及社会所期望的一套行为模式有关。"社会角色"是人社会地位的表征,而"身份"则是指人被社会承认的在社会中的位置和地位。社会角色和社会性别是紧密相关的,社会性别是相对于"生物性别"或"生理性别"而提出的概念。前者是指生理学意义上的男女,由生物遗传因素决定;后者是指人们对男女差异的主观理解,由社会文化形成,主要涉及有关女性或男性的群体特征和行为方式。

在我国几千年的传统文化中,男、女是一组基本的二元对立范畴,并由此衍生出一系列相互对立的事物,比如阴阳、尊卑、内外、强弱等。这些二元对立的事物,规范着男女两性的地位、身份与活动等,由此建构起中国传统的社会性别制度,那就是男女有别。具体体现为"男尊女卑"的价值定位、"男外女内"的分工模式、"男主女从"的性别格局与"男公女私"的活动范围。正是在这种"男女有别"的社会性别制度的规训下,20世纪20年代以前女子教育的主要内容仍然是"三从四德",其宗旨是培养贤妻良母,不重视提高女性的知识水平和社会活动能力,更不允许男女自由社交、参加社会政治活动等。直至今日,中国社会所建构的性别文化依旧形塑着男女两性的思维方式、价值取向、劳动分工以及生活方式,绝大多数社会成员依然视女性为家庭幸福生活的营造者和奉献者。这种男强女弱、男外女内的思想在绝大多数高校女教师的潜意识中依然根深蒂固,消解了高校女教师对自身价值的认定,从而导致她们自我评价偏低,发展意识淡薄,甚至部分女教师主动将自己认定为弱者,放弃事业上的追求与进步,全身心投到丈夫、孩子身上,转而寻求一种"替代成就感"。

唐文焱博士从高校女教师发展中存在的现实问题出发,展开了在中国文化语境下的性别讨论。为了收集一手材料,唐博士采用量化研究与质性研究相结合的方法,不仅从历史文化的演进过程中梳理了中国人的性别观及其思想脉络,还花费大量时间搜集、整理了大量珍贵的、富有情感的、活生生的现实资料,运用文化分析的方法和相关理论进行研究,寻求其性别观念、思想的文化源头及其社会基础条件,其中所形成的研究思路具有很好的逻辑范式效果,为未来进一步研究我国性别问题奠定了很好的研究基础。本书很好地为读者展示了中国高校女教师现实的状态及其对幸福生活的愿景,不仅具有较高的学术价值,而且蕴含着中国女性对生命理解的深层情感、态度和价值观,能够唤醒作为一个中国人对现实文明状态的观照和对未来文明发展的探索欲望。本书所提到的许多现实问题背后存在着我们作为当代中国人应自我反思的深层原因,尤其是对千百年来的文化渊源所蕴含的思想观念的认识和批判,只有在批判中才能让我们反思自己,从而提升自己的素养,为中华文明的未来建构更加合理的性别观念。本书面对未来文明提出了更深层的理论问题,例如,平等的基本含义是什么?平等与平均有什么不同？比平等更基础的概念是自由，那么自由在性别平等的视域中如何界定？在人类思想进步的长河中，不同时代的不同学者站在自己的角度如何界定自由？其思维的起点、过程和终点是什么样的逻辑结构？对上述问题，唐博士已经在书中给出了初步答案：平等是社会中每个主体基于生命特征对自由的理解和把握，表现在对自我生命的认识和行动上。对此解答，唐博士还不满意，目前正在进行更加深入的研究，希望不久将会有新的研究成果呈现在我们面前，给我们带来新的解读。

巴登尼玛

2022 年 6 月 10 日

前　言

从事女性主题的研究,注定是一场荆棘密布的旅途。纵观人类发展史,其实质就是一部男性史,不仅仅因为人类历史是"关于男性"的历史,女性踪影基本无处可寻,更因为历史往往是按照男性的标准和价值"由男性"来书写和诉说的。中国女性参与高等教育,不过短短一百年。在长达几千年的历史中,女性作为男性的附属物存在,早已成为集体无意识。一名男性专家在一次会议上曾直言不讳道:"如果高校女教师发展不利的根源就在于受到男性的压迫和社会的不公正,那么研究结果没有多大实际意义。"他还戏言,当今社会女性早已翻身做了主人,妇联能够为女性撑腰,而男性遭受家暴无处申冤更无脸告人,恰恰该成立专门的机构为男性讨要公平。会场上顿时笑声一片,个中内涵只可意会不可言传。

在高等学校,女教师的身份困境是否真的存在? 如果存在,又该如何看待? 当人们武断地将高校女教师发展视为个人问题时,似乎忽略了这样一个事实,"处于相同地位的人通常面临着相似的难题,做出相似的选择,这必然牵扯出公共问题,有赖于公共问题的解决。如果不考虑潜在的社会文化问题就试图去解决私人问题,注定是徒劳无功的"(米尔斯,2005)。高校女教师发展已然是公共问题,我们则需追问背后的社会文化因素。社会文化既是人类生活的共同产物,也是人类共同活动的结果。它的影响虽不像政治、经济那么直观、强烈,但有其自身的作用方式和特点,"文化的特性在于社会能动者'意义创造'的积极过程,尤其是在理解自身生存环境,包括经济地位、社会关系以及为维护尊严、寻求发展和成为真正的人而构建的认同和策略的过程中"(威利斯,2013)。

教师如何建构自己的身份,如何为自己的行动赋予意义,以及为何如此赋予意义,是教师发展的本源性问题。文化是分析和理解高校女教师身份困境的一扇门,生活于相同文化环境中的高校女教师势必呈现较为相似的思想观念、意识,并在同一制度的约束下出现较为一致的行为方式。本书对高校女教师的真实生活世界进行全景呈现,采用个案研究和半结构化的生活世界访谈研究方法,辅之以参与观察法和问卷调查法,以三位高校女教师作为个案,挖掘隐匿于学校女教师生活状态之后的生活意义理解,旨在揭示和解释高校女教师身份困境的文化根源。全书共有七章。第一章主要交代研究的问题、文献、方法等。第二章将高校女教师置于中国历史文化脉络中进行审视,追溯不同时期社会文化对女性的角色期待和女教师的身份定位,勾勒高校女教师身份变迁的群体影像,说明高校女教师身份困境从何而来。1840 年以前,男尊女卑的社会文化在中国占据绝对主流,女性扮演着贤妻良母的角色,困守家庭身份,缺席高等教育。清末民初,西方列强的入侵和西方文化的传入唤醒了民众,女性的社会身份浮出地表,成为高等教育的参与者。新中国成立后,在国家制度和国家话语的干预下,女性顶起了半边天,但性别身份在一定程度上遭到消解,高校女教师成为"失语者"。改革开放后的中国,传统与现代交织,女性多重身份重叠,"女性解放"与"女性回家"话语并存,高校女教师陷入了挣扎与迷茫。第三章以一所省级重点师范大学的三位女教师作为个案,记录她们的性别话语,讲述她们的日常生活故事,走进她们的内心世界,倾听和分享她们的生活感悟,洞察她们真实的心理活动,从中发现被压抑、藏匿、扭曲了的女性生存体验和生命存在的真实,并将她们讲述的故事打碎后进行归纳,提炼出当代高校女教师作为性别人、社会人、职业人面临的一系列身份冲突与困境。高校女教师具有性别身份、社会身份和职业身份三重身份。在传统文化和现代思潮的夹击下,当代高校女教师的性别身份面临着"平等人"与"次性人"的冲突,社会身份面临着"公共人"与"家庭人"的冲突,职业身份面临着"学术人"和"教学人"的冲突。第四至第六章主要回答困境何以形成和文化对高校女教师意味着什么;基于文化洋葱理论以及人与文化互动的理论,构建了文化结构—互动分析框架,将文化分为观念、制度和行为三层,逐层解析高校女教师的身份困境。同时,在探究社会文化如何建构高校女教师身份的同时,考察高校女教师如何在与社会、他人的互动中进行自我身份建构。第四章从观念层展开分析。高校女教师身份受到男尊女卑的生命价值、双重标准的成功价值、反向抑制的母性价值等性别观建构。成功恐惧驱使高校女教师对学术人身份的回避,替代成就带来家庭人身份的满足,性别防御造成公共人身份的退让,随之建立起个人偏好与社会文化认同之间应有的平衡与自我约束。第五章从制度层展开分析。"教育产生着身份,或者至少是制造着身份认同。"(阿尔弗雷德·格罗塞,2010)教育是影响身份确认的重要变量,作为一种社会制度的教育在维持和传承文化中发挥了举足轻重和决定性的作用,塑造着女性的身份定位。家庭教育、学校教育和社会教化都在不知不觉中进行着文化再生产,型构着女教师的身份。在与制度体制进行交锋的过程中,高校女教师不断让渡公共权力,把控家庭权力;让渡决策权力,掌握事务权力;让渡学术权力,固守教学权力。第六章从行为层展开分析,探析时间如何建构女教师身份,女教师采取了怎样的时间策略。女教师具有时间贫困、他控时间和碎片时间的特点,其实质都是一种性别化的时间,规制着女教师的身份。反观高校女教师自身,也以能动的方式进行着自我建构,采取家庭时间优先,家庭事业兼顾,以时间换取空间的策略。第七章为结论与反思,总结指出高校女教师身份困境由社会文化和女教师主体双重建构而形成;高校女教师的性别身份与社会身份、职业身份具有同构性;在不同的历史文化语境下、在与社会和他人的互动中,高校女教师身份处于生成、流变之中;应当追求以性别公正为尺度的高校女教师多重身份的和谐。为实现高校女教师身份的文化超越,在观念层面应立足于生命的平等理解,基于生命的性别特点,建构和而不同、价值无差的性别观;在制度层面应以性别公正为基础,消弭教育中显性和隐性的性别歧视;在行为层面,高校女教师应具有主体文化自觉,实现多重身份的全面自由和谐和自我时间赋权。

人类是一个休戚与共的命运体。在庆祝中国共产党成立 100 周年大会上,习近平总书记指出,坚定推动构建人类命运共同体。人类命运共同体中的"人类",既包含不同国家、种族、民族、阶级的人,也包含不同性别的人。缺失女性的人类是不完整的,忽略女性的社会看不到希望。过去几十年,在联合国相关机构和世界各国政府矢志不渝的努力下,全球女性的生存境遇不断得到改善。然而,2020 年以来,女性的生存发展状况遭受严峻挑战。根据世界经济论坛发布的2021 年全球性别差距报告,新冠肺炎疫情使得女性的无偿照料和家务劳动工作增多,性别薪酬差距进一步加大。同时,居家隔离也使得全球家庭暴力激增。据国家统计局数据,2021年全年人口比上年末增加48万人(不包括港澳台和外籍人员),全年出生人口1062万人,死亡人口1014万人,人口自然增长率为0.34‰,创50年以来新低。种种现象表明,人类社会要发展和进步,需要创建一个对女性更加友好和包容的社会。这是笔者出版本书的目的。每一个生命都不应因性别文化而受到束缚,男性和女性皆如此。

由于笔者水平有限,本书存在诸多不足,敬请读者批评指正。

目　录

第一章 导 论

2006年2月21日,哈佛大学校长劳伦斯·萨默斯(Lawrence H. Summers)被迫宣布辞职,事情源于他在一次美国全国经济学家会议的发言中提及,大学中缺少女性科学家的原因之一是两性的先天差异而非社会因素。一石激起千层浪,此言一出立刻引起轩然大波。哈佛大学女教师委员会致信谴责他的这一行为给学校声誉造成严重损害。在强大的舆论压力下,萨默斯不得不向女教师委员会道歉,并承诺为女教师提供更多的科研经费。尽管如此,要求他下课的声音仍然不绝于耳。最终,他被迫辞职。

萨默斯请辞后,接下来发生的事情颇富有戏剧性。2007年2月11日,创建于1636年的哈佛大学建校371周年。这一天,历史学家凯瑟林·德鲁·基尔平·福斯特(Catharine Drew Gilpin Faust)被任命为第28任校长,成为该校建校以来的第一位女校长。福斯特是哈佛大学旗下拉德克利夫高等研究院院长,萨默斯风波后受邀担任新成立的女性教授工作小组的负责人。她以出众的平衡协调能力,善于合作的领导方式赢得了评选委员会的认可。在得知当选消息后,福斯特这样说道:"我希望对我的任命是一个机会平等的象征,这对上一代人来说是不可想象的。"不知是出于对校长身份的特别强调,还是对性别身份的刻意淡化,她在新闻发布会上特地申明:"我不是哈佛女校长,我是哈佛校长。"(周有恒,2007)

哈佛大学这一系列事件充分说明了尽管女权运动在西方已轰轰烈烈地开展了两个多世纪,人们对性别的文化偏见仍然根深蒂固。女性若欲在高等教育领域里真正取得成功,不知还面临着多么"漫长的革命"! 所以,笔者认为,女性问题研究实则是人类问题研究,关系着人类明天的文明。

身为一名高校女性教师,在为西方社会性别意识的敏感性、深刻性,以及向性别歧视观念和行为作斗争的绝不妥协性所折服之时,不由将视线挪移回来,反思中国文化及中国高校女教师的发展现状。反观中国,以争取男女平等为主旨、林林总总的西方女性主义理论自19世纪末20世纪初传入,经历了新文化运动、社会主义革命、改革开放等不同历史时期,百年之间中国女性的命运发生了根本性的转变,女性的身份和角色被重新书写或缔造。然而,现实中高校女教师的发展仍旧步履维艰,让人们不得不追问:高校女教师到底怎么了?

过去 20 年是我国高等教育蓬勃发展的时期,高校教师规模大幅度增长,女教师人数增长更是突飞猛进。根据教育部网站数据,2016 年,我国普通高校专任教师共计 1601968 人,其中女教师为 788558 人,占专任教师总数的 49.22%。女教师占据了半壁江山,改变了过去男教师"一统天下"的局面。然而,看似鼓舞人心的数字实际上经不起仔细推敲,大量数据表明,高校女教师处于高等教育金字塔底部,职业发展堪忧。

高校女教师发展面临玻璃天花板障碍(Bain et al.,2000)。根据教育部网站数据,2016 年,我国普通高校专任教师中级、初级职称共计 825334 人,其中女性为 454260 人,占 55.04%;副高级职称共计 473801 人,女教师有 217792 人,占 45.97%;正高级职称共计 202154 人,其中女教师 61611 人,仅占 30.48%。硕士研究生导师共计 277948 人,女性为 97731 人,占总数的 35.16%;博士研究生导师共计 15957 人,女性为 2692 人,仅占 16.87%。愈是接近职业发展阶梯的顶端,女性教师愈少。

高校女教师处于边缘化地位。女教师集体缺席大学教学与学术核心圈层,承担教学多,从事科研少,成为学术精英(如博士研究生导师、省级以上学术带头人)的屈指可数,进入重要学术组织如大学学术委员会、教授委员会的更是凤毛麟角。学者李小江(1999)对女性的边缘化如是解释:"'边缘'就是女性的生存状态、女性的存在和她生存的价值一直附着在以男性为主流的社会边缘。"著名的新马克思主义学者艾丽斯·M.杨(Iris Marion Young)认为,处于边缘化的人不但要遭受物质剥夺,而且会遭遇公民权利的缩减和发展机会的丧失。

高校女教师处于无权化状态。美国著名教育管理学教授 Pigford(皮格福德)和 Tonasen(汤纳森)在著作《学校领导中的女性:生存与发展指南》中提出了"女性教书男性管校"这一形象说辞(张新平,2010),意指中小学校女教师主要承担教学,管理岗位往往由男性占据。这种现象在高等教育领域亦然,领导层主要由男性构成,重要岗位的中层正职基本由男性把持。教师获得教授职称后转任管理职务的"学而优则仕"之门更多地向男性开放,形成男性和女性等级制的劳动分工。学者通过对河南省 10 所高校的知识女性尤其是高层女性发展现状展开研究发现,"需要上级提名、认可的女性权利角色远低于自致角色,'专家型权力角色'即专家与权力相结合的类型比例最低"(罗萍,2013)。在参与高校管理工作中,女性明显处于弱势地位,如表 1.1 所示。

表 1.1　高校管理工作中男女占比　［修订自文献(罗萍,2013)］

性别	教职工	校级领导	校长助理	院长(系主任)	正处级
男性占比	57.93%	86.94%	100%	90.54%	85.62%
女性占比	42.07%	13.06%	0%	9.46%	14.38%

从上述数据可知,高等教育里存在着显著的性别分层。事实上,除了专业发展上的不尽如人意,高校女教师的生活也困难重重。女博士面临择偶难的问题,沦为"剩女";部分女教师不得不屈从于"A女D男"的婚配怪圈①;离异或丧偶女教师的再婚难与同等情形男教师的"抢手"形成鲜明对比;35岁左右难孕难产的女教师难言之隐无法释怀;家务劳动仍然是女性的主战场,女教师艰难地平衡着事业与家庭之间的矛盾;等等。

从上述数据中可以看出,女教师在高等教育领域处于相对边缘的地位。可是这一现象却被人们视为司空见惯的问题,被理所当然地归因为女教师的生理特点、家庭拖累、能力不足或成就动机低等因素。如果我们重新检视这些"常识性思维",对所谓的"日常观念和公共话语"进行批判性反思,那么或许能够得出完全不一样的结论。鲍曼将这种质疑常规和常识的过程称作"陌生化"过程,认为它将"促使人们重新去评定我们的经验,去发现更多的阐释这些经验的可能性,让人们对'本来就如此的事物或者我们相信它就是如此的事物'具有更多的批判意识,更少的顺从和妥协"(齐尔格特,2002)。

无论教育政策设计如何精致,教师培训体系如何完善,教师作为"人"所拥有的内在能动性、意向性及情感需求都是不可忽视的因素。教师如何建构自己的身份,如何为自己的行动赋予意义,以及为什么这样赋予意义,是教师发展的本源性问题。面对高校女教师的现实境遇,抛开对高校女教师的外在规定,直指高校女教师身份问题,于是笔者研究问题聚焦到高校女教师身份,去探寻高校女教师究竟如何定义自己,她们面临怎样的问题,如何看待自己的处境。

第一节　文献综述

研究我国高校女教师身份问题,必须从人的存在入手。教育学从本质上而言是一种人学,是由人所从事的、研究人的一门学科,其根本目的是人的发展,关怀人的存在。因此,首先应从哲学层面廓清对人的存在的认识问题,确立本书的

---

① 指在婚恋市场中,如果把人按财富和地位分为 A、B、C、D 四等,遵循男强女弱的婚姻定式,就会出现 B 女嫁 A 男,C 女嫁 B 男,D 女嫁 C 男,剩下的 A 女要么嫁 D 男,要么成"剩女"。

理论依据。其次,女教师身份研究属于性别研究的范畴,必须进入女性主义理论,通过梳理女性主义理论的主要观点来确立本书的立场。再次,回到教师教育研究领域,在纷繁复杂的教师实践中找到与教师发展密切相关的问题,把握教师教育领域的研究趋势和理论前沿。最后,聚焦教师身份及高校女教师身份,深入探讨女教师身份的相关理论和应然与实然状况,在对上述文献进行融会贯通的基础上,总结分析已有的相关研究成果,寻找研究的突破点。

一、人的存在的相关理论研究

"身份"是对人的存在,即"我是谁"这个本体问题的追问。人的存在是当下人文社会科学研究,尤其是教育学相关学科研究的重要理论问题,20世纪随着存在主义、西方马克思主义、文化学、社会学、人类学等思潮传入中国。

马丁·海德格尔在《存在与时间》中全面回答了西方哲学2500多年的"存在"难题。他指出:"如何找到能够使存在得以显露的存在者是解决存在问题的关键,而人恰恰就是此在,分析问题必须从人入手。"同时他也指出,人是一种与众不同的存在者,人是一种"活"的存在者。人与存在之间,可以从两个方面理解,一方面人的存在正是存在可以显现的"境域";另一方面也就说明人作为一个存在者,其存在形式取决于他是如何领悟或理解自身的存在。"我们怎样理解自己的存在,我们就怎样存在。"(海德格尔,2016)另外,海德格尔还指出,如果综合起来看人的各种生存情况,就会发现其存在具有时间性。通过时间,可以建构人存在的意义。"日常生活中的种种现象都是有时间性的,人对世界有所领悟和感知,人正是基于此才知道自己要去做什么。"(海德格尔,2016)

萨特在《存在与虚无》中提出"存在先于本质"的基本命题。他指出:"人的本质是人自己选择的,选择以自由为前提,必须独自承担选择的后果。"萨特指出,人的存在可以还原为行动,停止行动也就停止存在了。"自由包含在行动的结构之中,行动体现着自由。行动就意味着选择,人的一生就是一连串的选择。选择与有意识是同一的,一个人要选择必须有意识,一个人要有意识必须选择。无论我们的存在是什么,都是一种选择,甚至不选择也是一种选择,是你选择了不选择。选择就意味着介入世界,并给世界以意义。"(萨特,2014)

马克思说:"任何一个存在物只有当它立足于自身的时候,才被看作独立的,而只有当它依靠自己而此在的时候,它才是立足于自身。"(马克思,1979)他还指出:"不是人们的意识决定人们的存在,相反,是人们的社会存在决定人们的意识,存在绝不是现存事物或任何自然物,而是人的此在,人的生命活动。"(马克思,1979)

对于"人是什么?",卡西尔(1985)的答案是,"人被宣称为应当是不断探究他自身的存在物——一个在他生存的每时每刻都必须查问和审视他的生存状况的存在物。人类生活的真正价值,恰恰就在于这种审视中,存在于这种对人类生活的批判态度中"。他将人定义为"符号的动物"而非理性的动物,肯定人所具有的情感。

我国学者研究这类问题相对较晚,多是对国外此类研究的深层次解读和本土化理论的再构。我国学者强调将教育作为手段与工具促进人的全面发展,个体对特定文化"内化"的结果,也是人的存在方式。杨秀莲(2011)指出人格是个体在特定文化状态下的生存样态,它的形成和发展受物质文化、制度文化和精神文化的影响与制约。夏峰(2014)指出要正确反映文化的本质,就要从哲学出发,从人的存在视角认识、理解文化,人的文化存在是人在精神世界中探究意义和价值的存在。

综上,人的存在是对人的价值的拷问,文化赋予人以价值感,赋予人的存在和发展以意义,离开了文化,人的存在和发展失去方向和目标。因此,人是一种文化存在。"人的生命活动与文化息息相关,人创造并发展了文化,同时又受文化的影响。人的生命以文化的方式而存在,文化则以人的活动及其生存方式为展现。"(李清臣,2008)在人发展的过程中,所能改变的并不是人之肉体的存在,而只能是由人通过自己创造的文化所建构起来的人之生存方式(李清臣,2008)。只有从人所处的历史、文化、传统中才能说明人的本质,否则就无法解释历史上和现实生活中变化着的人性。文化更能够对人的行为的复杂性做出情境性解释(余曲,2002)。

不同的文化便有不同的对人自身认识的观点,不同社会具有的何种文化观中的核心之一便是对人的定位,怎样看待男性和女性。社会的文明程度也反映在社会现实中对女性的地位认定上。古代社会留存下来的男尊女卑思想在现代物质的掩盖下以新形式出现在当下社会,笔者撰写本书的目的之一就是,通过对高校女教师身份困境的研究,拨开这些纷繁复杂的物质符号,展现现代社会中女性真实的文化的存在。

二、女性主义理论相关研究

当今女性主义理论流派众多,有自由主义女性主义、激进女性主义、马克思主义女性主义、后现代主义女性主义、后结构主义女性主义、生态女性主义、文化女性主义等。无论是哪一流派女性主义,其最终目标都是争取实现世界范围内的男女平等。

(一)不同流派女性主义的基本观点

平等与差异的论争是女性主义理论的一个中心问题,对此大致存在四种具有代表性的观点：自由主义女性主义主张男女相同基础上的男女平等；后结构主义女性主义主张男女相异基础上的男女平等；激进女性主义主张以男女相异为依据的女尊男卑；后现代女性主义理论主张以男女混合、男女界限不清为依据的男女无高低之分(李银河,2005)。

西方女性主义思潮经历了从平等到差异的过渡。始于18世纪的自由主义女性主义坚信女性是像男性一样理性的人,应当同男性享有同等的教育、就业、法律和政治权利。其中最具代表性的就是1949年法国西蒙娜·德·波伏娃(Simone de Beauvoir)(1998)的《第二性》,她认为女性的温存、柔顺及一系列与此有关的观念是文化的产物,并非是由生理特征决定的。正因为男女原本无差异,所以男女之间才应当平等。

从20世纪70年代起,女性主义者认识到性别平等并非性别中立,女性争取像男性一样进入公众领域并不能使自身获得解放。于是女性主义开始强调女性的独特性,关注点从平等转向差异。激进女性主义则走向另一个极端,高度肯定和赞美女性的特质,主张女性的生理优越和道德优越,鼓吹排斥男性,把男性当作敌人。

后结构主义女性主义强调差异,反对用男性的标准要求自己。主张在男女平等的前提之下强调男女之间的差异,肯定正面的、与男性价值相对立的女性价值。

后现代女性主义认为,男女平等的实质是以男性标准来衡量女性,女性向男性看齐的这种平等建立在以男性为中心的权力构架之中,而这个权力构架正是禁锢她们,也是她们竭力想要改造的,所以以男女平等为目标的妇女解放只是重复且强化这一以男性为中心的体制,因而强调界限的模糊性,认为不存在非男即女的二元对立。

近年来一些学者指出,平等与差异本身就是一个悖论,平等与差异的矛盾使女性主义陷入了两难：若强调平等,以消除差异为代价,就将陷入究竟以男性还是女性作为标准的困境；若强化差异,则等同于肯定性别不平等的合理性,似乎承认平等是无法实现的。法学理论家马莎·米诺(Martha Minow)称之为"差异的进退两难的困境"。

女性主义理论流派纷呈、观点殊异而又共存的局面,丰富了女性主义理论。不同的理论家基于对平等的不同理解,提出了实现平等的不同主张。归纳起来,主要观点如下。一种观点强调社会的效率和个体的自由,偏向于条件和机会的平等。也就是说,只要给予两性同样的发展机会,以同样的方式对待所有的人,平等就能实现。譬如两名赛跑者,一男一女以相同的距离赛跑,只要让他们在相同的起跑线上起跑,就意味着平等。另一种观点强调社会的公正和谐,偏向于个人和结果的平等,即只有当两个人同时到达终点才可能视为达到了性别平等。但反对者提出,如果这样的话竟争就成为无意义的词汇,并且如何达到平等也很难解决。第三种观点提出,真正的平等应当来源于解决情境不平衡的努力和机会平等的共同作用。如果两人同时起跑,一人被要求抱着孩子和穿着高跟鞋跑步,这种情境下女性无论如何都无法取胜,因此应将不平等情境平等化,或将孩子托给他人照看,或者是让抱婴儿者适当先跑,或者允许脱掉高跟鞋跑,等等(沈奕斐,2005)。

21世纪以来,中国融入经济全球化的速度加快,市场经济发展迅速,不同区域之间、城乡之间、不同阶层之间加速分化,也带来了女性群体内部的分化,现有的性别平等理论局限于人格和法律权利平等,已经不能很好地回应现实问题,由此出现了由性别平等向性别公正的理论转向。

在对性别公正内涵的讨论上,学者们试图整合平等与差异之间的矛盾,认为"平等"不是绝对的,而是承认差异基础上的相对平等,强调在肯定两性自然差异基础上的社会性别差异。"性别公正是争取差异中的平等,它承认一定范围内的合理的不平等,是在某些方面的、具体的、特定的平等。"(杨丹,2008)

在性别公正与男女平等的区别与关系上,有学者认为两者截然不同,平等是一种事实状况,而公正是一种价值判断,平等有客观的衡量尺度,公正不能用客观指标来度量。也有学者认为两者有共同之处,平等在本质上就是一种价值关系。有学者主张以性别公正制衡男女平等,以克服男女平等的局限,也有学者主张以性别公正代替男女平等。

(二)社会性别理论

社会性别是当代女性主义理论的一个核心概念。社会性别是英文"gender"的中译。"gender"原意是指语法中的性,如名词及代词分作阳性、阴性与中性。女性主义学者创造性地把gender用作人的性别,与一般意义上的"性别"(sex)相区别,特指男性与女性主体形成过程中文化和社会的组织作用(王政,1997)。社会性别的概念被广泛使用是在20世纪后半叶,并于1995年随第四次世界妇女大会在北京召开传入中国。

社会性别理论驳斥生理决定论,强调两性之间的差异是"非自然"的,即不是建立在生理上的,而是由社会建构的。强调文化在人的性别身份形成中的关键作用,认为性别是文化指定、文化分配、文化强加的。从社会性别的角度追求两性平等,不是从男人手中夺回女性的权利,也并非把男人视为女人的敌人,而是由此发现男女两性在社会性别的机制中都受到了规训,都具有被压制、被压迫的一面,指出对性别平等的追求实际上是对男女两性共同发展的追求。社会性别理论从服饰、行为等微观层面质疑男性或女性身份存在的必然性和合理性;从公/私领域的中观层面,挑战传统的社会分工和价值理念;从社会分层制度和社会结构的宏观层面,质疑不平等的社会条件。

理论界进而认识到,传统的性别结构和社会文化既压迫了女性,也束缚了男性,痛苦的女性和不幸的男性是被同一根性别文化链条捆绑的奴隶。"女性的解放即是人的解放"(荒林,2004),女性主义的终极目的不是消除性别差异,而是消除不平等的性别关系,建立一个更合理的人类生活方式、一个更为公正的人类社会。

(三)马克思主义妇女理论

鉴于马克思主义在中国语境中的特殊地位,本书参考马克思主义哲学独立于西方哲学的通常做法,对马克思主义妇女理论,尤其是马克思主义妇女理论在中国的发展与实践单独做一个简要的回顾。

20世纪初,随着十月革命的一声炮响,马克思主义进入中国,中国共产党人对马克思主义妇女思想进行了深入研究和广泛传播,产生了一系列用马克思主义理论阐释中国妇女问题的论著。中国共产党人在发展壮大的过程中,将马克思主义妇女理论与中国实际相结合,团结和联合广大妇女,带领中国人民实现了民族解放、妇女解放和国家独立。马克思主义妇女理论指出,私有制是女性遭受男性压迫的根源。女性受压迫是一个历史的范畴,是随着生产资料私有制和阶级剥削制度产生而产生的。女性解放的必要条件是消灭私有制(南波,1990)。生产力是女性发展的最终决定力量,促进生产力发展为女性发展提供物质基础(刘晓辉,2010)。马克思主义妇女理论主张妇女大规模参加社会生产劳动和推行家务劳动社会化。女性通过参加社会劳动,获得经济独立,不再依附于男性。家务劳动的社会化是妇女解放的一个条件。

三、教师发展的相关研究

20世纪90年代中期,我国用"教师教育"取代了"师范教育",由此开启了教师专业化进程。进入21世纪后,"教师发展"一词兴起,在内涵上致力于由外在的规定向内在的体验与追求转化。

(一)教师发展

近十余年"教师发展"研究在概念和内涵上不断扩展,主要有以下几个维度。

教师专业发展。学者认为,教师专业发展是一个过程,具有渐进性,是"教师掌握良好专业实践所必备的知识和技能的过程"(Hoyle,1980),是"教师内在专业结构不断更新、演进和丰富的过程"(叶澜等,2001),也是"教师由非专业人员转向专业人员的过程"(朱新卓,2002)。部分学者将专业发展理解为一种境界或标准(饶见维,2003),是"教师不断成长、不断接受新知识、提高专业能力……从而达至专业成熟的境界"(卢乃桂等,2006)。教师专业发展的内容具有多样性,包括知识技能,态度、情感、自主性等。"既指通过教师职前教育或职后培训而获得的特定方面的发展,也指教师在目标意识、教学技能和与同事合作能力等方面的全面的进步"(Fullan et al.,1992),还包括"教师个体的专业知识、专业技能、专业情意、专业自主、专业价值观、专业发展意识等方面"(宋广文等,2005)的发展。教师专业发展的影响因素涉及外部和内部两方面,或以教师个体为依据(吴捷,2004),或以教育系统为依据进行划分(于发友,2004)。也有学者将其细分为社会、学校和个人三个方面(刘洁,2004)。有学者认识到教师专业发展处于教育改革和学校变革的中心(卢乃桂等,2006),在不同发展阶段,影响教师专业发展的因素也各不相同(教育部师范教育司,2003)。

教师生涯发展。宝和古德森提出教师生涯应被置于整体生活的脉络之下来看待,要与教师整体生活相勾连(Ball et al.,1985)。袁志晃(2001)认为,一个人在生涯各层面间是否能取得均衡发展,对阶段性的生涯角色的定位会有决定性的影响。李长娟(2010)认为,教师生涯发展包括教师所从事的教学工作、担任教师职务和角色,以及扮演家庭和公民角色。

教师生活。在生存论哲学和教育回归生活世界理念的启示下,教师发展与教师的生活一改过去相互隔离、对立的状态,呈现出高度融合的状态。学者们认为教师的生活与教师专业发展有密切的关系,教师的生存方式、生活方式决定着教师的专业发展水平,教师的专业发展水平影响着教师的教学生活质量。学校教育生活、课堂生活都是生长的经验,教师在一种发展性的生活中,才能体验和实现自身的发展(张广君,2007)。教师的生活既包括教学生活,又包括日常生活。教师的专业发展与教学生活是相互融合、相互统一的,它们不是割裂甚至对立的两个过程(张曙光,2001),如果"日常生活从教师生活中隐退,将造成教师生活完整性的丧失,教师生命成长的停滞"(罗超,2012)。教师生活还应当关注学生的生活,"教师生活与学生生活之间具有互文性,教育应是教师与学生共同创造的生活世界"(贡如云,2013)。

教师文化。加拿大学者哈格里夫斯(Hargreaves)强调教师文化在教育改革及教师专业化中的核心作用,主张自然合作文化是教师自我发展的关键

(Hargreaves,1997)①。郝明君等(2006)依据哈格里夫斯的教师文化类型理论将教师文化分为隔离型教师文化和合作型教师文化。陈力(2005)认为我国的教师文化属于"后喻型教师文化",即以重复为主要特征,缺乏创新性。有学者认为教师文化有个体、群体之分(龙宝新,2009)。构建教师文化与教师专业发展具有一致性(张凤琴,2004),缺少教师文化意味着丧失教师角色,动摇教师发展的根基(宋宏福,2004),文化属性的嬗变与提升是教师全息发展的关键和节点(吕会清,2009)。还有学者指出,教师发展处于当前本土文化、外来文化以及外来与本土两种文化相交锋的、居于冲突与变动中的文化所构成的多元文化场中,具有动态性及非线性的特点(徐莉,2006)。

(二)高校女教师发展的研究

高校女教师学术发展的研究。高校教师是一种学术性职业,学术性是衡量大学教师专业发展水平的重要价值向度。女教师的学术发展水平、学术领域与男教师相比有显著差异。欧勒格·贝恩(Oleg Bain)、威廉姆·卡明斯(William Cummings)等学者(Bain et al.,2000)基于 10 个国家高等教育系统的调查研究发现,女性教授占比不到 10%,且女教授的比例与大学的声望呈负相关。美国学者 Lomperris (1990)通过调查发现,在学术职业中女性参与度的上升突出表现在男性撤出的学术领域以及非终身教职岗位上,这一现象已深刻影响了学术职业本身的性质。

高校女教师社会性发展的研究。高校女教师政治地位较低,参政议政少,社会交往面窄,在社会性发展方面处于不利地位。2001 年,上海师范大学裔昭印教授主持的"上海高校女知识分子地位研究"课题调查了上海市不同类型 17 所高校,内容包括女教师的法律地位、政治地位、经济地位、教育与学术地位、家庭婚姻地位、健康状况等。研究结果显示,女教师在参政上仍处于不利地位(裔昭印,2003)。袁小平(2012)就个体健康、工作状况、家庭生活、人际交往、价值实现与身份认同 5 个方面对 528 名高校女教师进行实证调查发现,高校女教师对家庭依赖性强,交往网络不宽泛,对公共活动的参与度不高。

高校女教师身心健康方面的研究。有学者发现,大学女教师身心方面存在的主要问题包括:婚姻家庭矛盾困扰女教师身心,失眠比例提高,衰老提前出现,心理疲劳。正、副女教授中 6.9% 的人有中度-重度抑郁,21.33% 的人有中度-重度焦虑(郑桂珍,2004)。赵艳丽(2006)用《卡特尔十六种人格因素》和《症状自评

---

① Hargreaves A,1997. Rethinking educational change:going deeper and wider in the quest for success[J]. Association for Supervision and Curriculum,1997(5):1-26.

量表》对 200 名高校教师进行测评,结果发现高校女教师和男教师在 5 个因子上存在差异,女教师与常模在人际关系和偏执上差异显著:女教师相对自卑、高忧虑,心理健康水平相对较低。

究其原因,学者认为,传统的性别分工模式,即"女主内,男主外"的模式对女教师职业发展造成了负面影响(曹爱华等,2006)。中国女教师面临晚婚晚育和继续深造的矛盾,家庭角色复杂化与女教师工作性质特殊性之间的矛盾,以及有限的经济条件、自身的健康水平制约了女教师向更高的学术目标冲刺(祝平燕,1999)。也有研究者指出,职业女性不仅要面对男性同样会遇到的压力源,而且需克服由于女性性别而引起的特殊压力源。这些压力源包括歧视、对女性的刻板印象、家庭和工作的冲突、社会隔离感(Nelson et al. ,1985)。此外,男女对待压力的方式也不甚相同,女性经常采用以调节情绪为主的方法,而男性却更多地采用解决问题的方法(Folkman,1984)。与男性相比,女性更习惯于把成功归因于不可控的外在因素,而把失败归因于自己的能力(Fox et al. ,1984)。

学者们还对女教师时间配置进行了研究。艾伦等(Allen,1997;Bellas et al. ,1999;Sarah,2010)研究发现,男性倾向于将更多时间投入到科研工作,而女性则主观上倾向于而且实际上也将更多的时间投入教学。沈红等(2011)通过对高校教师工作时间的分配的测量研究发现:与低职称相比,高职称教师工作时间更长;与一般大学相比,高层次高校教师工作时间更长,科研时间比例更高,教学时间比例更低;与男教师相比,女教师工作时间更短,科研时间比例更低,教学时间比例更高。

总体而言,当前教师教育研究范式出现了这样一种转换:由技术旨趣转向理解旨趣,由专业建构、素质提升转向生命关怀、理解存在;由工具理性取向转向价值理性取向;由宏大理论的研究转向教师日常生活经验的微观研究,寻找个人生活的情境化的意义;从关注有形的、外在的因素转向关注内隐的、人的精神世界的文化因素;由职业人向整体的人、具体的人、有性别的人的人学视野转换;从教师被动的、作为客体的发展转换为教师主动的自我实现、自我发展;从逻辑思辨到生活史、叙事等质性研究方法的转变;教师发展路径上由"知识论""技术论"转向"生存论"。一些广泛的议题进入了教师发展的研究视野,比如教师信念、教师身份、教师生命、教师幸福等。

四、教师身份的相关研究

教师身份是当今国内外学术界研究的热点问题。我国教师身份研究大约始于 20 世纪末,最初仅限于对教师是否属于国家干部或公务员的探讨。2004 年后,西方的身份术语逐渐传到国内,教师身份问题受到越来越多的学者的关注。

但相比而言,国内关于教师身份的研究与国际学术话语体系的对话还比较薄弱(裴丽等,2017)。

教师身份建构的研究。学者认为,教师专业身份形成是一个对经历进行不间断的诠释和再诠释的过程。教师专业身份隐含着"个人"——即教师自己的理解和判断与"环境"——即外界对他们的期待两者之间的融合。Zembylas(2003)提出:"教师身份建构从根本上说是情感过程,探究教师身份建构中的情感因素能够帮助我们更好地理解教师的自我认识。"尼亚斯(Nias,1989)提出教师的感受显然是他们作为教师的经历的组成部分。许多学者指出,身份认同具有情境性、建构性,特别是日常话语中的教师身份认同建构。Thomas等(2011)指出,变化的、不确定的、模糊的教育变革往往引发教师的情绪反应,这同时影响到教师在教育改革过程中的风险担当、学习与发展,从而影响教师专业身份认同的形成过程。

教师身份建构有几种不同的理论取向,在社会学中,考察结构与个人互动关系中的教师身份认同;在学校组织视域中,考察学校组织与教师身份之间的关系。结构互动论主要沿着两条路径:一是制度结构方面,考察社会对成员身份的期望、配置和安排;二是个体能动方面,考察人们如何进行自我身份的选择、建构与认同。在处理个人能动性与社会结构之间的关系上,历史上存在着四种不同的理论视角:人文主义、结构主义、晚期现代主义和后结构主义(Billett,2006)。这四种不同的类型,可以概括为三种情况,即强结构弱主体,强主体弱结构、主体与结构之间的动态性平衡。也就是说,身份研究可以置于社会结构与个体能动行为之间互动关系的分析框架之中(见图1.1)。

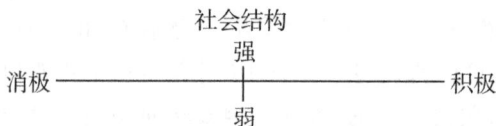

社会结构
强
消极 ——————————|—————————— 积极
弱

图1.1　结构—个人互动中的教师身份认同　[修订自文献(尹弘飚等,2008)]

学校组织视域中的教师身份认同有四种不同的分析视角:控制取向、承诺的视角、系统理论的视角和社会文化的视角。控制取向的教师强调学校组织的管理型控制。在承诺的视角下,教师基于对学校目标的确认产生承诺。如果学校组织群体成员之间的支持大,反馈越积极,价值观越一致,教师就能有更强的承诺。系统理论将学校作为变革的整体,与外部的变化保持一致,以温格(Wenger,1998)为代表的学者认为,实践共同体是建构身份认同的重要场所。社会文化的视角强调社会脉络和文化手段对人们的形塑,个体如何思考和行动总受到文化、历史的、社会的结构影响。它也重视教师的能动行为,认为"教师的行为是过去行为和现在情境的结果,并且是塑造后续行为情境的条件"(李茂森,2010)。

教师身份的多重性。教师身份不是单一的,而是多元的。加拿大学者Farrell(2011)指出教师身份可以分为 3 类 16 种教师角色身份,"教师作为管理者(包括贩卖者、娱乐者、交流控制者、多任务执行者、激励者、展示者和仲裁者)、教师作为专业人士(协作者、学习者和知识渊博者)和教师作为文化同化者(社交人、关爱者和社工)"。有学者认为,教师专业身份包含着一些子身份,其中总有一个是其身份的核心。寻阳等(2014)将英语教师身份划分为职业身份、专业身份、个人身份和处境身份,受职业价值观、职业归属感、英语教学信念、英语语言水平、工作投入、职业行为倾向、组织支持感 7 个因子的影响。刁彩霞(2011)指出,大学教师具备三重身份标识:经济人、社会人和学术人。三者之间存在着内在的发展逻辑,既有历时性的变化,又是共时性存在。孙玲(2010)认为,现代社会教师的传统身份正面临"去根化"的危险,表现为专业身份的"无处可寻"、文化身份的"无所适从"、政治身份的"无名惆怅"、经济身份的"无可奈何"。对教师身份的研究要摆脱"单一身份认同"的思维,应更多地从"重叠认同"中去讨论教师的实际生存境况。祝成林(2017)认为,高职院校教师只有将"经济人""社会人"和"技术技能人"这三重身份有机统一,才能形成完整的身份。

教师身份影响因素的研究。普遍认为,教师身份主要受到宏观层面的国家教育政策、中观层面的学校组织文化和微观层面的教师个体因素几方面的影响。我国古代官师合一、以吏为师,新中国成立后教师身份从劳动者、国家工作人员和国家干部,到教书育人的职业人的转变。国家公务员制度出台以后,又出现了许多关于教师身份公务员化或教师是否为公务员的争论。胡金平(2007)从学校组织类型的变化探析了我国教师身份的变迁的整体情况,他指出国家与学校之间关系的不同,直接影响着大学组织结构的类型,从而也造就出不同身份的大学教师。我国高校组织类型经历了从官场型到剧场型再到单位型的转变,教师的身份也因此经历了从学官到学人再到干部的变迁。

大学教师专业身份认同的研究。有学者认为,大学教师在教学与学术研究工作中,建构出自身作为教学与研究人员的专业身份认同。"当前在构建研究型大学的政策脉络下,大学教师的专业认同逐渐从教学型转向研究型。而受制于教学任务重、学术资源匮乏,研究支持环境薄弱的影响,大学教师的学术研究取向多受外因驱动而非内在激励"(裴丽等,2017)。相关研究也关注到我国大学教师专业身份认同建构受到我国大学学术管理体制、研究型大学建设政策以及大学学科整合等因素的影响,大学管理中存在学术精英专制、行政权力泛化、学术管理家长制等问题,"追逐合理利益的'经济人'身份是大学教师作为'人'的一般属性,对公义理性诉求的'政治人'身份是大学教师作为'社会成员'的权利和义务,对知识真理追求的'学术人'身份则是大学教师之为'大学教师'的本真"(刁彩霞,2011)。

教师身份研究的取向。从理论取向来看,教师身份研究存在话语取向和实践取向,"话语取向的教师身份认同研究起源于语言学理论视角,采用话语分析研究方法,认为身份认同是在话语中不断建构的;实践取向则认为身份认同建构是在'做'中发生的,是一种实践性、归属性的过程"(Wenger,1998)。从学科取向来看,教育心理学对教师自我认同更多的是通过量表对教师角色与教师人格进行测量,教育社会学对自我认同的研究注重教师自我认同的社会性因素分析,大多采用叙事研究方法。

不同类别教师身份的研究。在中国知网(CNKI)上以"教师身份"作为关键词检索发现,目前的教师身份研究大多集中在英语教师和中小学教师上,极少数的研究着力于特殊群体教师,比如农村教师、新手教师、初任教师、师范生、特岗实习教师、特级教师、幼儿园教师身份等。学界对不同类型的教师身份的研究关注点有所区别,对新教师身份认同大多关注其形成和发展过程以及影响因素,对在职教师则关注变革的教育环境对教师身份认同的影响,尤其是教育变革的理念与教师原有的认知相矛盾时,教师身份认同是如何变化的。关于大学教师身份的研究成果很少,为数不多的论文涉及英语教师身份、辅导员身份、思想政治课教师身份等,尤其以英语教师身份的研究居多。2000—2016 年,社会科学引文索引(SSCI)期刊收录的中国学者关于教师身份认同研究的文献总计 69 篇,从研究对象来看,80% 以上的论文也是集中在外语教师教育研究领域(裴丽等,2017)。

女教师身份的研究。Dillabough(1999)在《性别政治和现代教师的概念:女性、身份和专业性》的研究中以性别政治学为基础,从女性主义视角的两个相关维度申明了"教师专业性"和"专业身份"的概念,批判了"教师专业化"概念中隐藏的性别关系,指出象征"现代教师"的理性和工具性中隐含着男性至上权力及其对女性的贬抑和压迫。教师的身份认同应当是符合客观的、程序性的专业化过程。比克林(Biklen,1995)认为,学校人事结构复制着父权制的家庭结构,决定了女教师的从属地位,使得女教师在学校中没有表达自己声音的机会。凯西和斯蒂德曼(Joanne,1999)也指出,传统的政治意识划分出"公共的男性"与"私人的女性",被看作私人领域的代表的女教师,与其培养"理性"的责任二者是相抵触的。女教师要么选择工具主义的立场,要么被排斥在专业化的主流话语之外。Mina(2013)在《构建职业身份:女性学前教师如何发展专业性》一文中探讨了女性学前教师如何建构她们的职业身份,融合女性主义观点和个体教师的生活史,描述了女性专业成长过程和工作中的工酬矛盾,对女性学前教员的"看孩子"低端社会印象做了深入阐述,最后给出了对女性学前教师专业性的独特概念:富有激情、投身工作和对工作的使命感。Khoddami(2011)在对伊朗高等教育机构中学习英语教育专业的女性调研中,采用叙事研究的方法研究了这部分女性的身份问题。她指出在后结构主义的女性视角下,女性教师的身份问题常常被忽视。通过对 8 位伊朗女性英语教师的研究探讨了女教师的身份构建,女教师身份的多样性、复杂性和矛盾性。

国内关于女教师身份的文章仅有寥寥数篇。闫莹莹(2014)指出,高校女学者学术生涯发展过程中的身份认同是一个连续的、动态的过程。时代特征、家庭背景、求学经历、社会文化、自身因素以及重要事件和人物等,不仅在各个阶段对女学者学术发展与身份认同产生影响,而且会出现叠加效应共同影响女学者的学术生涯发展。闫广芬等(2006)通过对某重点中学女教师身份认同的调查研究,发现传统女性身份开始消解,女性表现出比男教师更强的学习、进修意识和教育教学改革意识。宋晔等(2013)指出,女教师女性气质的遗失,是当代女教师身份认同危机的表现之一。女教师对学生的母性关怀不仅仅是女教师自身价值实现的途径,同时也为学生道德成长奠定了基础。

五、现有研究评述

从文化视野来思考高校女教师的身份问题,已有的研究对本书存在以下启示。

第一,关于存在问题的研究由来已久,为本书奠定了基础。如何结合我们的文化传统和社会结构建构本土化的人的存在的研究,需要系统的界定、厘清与阐释,需要不断探寻人的文化存在的"内容、方式、过程""特征""本质"等问题。存在及身份的研究一般是基于哲学的推理。纯粹哲学的存在理解从古希腊便已开始,观念论从心理的存在推导出事物的实在(柏拉图);而实在论哲学则将存在视为自然万物的实有(黑格尔)。近代哲学将存在理解为过程,从而将人的存在视为时间过程中的选择(萨特)。无论哪种哲学派别,都对存在给予了生动的表述。存在的理解对于进一步讨论身份具有不可或缺的意义。在身份研究中,学者们大多根据哲学对存在理解的成果推衍出作为生命理解的存在形式,进而讨论性别在生命存在中的特点(卡西尔)。然而,就男女性别差异的理解还大都停留于生理方面,从社会方面来理解性别差异的研究也不多,也还没有从平等的误区中完全解脱出来(女性主义)。

第二,已有的女性研究从认识论和方法论上为女性身份困境研究提供了合法性论证。因而,本书将公正作为平等的基础和依据,当人们基于生命的性别特点来审视性别平等,那么其意义将被理解为:只有基于每个人生命性别特征获得其不可剥夺的身份与尊严时,平等才得以实现。关于性别研究的具体方法基本上都采用了实证法,研究都通过观察、访谈和问卷来搜集人们对性别的理解。这基本上能够反映不同时代人们对身份的定位与性别差异的理解水平。然而,研究还缺乏更深入的了解,尤其是揭开传统文化的掩示,对女性自身如何将自己定位为"第二性"的挖掘还有待深入。同样,对现实中获取的第一手材料进行分析也大都停留于一般逻辑推理和社会学的解释层面,这为本书以文化分层的方法来重新审视性别问题让出了广阔的空间。

第三,回归到教育问题研究领域,关于"教师如何定义自己"的身份问题构成教师发展的重要维度。总体说来,笔者认为高校女教师在发展过程中存在身份困境和个人价值选择的两难问题,高等教育领域依然存在社会性别分层的问题。在对原因的分析中,有从组织角度、个人角度,或多重因素进行归因,但都不约而同、直接或间接地提到了文化对女性发展的制约。遗憾的是这种讨论往往是蜻蜓点水似的点到为止,或者只言片语,一鳞半爪。如何理解教师身份,文化作为一种内隐因素,对教师身份建构发挥着何等重要作用,这亟待更深入地开展研究。从研究对象来看,对高校女教师身份的研究几近空白,同时也缺乏关注本民族本国家的社会文化脉络如何影响教师身份认同的相关研究,有待深究女教师身份困境及其背后成因,促进教育的性别公正发展。

第二节　核心概念辨析

任何研究都需从核心概念切入,核心概念明确的程度决定着研究的科学性。根据研究对象,本书从"文化"和"高校女教师身份"两个点入手,深入讨论高校女教师身份困境的文化依据,从社会表层的硬件条件调查到条件背后的文化价值因素;从现实行动的过程讨论到行动产生的心理动因;从个体愿望到整体思维模式的形成过程及其心理惯性之间的内涵和关联分析,力求从理论上打开研究的空间,确立本书的逻辑起点及进展思路。

一、文化

(一)文化的定义

在中国的历史典籍里,最早"文"与"化"是独立的。"文"通"纹",原意指交错的纹理。后来"文"进一步演化出若干种引申含义。比如,面对春秋末年礼崩乐坏的局面,孔子曰"文王既没,文不在兹乎","文"表达文物典籍,礼乐制度的意思。《论语·雍也》称"质胜文则野，文胜质则史，文质彬彬，然后君子"（杨伯峻，1980），此处"文"与"质"相对，表装饰，人文修养的含义。"化"的古字为"匕"，《说文》解释："匕，变也。""化"表变化、生成，后来"化"演绎为人的教化。"文"和"化"在一起连用始于春秋战国时期，《易经·贲卦》中"观乎天文，以察时变，观乎人文，以化成天下"，此处人文教化之意已十分明确。"文""化"真正连为一词最早出现于汉朝刘向所撰的《说苑·指武》里："圣人之治天下也，先文德而后武力。凡武之兴，为不服也，文化不改，然后加诛。"（向宗鲁，1987）此处的"文化"一词与军事、武力相对峙，表示对人施以文治教化。"文化内辑，武功外悠"也是同样的意思。

我国近现代有代表性的文化定义有四种：一是将文化界定为人类不同群体的生活方式。早在新文化运动时期，梁漱溟（2006）将文化界定为"那一民族生活的样法"；胡适（2015）认为"文化是一种文明所形成的生活的方式"。钱穆（2012）指出，文化是"人生"，是人类的"生活"，是时空凝合的某一大群的生活之各部门各方面的整一全体。

第二种是根据其内容和类别定义。一般把文化分为广义与狭义，广义的文化指人类在社会实践过程中所获得的物质财富和精神财富的总和；狭义的文化指精神生产能力和精神产品，包括一切社会意识形式：自然科学、技术科学、社会意识形态（夏征农等，2010）。《辞海》对狭义的文化的解释略有区别，2000 年版的《辞海》将狭义的文化解释为社会的意识形态，以及与之相适应的制度和组织结构；《现代汉语词典》对狭义的文化解释为特指精神财富，如文学、艺术、教育、科学等（中国社会科学院语言研究所词典编辑室，1978）；还有学者在物质文化、精神文化基础上增加了制度文化。

第三类是从文化的功能属性立论，将文化界定为"人化"和"化人"。"人化"是指人作为主体，按照人的方式改造世界，进而使相关的一切打上人的烙印；"化人"意味着反过来从客体出发，用这些人文成果来影响人、提升人、造就人，使人日益成为"人"（吴明永等，2012）。吕思勉（2010）认为，人的所有行为都有文化色彩，"人类的行为，源于机体的，只是能力，其如何发挥此能力，全因文化而定其形式"。张岱年（2004）指出："凡是超于本能的、人类有意识地作用于自然界和社会的一切活动及其结果，都属于文化；或者说，'自然的人化'即文化。"这种定义揭示了文化"属人的""人为的"本质属性，指出文化即人化——文化由人创造，为人所特有。

第四种观点强调文化的整体性，认为文化是人类获得的一切结果。陈序经（2010）认为："文化既不外是人类适应各种自然现象或自然环境而努力利用这些自然现象或自然环境的结果，文化也可以说是人类适应时境以满足其生活的努力的结果。"张岱年等(1990)对文化定义如下:"文化是人类在处理人与世界关系所采取的精神活动与实践活动的方式及其所创造出来的物质和精神成果的综合,是活动方式与活动结果的辩证统一。"麻艳香(2010)强调文化是人类活动方式与活动成果的统一,活动方式包括精神活动与实践活动两个方面,活动成果既包括物质成果,也包括精神成果。巴登尼玛等(2016)将文化界定为"人类从古至今一切思想与行为的全部结果",认为文化是物质、精神及制度黏合在一起的复合体,文化的任何物质结果都有其精神涵义的存在。

在西方的语境里,culture 一词来源于拉丁文 cultura,原意指"耕耘""耕种土地"等,"这种用法至今仍在农业(agriculture)、园艺(horticulture)两词中保存着"(巴格比,1987)。后来"文化"一词被引申为人的心灵的培育。古罗马著名思想家西塞罗所说的 culture mentis(耕耘智慧)就已具有了完善人的内心世界的意思。"18 世纪,沃弗纳格和伏尔泰等学者在法语中使用'文化'一词指训练和修炼心智的结果或状态,……包括良好的风度、文学、艺术和科学——所有这些被认为是通过教育能够获得的东西。"(巴格比,1987)18 世纪末,德国学者赫尔德认为"文化乃是一个社会向善论的概念,它意味着人的完善,或者在发展他自己的过程中取得的工艺、技术或学识"(巴格比,1987)。英国文化人类学家爱德华·泰勒(Edward Tylor,2005)将文化系统地描述为:"文化或文明,就其广泛的民族学意义来说,乃是包括知识、信仰、艺术、道德、法律、风俗以及任何人作为一名社会成员而获得的能力与习惯在内的复杂整体。"此后,不同学科的学者对文化提出了自己的定义,侧重点虽有不同,大致意思概莫能外。

1952 年,美国人类学家克鲁伯(Kroeber)和克鲁柯亨(Krukhohn)在其合著的《文化概念:一个重要概念的回顾》一书中,对 1871 年到 1952 年间有关文化的164 种定义概括为传承类、规范类、描述类、结构类、心理类五类定义,并据此提出,"文化是历史上所创造的生活式样的系统,既包括显性式样也包括隐性式样,它具有为整个群体共享的倾向,或是在一定时期为群体的特定部分所共享"(庄锡昌等,1987)。

文化概念本身极具复杂性,加之日常生活中使用的混乱性,以及不同的学术旨趣和学科背景间的不可通约性,很难有某一学科的定义被广泛认同(陈少雷,2015)。无论如何定义,文化必然包含以下特性。其一,人是文化的主体。文化的产生离不开主体——人的活动。人能够通过实践活动创造出文化,人也是文化存在的前提。文化是人与动物的分野,"作为一种高出于动物生命活动的手段,文化证实了人的本质力量,证实了人在自然界的自觉位置,证实了人能创造出特殊的精神价值和意义"(黄力之,1998)。同时,人是文化的享受者和拥有者。其二,文化的核心是价值观。不论文化怎样包罗万象,其最核心的部分是精神世界,是观念、意识形态。

本书将文化理解为人的行动的过程和一切结果。文化是人行为的过程,这个过程是对生命理解、价值观形成与变迁的不断演进。文化又是人行为的"结果",因为文化结果中既包含了精华,又包含了糟粕。

(二)文化的结构

如同对文化的定义一样,不同学者根据自己的理解各执一词、莫衷一是,学者们对文化结构的理解也不尽相同。最初比较粗糙的分法是把文化分为两层,称之为文化的"冰山模型",一层是看得见的"典型"层次,例如典型的行为方式或者文化产品等;另一层是看不见的共同"核心"层次,主要指价值观等。

霍夫斯塔德对文化的解析具有代表性意义。他把某一民族的文化比喻成一个洋葱,"最外表的一层称象征物(symbols),如服装、语言、建筑物等等,是人的肉眼能看见的。第二层是英雄人物性格(heroes),在一种文化里,人们所崇拜英雄的性格多多少少地代表了此文化里大多数人的性格,所以了解了英雄的性格,很大程度上也就了解了所在文化的民族性格。第三层是礼仪 (rituals),礼仪是每种文化里对人和自然独特的表示方式。最里面的一层是价值观(values),指什么是好与坏,什么是美和丑"(霍夫斯泰德,2010)。价值观也是文化中最深邃、最难理解的部分,它是文化的基石,也是文化发展的动力之源。

思宾塞-奥蒂等学者在此基础上对文化洋葱模型进行了一定的修改,把信仰、态度和习俗,作为文化的内部核心层;把"体制和制度"层作为核心层的外面一层,即第二层,主要包括一些指导文化行为的文化制度、规范等;"仪式和行为"层为第三层,主要包含行为实践表现出来的文化意识、典礼等;最外层为"物质文化层",即一些"人工制品和产品"、故事以及环境布置等(Spencrc-Oatoy,2000)。此模型和前一种模型相比,分解更细,表述得更为精确。

文化洋葱模型很好地解决了不同文化层次之间的逻辑关系,弥补了以往在文化内容、结构研究中的不足。但是,此模型中各层次不是截然分开的,其分界线也比较模糊。

钱穆(2012)将文化进行横剖纵隔分为三层,第一层是"物质的",或者说是"自然的"人生;第二层是"社会的"人生,亦称"政治的"人生;第三层是"精神的"人生,即"心灵的"人生。第一层求人类生命的存在;第二层是在生命存在和延续的基础上求安乐;第三层追求人类生活的崇高,必须经由第一层才能孕育出第二层,第三层必然建立在第二层之上(韩贺南,2013)。

张岱年和程宜山(1990)认为文化主要包括三个层次,"第一层是思想、意识、观念等;第二层是文物,即实物;第三层是制度、风俗"。

1974 年 7 月召开的第一次洛桑会议上，与会者提出了对文化四个层次的划分，由里层向外层依次为：信仰层、价值层、行为层和制度层[①]。学者巴登尼玛在此基础上提出，文化是一个以生命理解为核心的四重结构，由内及外分别包括信仰与观念层、价值与判断层、习俗与活动层以及制度与机构层。最里层的信仰层的核心为生命理解，它是一个人全部思维和行动的基础；价值层分为由生命理解而派生出的不同层次的价值；制度层主要用于协调、规范所有人的行为、习惯，由机理、机制和机构三个层面构成。制度层使人们的行为具有统一的价值依据，具有一致性，维持社会的稳定(巴登尼玛等，2016)。其结构如图 1.2 所示。

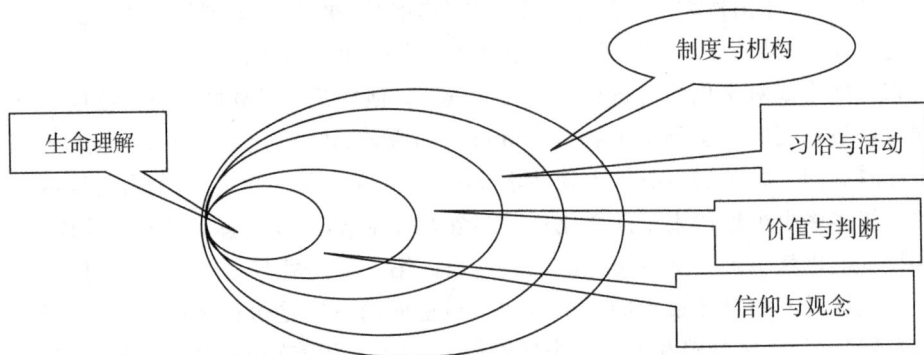

图 1.2　洛桑会议文化结构

笔者认为，无论研究者从何种角度来思考文化的结构都有一定的意义，就本书而言，分析文化的结构是为了掌握人们行为产生的价值驱使源头，解释行为生成的文化根源。为此，能够帮助我们解释并理解行为生成的文化结构分析方式便是本书所需要的文化逻辑结构。

(三)本书对文化的界定

尽管文化的概念并无定论，歧义丛生，但为了使研究得以可能，必须给文化下一个定义。本书把文化定义为：文化是人的存在与发展方式，是人对其生命意义的理解与生命价值追求的体现，是一定社会群体共享的观念、制度和行为。文化既为人们提供精神滋养，又使人们承受思想包袱，其根本是为了人类社会的有序和生命的延续。

文化的结构并非平面、并列的，而是立体、有层级的，从抽象到具体、从内到外可以分为观念层、制度层和行为层。价值观念、伦理道德等属于观念层面，法

---

① 召开于 1974 年 7 月的第一次洛桑会议上，与会者提出了对文化四个层次的划分，即信仰、价值、行为和制度。

律法规、规章制度属于制度层面,风俗习惯、生活方式等则属于行为层。观念层是文化的核心层,是构成文化的基石。制度层是中间层,它既构成文化的内容,又是文化作用的结果。行为层是文化的外显层。文化结构可以用图 1.3 来表示。

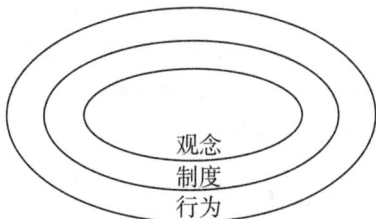

图 1.3 本书文化结构

文化为人们行为的动力源头,社会条件提供人们对文化所使然的观念进行试探并验证,在试探与验证的过程中社会行为得以产生,形成当下的社会基本特征,包括观念、价值、思路、视野、方法、性质等。本书以高校女教师身份困境作为素材,探究女教师身份困境的文化根源,找出导致女教师身份困境的“源”,根据此观念、思想来解释高校女教师身份困境的“果”,并根据这一结果提请人们反思并谋求高校女教师身份困境的根本突破。

二、高校女教师身份

(一)身份

身份是社会科学的一个重要概念,身份的英文“identity”,拉丁语词根为“identitas”,源自“idem”,包含两层含义:一是群体同一性,指身份的社会维度,即成员间共享的特点,“与人们对他们是谁以及什么对他们有意义的理解有关”,是把自己同他人或某个群体进行联系;二是个体差异性,指身份的个人维度,即使个体和群体间得以相区别的特质,“身份就是一个个体所有的关于他这种人是其所是的意识”。也就是说,身份具有社会规制所确立的客观性和自我认同的主观性的双重性质(刁彩霞,2011)。“当一个人要确认其身份时,也就是要辨识自己异于他人,或同属于某个群体的特征,换言之,即是个人对内在自我寻求统合,对外区分与他人的差异。这个确认的过程可称为‘认同’。”(魏建培,2011)当社会的客观要求与主体的自我期待不一致时,就会产生冲突与矛盾。

显然,身份是对“我是谁”的基本回答。“我是谁”直指“我”的归属问题,揭示的是生活在社会中的个体与社会的关系。根据“identity”既强调个体和群体关系的认同,又强调个体特性的属性规定,说明身份既具有社会属性,又关涉人的心理活动。身份是人在社会中的社会属性和个人的自我属性的统一体。身份的社会属性规定了主体的"人—社会"维度;心理活动规定了主体的"人—自我"维度。

身份是在文化语境中人们对于个人经历和社会地位的阐释和建构(Tajfel,1982),是某人或某个群体对在一定的社会经济文化下形成的外在规范或期待的认知和体验,而建构起来的地位感、自我价值感和归属感。身份是对"我是谁""我为什么属于这个群体""我从哪里来""我要到哪里去"等问题的确认与建构过程。本书就是在这样的理解中展开讨论的。

(二)高校女教师身份的多重性

人有不同的属性,人的身份包含外在属性与内在属性。人与社会发生着千丝万缕的关系,从属于某个群体,具有某类群体的共同特点、群体标准或共同属性;而人的个体差异又有区别于群体内其他成员的独特之处,有自己的价值判断、自主选择、自我意识,这说明在不同的社会范畴内人的身份具有多重性。总体说来,身份是一个较为综合的概念,是一个包括"我是谁"这样关涉价值观和目标,到相应的行为实践的概念。从个人所归属的类别看,包括个人对自我所属类别的身份认知;从个人与社会关系看,包括社会对个人的角色期待;从个人与自我关系看,包括个人对自我角色的认知。这就是说,身份可以至少从"自然—社会—自我"维度解读。从这个意义上,人类身份有三种:天赋身份(作为人的生命身份)、社赋身份(社会认定的身份)与自赋身份(通过自身能力和努力获得的身份)。天赋身份是与生俱来的人的生物性特征和个人对这种生物特征的认识,如性别、形象、高矮、肤色、民族、生长区域等;社赋身份是社会赋予个体的社会地位;自赋身份是基于个人自身特点通过后天努力来获取的社会承认的身份(巴登尼玛等,2016)。具体到高校女教师而言,与之息息相关的天赋身份是性别身份,社赋身份是其公共人身份,自赋身份是其作为教师的职业身份。

要深入认识和理解高校女教师发展的内涵必须从辨析高校女教师的多重身份开始。根据对身份的解释,高校女教师作为一种身份,具体指向"女性""教师""高校教师"。具体而言,可将高校女教师的身份归纳为:自然赋予的身份、社会期待的身份、自我认定的身份。自然赋予的身份是高校女教师作为一种具有自然属性的"女性"类别,是一种天生的、生理性别差异。社会期待的身份是高校女教师作为一个具有"社会属性"的"女性人",在社会的舆论、理论、制度所期望下,根据社会的道德责任、社会环境、社会制度所塑造出来的身份特征。自我认定的身份是高校女教师作为一个具有"职业属性"的"女性人",对"高校教师职业"的价值、权利、责任、义务的理解并在实际"工作"中实践的身份特征。

　　作为人，最为显著的天赋身份是性别。性别身份是人的一种本质属性，人的性别存在是"自然给定的"（王雪峰等，2005）。女性具有有别于男性的独特的生理和心理特点，这是与生俱来、不容改变的社会事实。女性特殊的生理功能，使她们在承担社会生产的同时，责无旁贷地承担着人类自身再生产的重任。女性独特的"五期"（经期、孕期、产期、哺乳期、更年期）耗费她们大量的精力和体力，使她们承受着男性难以想象的生理和心理剧变。在自然科学中，由于研究对象不是"人"，性别似乎是个完全无关的因素，但在以人为研究对象的人文社会科学的研究中，也较少考虑性别的影响，或者倾向于把社会看作单一性别（实际上是男性）构成的整体，无视女性的存在（许艳丽等，2000）。不论在理论研究还是现实世界中，人通常是男性的代名词，女性作为一个性别的独特性往往是被遗忘了的，倘若被提及，则更多的是作为"第二性"的存在。因此，女性为了能够与男性在这个世界并立，不得不掩饰和忽略自己的女性身份，彰显自己作为人（或者是男性）的一面，闯入高等教育这一领域的女教师就更是如此了。

　　作为一个人在社会中的定位，其参与社会发展，对社会的价值与意义何在，这是人的社会身份所关心的问题。无论是物质资料的生产还是人类的繁衍，对人类社会的生存与发展来说都至关重要。这一事实本毋庸置疑，然而当人类具备了与自然相抗衡的力量之后，便逐渐忘却了这一基本事实，不仅将妇女的贡献抛之脑后，还索性将人类繁衍的贡献者——女性驱逐回家庭中，远离公共领域；家务劳动也与社会劳动脱钩，成为私人领域活动。女性因其在家庭中的付出不具有商品性，没有交换价值，逐渐丧失社会地位。"随着家长制家庭，尤其是专偶制个体家庭的产生，情况就改变了。料理家庭就失去了它的公共的性质。"（中共马克思恩格斯列宁斯大林著作编译局，2009）久而久之，与男性及男性活动相关的领域如国家、市场等被视为公共领域，而与女性及女性活动相关的领域如家庭、情感等被视为私人领域。随着公私领域的分野与男女角色的分离，公共领域活动的地位不断上升，女性的地位不断衰落，最终成为被奴役和被压迫的对象。现代社会，高校与社会的联系愈加紧密，社会要求高等学校承担推动社会进步和经济发展的使命，同时也给予高校各类支持，高校女教师需要走出象牙塔走向社会，申报课题、开展研究等，发挥自身作用参与地方经济与社会建设，公共人的身份愈加显现。

　　与中小学教师不同的是，高校教师被视为一种学术职业，具有教学与科研两大基本职责。作为高度"专业化"的知识人，高校教师是"知识的传播者""知识的组织者""知识的贡献者"和"知识的创造者"这几种角色的有机结合体，以发现、组织、传播和创造知识的方式，不断地汲取学术前沿知识，涵养学术修为，产生学术思想，提升学术造诣，并将学术成果、学术发现传授给学生。高校教师的理想状态是做到教学与科研相统一,两者不偏废,但是在现实中教师普遍存在教学与科研相冲突的问题。偏重教学还是侧重科研使高校教师裂变为"教学人"或"学术人"两个身份,这也造就了大学教师作为"教学人"和"学术人"两重身份之间的紧张。

叶澜(2003)认为,中国目前教育学理论在有关人的认识上,主要缺失的是"具体个人"的意识,需要实现从"抽象的人"到"具体的人"的理论转换。人是自然存在、社会存在、精神存在的统一体,具体的人指"作为一种物质的、理智的、有感性的、有性别的、社会的、精神的存在的各个方面和各种范围。这些成分都不能也不应当孤立起来,它们之间是相互依靠的"(朗格朗,1985)。高校女教师的性别身份、社会身份、职业身份是内在统一的。

(三)高校女教师身份的性别公正探讨

高校女教师的身份是"作为高校女教师的我该如何做"的本体追问,归根结底是人的价值和意义问题。人的价值是人存在的本体意义,即人存在的最原始、最根本、最普遍的意义,人存在的最高价值,最终目的是肯定、承认和尊重。无论生存条件优渥还是恶劣,人的自然生命是渺小还是伟大,获得肯定、承认和尊重,都是每一个人生存的基本尊严和发展的根本前提。

教师身份的原点是作为人的生命价值。人的生命价值是一切价值形成的基础和逻辑起点,也是人的发展的逻辑起点(路日亮,2012)。人只有随着身份的展开才能不断完善自己,继而形成个体整体而独特的自我存在感,在有限的自然生命时间中,通过身份的完整和认同找寻其生命的价值。

教育是一种涉及人的生命的活动,是一种通过生命来影响生命的活动。其实质就是生命间的沟通与传递。如雅斯贝尔斯(1991)所言,所谓"教育",是人对人的主体间灵肉交流活动,是"人与人精神的契合",不仅包括知识内容的传授,还包括"生命内涵的领悟、意志行为的规范,并通过文化传递功能,将文化遗产交给年青一代,使他们自由地生成,并启迪其自由的天性"。教师不仅要关怀学生的生命成长,还要关照自我生命的发展。教师是鲜活的,不断生成,期待成长的生命个体,在教育活动中,应当关注教师整体的、实然的生命存在样态,关注置身其中的教师作为"人"的生命属性与价值追求。

高校女教师身份应以性别公正为价值尺度。身份反映了包括社会地位高低在内的内涵。在人类几千年的文明史上,我们往往只见到男性的身影,听到男性的声音,女性被隐藏在男性的身后,无声无息。男性化文明的这一缺陷,导致了人类在认识自我时的单一视野以及由此带来的狭隘和偏见影响至深(李自芬,2005)。众所周知,大学自古以来都以"真理殿堂"著称,其神圣性似乎不容置疑。正如约翰·亨利·纽曼(Newman)所言,"大学理应来者不拒,没有忧虑,没有偏见,没有妥协,只要他们是冲着真理而来的"(纽曼,2001),这充分显示大学具有捍卫理想、捍卫公正的性格。伯顿·R.克拉克(Boton R. Clack)指出,现代高等教育系统具有三种基本价值观念,即公正、能力和自由,这三种价值观念中公正居首。"现代高等教育系统承担着一项任务,即实现社会公正——让每个人都受到公平的待遇。"(Clack,2010)公平公正是高等教育系统应然的伦理追求,也是教师学生应当在高等学校发展和追求的目标。

教师身份在教育研究领域中处于中心的论题,但不为人们所注意的是,有关教师身份的理论往往是抹去了性别的教师,以男教师指代教师整体。在以往的研究中,"无论是'社会化的人''制度化的人',还是'受过教育的人',往往是'匿名的'和'无性的'。前者指对个体的忽视,后者指对性别的排拒"(王雪峰等,2005)。高校女教师是具体的、鲜活的,尤其是有性别的人,在当今高等学校里,性别偏见并未消失,只是变得更加微妙了(李灿美,2013)。我们把高校女教师身份作为一个独立的命题提出,并以公正发展为尺度和研究立场,就是要追求一个没有成见、没有歧视、更为公正而富有人性的理想社会。现代社会对公正的追求不仅应当看到人的外在的、物质的需要,关注社会利益的分配,而且更应关注人的内在发展需要,根据不同国家、不同民族、不同性别的人的历史文化环境实现人们的精神追求。

性别公正不仅是高校女教师身份合理建构的价值尺度,还是实现高校女教师全面自由发展的重要前提。

(四)高校女教师的身份困境

笔者认为,在中国历史文化的语境中,在当代传统文化与现代文化的夹击下,高校女教师身份面临着割裂和冲突的困境。高校女教师的三重身份是割裂的,人们要么只看到女教师的性别身份,要么只看到女教师的职业身份和社会身份,很难关注到这三重身份的统整性。其次,在性别身份、社会身份和职业身份中,由于存在次性人—平等人、家庭人—公共人,教学人—学术人的对立,女教师身份冲突激烈。具体来说,高校女教师身份处于不全面、不自由的状态。在这三大身份中,性别身份是其他身份的基础,往往对其他身份产生决定性作用。本书认为,高校女教师是多维、立体、整体的人,而非扁平化、毫无生机活力、可以任意撕裂的人。高校女教师身份具有整体性、不可割裂性,高校女教师的不同身份不仅不能够截然分离,还应当和谐一致。

第三节 研究目的与意义

一、研究目的

本书从文化视野审视高校女教师身份,通过个案分析和深度访谈呈现高校女教师的身份困境和真实生活世界,洞悉蕴含在高校女教师性别话语后面的文化意蕴,剖析高校女教师身份的社会建构与自我建构,找寻高校女教师身份的文化逻辑和超越路径。

本书希冀通过对有关人的存在、教师发展、教师身份、女性主义理论研究文献进行梳理,理解并诠释高校女教师身份的内涵,澄明高校女教师身份的内在生命内核和现实身份困境的文化根源。具体分解为如下几点。

(1)厘清百年来我国高校女教师身份发展变化的历史,理解不同历史文化背景下女性形象的社会期待以及高校女教师身份的变迁。

(2)通过深度访谈呈现高校女教师的真实生活世界和现实身份困境。

(3)洞察蕴含在高校女教师性别话语后面的文化意蕴,揭示高校女教师身份的建构方式。

(4)讨论高校女教师身份的合理定位和文化超越。

总体而言,本书以高校女教师身份困境为素材,立足性别公正的价值立场,追究高校女教师身份困境的文化根源,旨在帮助女教师理解自身的文化处境和所受到的文化规制,反思自己的生命价值,提请人们对未来高校女教师发展给予理论关注和付诸实践行动,为建立更加公正、平等、美好的人类社会而做出努力。

二、研究意义

(一)理论意义

以往有关教师身份的研究多为孤立地对教师某一身份的研究,忽略了教师生命的丰富性和整体性,也缺乏对女教师这一"特殊"性别群体的研究。本书从文化的视野审视高校女教师的多重身份(性别身份、社会身份和职业身份),以及每一身份里子身份的冲突性,高度关注如何突破性别身份给高校女教师发展所带来的不公正和不自由,探讨如何在多重身份之间达成和谐。本书不仅能够拓展和丰富性别研究的主题和内容,推动有关女性身份的研究走向深入,而且对于深化教师身份研究,促进教师专业成长有着重要的理论价值。

性别研究的目的是追求男女平等或性别公正(后一提法在当下更为普遍)。在走向男女平等或性别公正的道路上,大多数理论关注分配正义,而文化正义往往被人们忽略。事实上,法律、经济等显性平等相对容易实现,文化上的不平等、不正义因其隐蔽性难以察觉,更难以祛除。本书基于文化视野,将高校女教师身份置于中国社会历史发展脉络和当代社会多元文化冲突的语境中考察,并对高校女教师身份建构中的文化不正义进行逐层解构,由此提出高校女教师身份的文化重构,这在当前无论是性别研究领域还是教师教育领域的研究中都是鲜见的。

本书从文化的视野审视高校女教师身份困境。一是从文化的观念、制度和行为三层结构出发,深入剖析高校女教师身份困境的宏观、中观及微观问题,阐释传统性别价值观如何建构女教师身份,教育制度怎样型构女教师身份,性别化时间如何限定女教师身份。二是从人与文化互动的视角出发,在关注文化型塑女教师身份的同时,反观高校女教师自身,解析高校女教师如何认同和内化传统文化,如何在传统文化与现代文化挣扎中获得平衡,揭示出高校女教师身份不仅是社会文化建构的结果,而且是自身主体建构的结果。这一研究成果具有创新性意义。

(二)现实意义

苏格拉底(Socrates)说过,未经审视的人生是不值得过的。Cassirer(1985)也曾指出:"人被宣称为应当是不断探究他自身的存在物——一个在他生存的每时每刻都必须查问与审视他的生存状况的存在物。人类生活的真正价值恰恰就存在于这种审视之中,存在于这种对人类生活的批判态度之中。"然而,现实生活中的人们往往不识庐山真面目,当局者迷,旁观者也不一定清。本书通过深度访谈呈现处于传统男权文化与现代文化中的高校女教师的真实生活世界,追踪女教师的发展轨迹,理解其生命的价值和意义所在。在转述和倾听她们的生活故事中,体验她们丰富的情感与经历,深切关怀女教师的生命质量,触动女教师从自身际遇反思审视自己的生活,从而形成文化自觉,获得更加主动、自由的发展,追寻主体的生命价值和意义,让生命更加充盈,真正实现"人"的发展。

本书深刻反思作为文化传承与延续制度的教育在人的发展中所发挥的作用,指出教育再生产复制了社会性别不平等,失却了应有的文化创新功能,提请人们重新审视当下教育中隐性的性别歧视问题,指出教育应当担负的文化使命。

第四节 研究设计

本书从文化的视野对高校女教师身份困境予以观照,构建自己的分析框架,对高校女教师身份困境的历史和现实及其文化价值源头进行解释。

一、分析框架

根据前文所开展的文献梳理以及核心概念辨析,本书建立了文化结构—互动分析框架,以此来解释高校女教师身份困境。

基于文化洋葱模型理论将文化分为观念、制度、行为三层结构,撷取与高校女教师最为密切相关的性别价值观、教育制度和时间行为来探究高校女教师身份的文化根源,对高校女教师身份进行逐层解构,并在此基础上提出观念、制度、行为三层的重构。

从人与文化的互动理论出发,对高校女教师身份的社会文化建构和自我建构进行探究,着重剖析性别价值观、教育制度和时间行为是如何建构高校女教师身份的同时,女教师又是如何进行自我身份建构的。

本书所构建的文化结构—互动分析框架具体如图 1.4 所示。

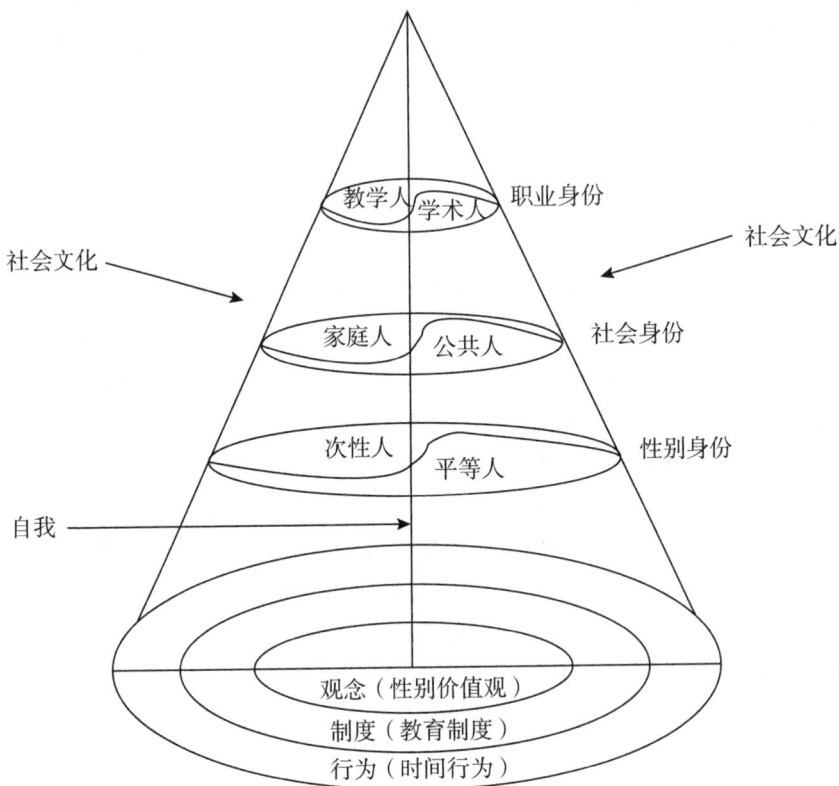

图 1.4 高校女教师身份困境的文化结构—互动分析框架

在观念意识中,价值观最为核心。钱穆(2012)先生曾经说过,文化学是研究人生价值的一种学问,"文化学是就人类生活之具有传统性、综合性的整一全体,而研究其内在意义与价值的一种学问"。本书重点考察与性别有关的价值观念，这是任何一个带着特定"性别"身份的人在社会生活中所言所行必须遵循的内在法则。高校女教师的身份困境无不与文化原有的价值观念息息相关。从小学开始就存在的男女性别观，到大学甚至研究生教育中隐含的男女性别观无不通过各种文化载体和符号传递到每个人身上，让人们潜移默化地将自己的性别定位于文化规定的人伦地位。为此，通过对文化价值观中性别观的解析便会让我们突破表层的一般理由来深入讨论人类平等与公正的问题。

社会是人为了生存而结成的群体，社会中的个体需要遵守共同的制度和规则才能得以生存和发展。古今中外的各种制度，包括政治制度、企业制度、经济制度、教育制度等都是人类社会实践活动的创造物，也是人类文化的物质载体和表现形式。制度是用以整合与调控人与人之间关系的一整套体系。马林诺夫斯基(1987)认为："文化的真正要素，有它相当的永久性、普遍性，及独立性的，是人类活动有组织的体系，就是我们所谓'社会制度'。"制度有显性制度与隐性制度之分。显性制度具有外在的强制性，而隐性制度存在于日常生活之中，表现为道德、习俗、行为规范等，具有内在的强制性，是人们的活动自觉不自觉地遵守的规则。文化制度层犹如鸡蛋的外壳，强硬地将所有享受其文化的人们规范于既有的价值意识之中。文化的制度层一方面使所有人拥有共同的价值行为，让社会得以安定，但另一方面也因为制度的束缚，要求生活、行动于其中的人变得刻板，守旧。所以，面对未来的生命环境，每个人如何对待过去成就的文化价值，如何为了未来而重新审视文化，变革文化，这是所有学科研究的任务，更是教育学最本质的功能。本书重点考察教育制度，包括与高校女教师成长息息相关的家庭教育、学校教育，以及社会教化等。

人的存在、人的行为总是发生于一定时空内，通过时间来具体体现的，时间是人的行为的表征。马克思说过："时间实际上是人的积极存在，是人的生命的尺度，是人的发展的空间。"①一个人对时间的选择，实际上是对自己生活方式和生命价值的选择。学者高德胜(2007)认为："时间是生命的计量单位，是生命的刻度……时间标记了人类的活动。"时间之所以能够成为人的生命的尺度，在于时间能够体现人的生命特点和生命价值。女性时间可以说是折射女性自身生活状态的一面镜子。高校女教师的时间行为就是其生活方式的表征。通过时间这一棱镜可以透视其行为背后的文化价值及与此相关的制度。

本书还贯穿以下几条线索。

一是历史与现实相结合。从文化视野研究高校女教师身份困境必须弄清楚

---

① 《马克思恩格斯全集》第47卷，人民出版社1979年版，第53页。

高校女教师从何而来,理解高校女教师所处的社会时空。本书对我国高校女教师发展历史进行文化回溯,透视不同社会文化背景对女性形象的社会期待和对高校女教师的身份定位。与此同时,对当代高校女教师的生活世界进行整体考察,对教师生命意义进行价值审视,说明高校女教师身份困境的现状如何。将高校女教师身份的百年历史与其所处的社会文化背景相结合,从中洞悉高校女教师身份与中国社会文化变迁的关系,理解当下社会的性别话语。

二是群体与个体相结合。既勾勒出高校女教师群体肖像,描绘出不同语境下高校女教师身份变迁的总体脉络,也采用个体深描的方式,深度刻画当代高校女教师身份的现实困境,细致直观呈现三位高校女教师的身份冲突,记录当下高校女教师的身份困境。

三是宏观与微观相结合。既关注女教师个体日常生活微观层面的问题,采取由下至上的研究思路,将高校女教师自我叙述的生活故事打碎后进行重新组合,概括并提炼出这一群体面临的矛盾和冲突;也关注宏观层面的社会结构,譬如教育制度的问题,去解释它如何发挥作用以及如何决定个体的行动。

本书将高校女教师身份困境研究置于文化的视野中加以审视,寻求高校女教师身份的文化逻辑,探寻文化对高校女教师身份建构的影响机制和作用路径。希望能为高校女教师发展在理论上找到答案,在实践中得到印证,同时也为女性发展之路引入文化的视角,透过高校女教师的真实生活世界探究文化对高校女教师身份建构的作用与影响。

二、研究方法

从方法论层面来看,本书将生命置于时间过程的理解之中,即人的生命是具有人的特性的新陈代谢过程,这个过程不仅包括生理的新陈代谢,更是精神和情感,即人性的不断提升过程。换句话说,这个新陈代谢过程乃是人所特有的依据其文化和教育来完成的生命历程。本书正是借助分析女性成为高校女教师的生命过程中所享受的文化对其生命带来的正负意义,以及高校是如何依据文化来规制并型塑的,从而引发人们对我国性别意识及其价值进行反思。

本书具体采用个案研究和半结构化的生活世界访谈研究方法,辅之以参与观察法和问卷调查法,以三位女教师作为个案,挖掘隐匿于女教师生活状态背后的生活意义理解。个案研究亦称案例研究,是社会科学中最为常见、运用最为广泛的研究方法之一(Adams et al.,1994)。个案研究实质上是"通过对某个(或几个)案例的研究来达到对某一类现象的认识,而不是达到对一个总体的认识"(王刚,2016;王宁,2002)。在一定程度上,人们对个案研究持怀疑态度,"如果我们对个案研究持一种更为宽广的视野,我们会发现任何的研究可能都是基于个案的"。"理论几乎都是基于对现实个案的一种反思和提炼,只是很多研究者在论文的写作中没有将这种提炼的过程向读者完整的展现,因而没有被纳入个案研究的范畴。"(Lan et al.,2000)陈向明(2000)指出:"虽然个案研究的对象通常是一个特殊的事件行为或方案,是一种特殊的现象,但是在社会科学中对特殊的分析是极其重要的,因为我们无法直接从大样本的调查进入深层共性的层面,只有对小样本的个案所具有的深层共性进行研究,通过特殊的个案往下深入,进入共性的深层进行挖掘,才可能深入到共性的深层。"因此,我们应当持一种更为开放的心态,跳出传统西方哲学的逻辑认知,打破传统演绎逻辑与归纳逻辑的框架,以非形式逻辑的角度来看待个案研究及其类推问题,这样对个案的认知才会更贴近于现实世界。

半结构化的生活世界访谈是以描述受访者生活世界为目的,并对所描述现象的意义做出解释的一种访谈方法(斯丹纳·苟费尔等,2013),这种方法"非常适合于研究人们对其日常生活意义的理解,描述他们的体验和自我理解,阐明并详述他们自己对所生活世界的观点"(斯丹纳·苟费尔等,2013)。半结构化生活世界访谈通过访谈者与受访者相互对话形成具有情境性、语言性、叙事性和实用性的知识。这一过程是互为主体性和社会性的,研究者并非单方面解释其意义和故事,而是访谈者与受访者的共同建构。笔者在访谈前虽拟定了访谈提纲,但在实际访谈时并没有过多遵照提纲,也未预设任何问题或目的,而是做一名优秀的倾听者,认真耐心地倾听,与受访者建立良好的关系,使其对研究者达成充分的信任,在轻松的氛围中产生叙述的冲动。研究过程中笔者对每一位受访者进行了多次深度访谈,在第二次及后面的访谈中结合访谈提纲提问,在受访者讲述过程中适当采用追问、重复、提示等进行互动,访谈后将录音材料转录为书面文字,最后对文字稿和录音进行归纳分析提炼,形成对高校女教师身份困境的理解,引发人们对高校女教师身份问题的研究,并尝试提出破解问题的路径。

为了提高研究的科学性,本书还开展了关于高校女教师性别观的问卷调查,针对高校女教师的性别敏感性、一致性和稳定性进行了调查,有 500 余名女教师参与问卷。为使本书主题更为聚焦不发生偏移,此调查数据在最终成稿中未能使用,但作为一种预调查,它部分地支撑和印证了本书的假设。

本书旨在揭示和解释高校女教师身份困境的文化根源,至于如何解决高校女教师身份困境,找到解决这一问题的具体方法和确切答案则不是本书的关注重点。

三、研究说明

本书选择四川省某师范大学作为样本学校(以下简称 C 大学)。选择这所大学作为样本,源于它是一所具有代表性的高等学校。

C大学位于中国历史文化名城——四川省省会成都市。成都虽地处西部,但素有"天府之国"的美誉,历来经济发达、文化繁荣,在西部地区首屈一指,号称"西部中的东部"。从学校性质来看,该校是一所省属重点师范大学,有着70余年的办学历史,学科门类齐全,在文学、理学、工学、哲学等11个学科门类设有82个本科专业,虽以师范大学命名,实则为一所综合性大学。从科研实力与人才培养状况来看,该校是全国首批硕士学位授权单位,2006年被批准为博士学位授权单位,有2个博士学位授权一级学科和1个博士学位授权点,有2个博士后流动站。教育部"高等教育质量工程"立项数在地方本科高等师范院校中位居前列[①]。

近5年,C大学获批国家级项目共计310项,其中国家社科类项目173项、国家自科类项目137项;获批省部级项目共计428项,其中社科类项目325项、理工类项目103项。获省部级以上科研成果奖97项,其中高等学校科学研究优秀成果奖(人文社会科学)2项、全国教育科学研究优秀成果奖1项、四川省哲学社会科学优秀成果奖78项、四川省科技进步奖16项。获授发明专利与软件著作权登记171项。学校图书馆馆藏纸质图书、期刊305.3万册、电子图书349.4万册,拥有各类中、外文数据库92个。

自21世纪以来,C大学在我国高等教育大众化进程中大幅扩大办学规模,客观上是缺乏办学经费的无奈之举,主观上则是顺应地方政府和国家教育发展整体趋势的要求。近十年一直保持着每年大约9000人的招生规模,目前现有全日制本专科生和博士、硕士研究生共计4万余人,生源来自全国31个省份和港澳台地区。2014年开始,有12个本科专业按照一类本科招生。2017年,所有的本科专业列入一类本科招生。该校是四川省高校对外交流中心之一,具有招收港澳台地区学生的资格,同20多个国家和地区的40余所院校建立了较为广泛的学术交流和人才培养关系。学校还与韩国延世大学、巴基斯坦卡拉奇大学合作建立了孔子学院[②]。

作为一所以本科生培养为主的教学研究型高校,C大学自2009年确立了建设"国内一流的教师培养培训基地和以教师教育为鲜明特色的综合性师范大学"的办学目标,具有较强的办学实力和科研水平,在武书连公布的2022年中国大学综合实力排行榜中排名第158名,在中国校友会网发布的2022中国大学排名中位列第144名。综合来看,C学校学科门类齐全,教学科研并重,办学规模较大,对外交流广泛,兼具教学型、研究型等高校的特征,在普通高等学校中具有较

---

① http://web.sicnu.edu.cn/page.php? id=1.
② http://web.sicnu.edu.cn/page.php? id=1.

强的代表性。

截至 2017 年底，C 大学专任教师总共有 1880 人，其中女教师 1138 人，占教师总数的 60.1％。在校学生男女比例为 8∶7.2。作为女性如此聚集的一所高校，其女教师发展问题十分迫切和紧要。事实上，该校女教师发展呈现出金字塔现象。处于专业技术职务底部的女性居多，越往上，女性人数越少。该校正高级职称共 375 人，其中女教师为 133 人，占总数的 35.5％；硕士研究生导师共 565 人，其中女性为 235 人，占总数的 41.59 ％；博士研究生导师共 38 人，女性为 4 人，占总数的10.53％①。2009 年和 2012 年 C 大学各有一名女教师跳楼自尽，其中一位教师是在上完课后即从教学楼上纵身跃下。这两起事件极大地触动了笔者，并引发思考：是什么原因导致她们放弃令人羡慕的职业，毅然决然地走上不归路？这进一步促使我将研究现场选在该校。

笔者工作于 C 大学，开展本书的相关研究具有天时地利人和之便。笔者与这里的女性教师大都熟悉，能够较为容易地获得女性教师的信任，走入她们的内心深处，了解她们的真实感受。同为女性，拥有相同的性别身份使得笔者能够与她们产生共鸣，从而能更为真实且全面地获取第一手资料。

本书在确定访谈对象时尽可能考虑女教师的学科专业、年龄、专业技术职务、婚姻家庭状况等因素，以获取最大信息量为目标，以期能够获得洞见与深度理解。在本书进程中，笔者多次在不同的场合分享和讲述自己的研究计划，不少女性教师表达出对本书的浓厚兴趣，主动提出愿意成为研究个案，分享自己的故事，同时希望能够第一时间了解课题的进展和研究结果。就这样，有 4 名女教师因兴趣而了解，因了解而参与，成为研究对象，中途因工作调动有一名女教师离开 C 大学导致访谈未能持续，最终有 3 名女教师完整接受采访。她们分别出生于 20 世纪 60、70、80 年代，职称、家庭状况及学科专业均有所不同。她们的年龄、专业技术职务、学科专业、学历学位、家庭的基本情况如表 1.2 所示。

表 1.2　受访教师基本信息

教师	年龄	职务	学科专业	学位	家庭情况
H 教师	34	副教授	教育学	博士	已婚，无子
R 教师	44	讲师	计算机技术	硕士	已婚，孩子读小学
T 教师	50	教授	文学	博士在读	已婚，孩子在国外上大学

研究过程中，笔者带着研究问题与 C 大学许多女教师进行过交谈，虽然没有完整地记录她们的故事，但她们也为本书访谈提供了宝贵的素材。通过多方

① 本数据来源于该校人事处。

考察和向国内知名专家请教,笔者认为所选大学和调查对象能够代表中国高校女教师的普遍情况,几个阶段的研究设计能够获得研究所需的材料,其信度和效度均能达到研究要求。

H教师是笔者认识已久的一位年轻教师,彼此曾是师生,后来她毕业留校后与笔者成为同事,更是朋友。笔者对她的整个成长过程颇为熟悉,因此无须寒暄便可直奔主题。她本人也从事人文学科研究,对访谈有所了解。她有比较强烈的表达欲望且思路清晰,第一次访谈几乎不需要任何问题牵引,就可以自顾自地畅谈。第二次访谈,笔者根据访谈提纲的问题进行提问;第三次访谈则主要是对前两次访谈予以补充完善。

R教师40多岁,西北人,个性直爽、开朗,健谈。她成为受访教师颇为特别。2015年笔者曾经开展了一个关于高校女教师性别意识的问卷调查,调查表最后一个问题是:您愿意分享您的故事吗? 如果愿意,请留下您的电话。R教师在问卷表上如实填上了她的电话,就这样笔者联系上她,在电话里简单讲解了本书的意图后,她就很爽快地约定了访谈时间。访谈进行了3次,每一次大约3小时。为打消她的紧张和拘束感,第一次访谈笔者没有使用录音笔,后经回忆整理。经过前期的铺垫,后来的访谈,笔者就开门见山,R教师也毫无拘束了。

认识T教师是在10年前,知悉她的女儿曾获世界奥林匹克美术作品奖,为此笔者专门请教过她,她热情友好地倾囊相授,彼此留下了良好的印象。一个偶然的机会,她旁听到了笔者的研究主题,便自告奋勇地接受访谈。T教师是20世纪80年代中期的女大学生,大学毕业后先在一所中专学校工作,其间在某报社兼职做记者。在中专学校评了副高职称后,调到大学从事教学工作。前两次访谈基本上都是她述说,笔者倾听。第三次访谈,笔者开始追问和反问,访谈更为深入。

本书始终遵循应有的伦理规范,目的不仅在于追求知识的科学价值,还应致力于促进人类的进步和社会的美好。为此,在研究设计中,笔者恪守受访者的知情同意、保密原则。访谈过程中密切关注访谈话题给受访者带来的情绪变化;在文本转录过程中,尽量忠实于受访者的口述内容;分析环节,重视受访者的自我解释;验证环节,保证信息的安全和真实可信;公开研究结果时,保证受访者的知情权。考虑到中国的国情和文化背景,笔者(研究者)并未与受访者签订伦理协议,因为这一做法可能会给受访者带来不必要的伦理困扰和心理压力。通过长期的沟通与交流,笔者(研究者)与受访女教师的关系已经超越了研究者与受访者的关系,也不仅仅是讲述者与倾听者的关系,而是共为探究者和审视者,更是合作伙伴的关系。在研究过程中,笔者与受访者虽在同一所学校就职,但也有素不相识的。通过本书,研究者和受访者结下了友谊,在工作生活中相互支持,并通过微博、朋友圈等文图信息,分享对生活的感悟,加深了对彼此的了解。当然,本书的难点也恰恰在此。任何事物都呈现出双面性,越是熟悉的场景,我们越容易熟视无睹,如何将熟悉的人、事、物"陌生化",保持敏感性,从中提炼出一些关键概念,既是本书的重点,也是本书的难点。

第二章 高校女教师身份变迁的文化回溯

文化乃是历史之真实表现,亦是历史之真实成果。

——钱穆

要将高校女教师身份放到一定的历史语境中去讨论,追溯中国文化的历史变迁与高校女教师身份的百年历史对于理解中国高校女教师当下的处境和探寻中国女性未来发展之路有着重要的意义。查尔斯·赖特·米尔斯(Charles Wright Mills)将分析作为个体的人与塑造个体的社会和历史力量之间关系的意愿与能力称为社会学的想象力。他一针见血地指出,如果不能理解我们所处的时空,就无法理解作为个体的我们是谁(米尔斯,2005)。研究高校女教师首先要进入高校女教师所处的历史时空,探寻我国社会文化变迁对女性的角色期待,以及女教师身份的变化。

事实上,高等教育女性参与史正是一部有关性别的文化变迁史。人类在征服自然、改造自然的历史进程中,对男女两性地位的认识随着人类对自身生命理解的变化以及人与自然关系的变化发生了巨大的转变。史前社会,是一种自在的男女平等、相互依存的性别文化。奴隶社会和封建社会,男尊女卑性别文化形成并高度发展,中国女性在这漫长的历史时期是高等教育的"缺席者"。20世纪初,新型男女平等思想萌芽,1920年女教师以"参与者"身份登上了高等教育的历史舞台。新中国成立后,男女平等被误读为男女等同,连同高校女教师在内的女性哑然失声,性别特征逐渐消失。改革开放后,西方女性主义思潮传播迅速,性别文化多元冲突,高校女教师从"失语者"转变为"挣扎者"。

第一节 1840年前:困守家庭的女性与高等教育的缺席者

远古时代,女性因其在人类繁衍中占据了举足轻重的地位与作用而受到尊崇,华夏民族衍生出女娲补天的"创世女神"传说。此后,随着生产方式的改变和男性在物质资料生产中的作用日益突出,女性由女神沦为女奴。在漫长的奴隶社会和封建社会,逐渐形成了男尊女卑、男主女从,男外女内、男公女私,男强女弱、男刚女柔的男权中心文化。女性以居家小脚女性的形象为主,恪守贤妻良母的道德规范,不能踏入公共领域半步。对于她们而言,接受教育尚属一种奢望,遑论担任"女师"了。

一、社会文化背景:从母性崇拜到男尊女卑

上古时代的人类生活无从考证,我们仅能从口耳相传的神话故事中知晓一鳞半爪,其中最直接、最典型的就是解释天地、人类以及万物来源的"创世神话"。女娲,中国神话里创造一切生命的万物之母,被奉为华夏先民的"原型母亲"。女娲造人的神话,并非空穴来风的杜撰,而是早期母系社会中女性占据人类生产、生活主导地位的反映。远古时代,华夏先民们过着食不果腹、衣不蔽体的生活,面临的最大危机是生命的存活与延续。人们依靠采集食物和渔猎的方式维持生产与生活的需要,女性主要负责采集食物(在物质资料的生产方面较之男性渔猎更为稳定),子女从母而居,女性同时担负着看护儿童、保护火种的职责。最为关键的是,女性承担了孕育子女的重任,这是人类作为一个物种生存繁衍的第一要务,因而女性受到尊崇,在社会中处于优势地位,不仅掌控着物质生产和人口生产的"大权",而且在氏族组织中担当着管理、分配物资的社会职能。

意大利思想家维柯(1987)将民族的诞生与发展过程分为三个相衔接的时代,即神的时代、英雄的时代与人的时代。远古的氏族社会时期,人处于对自然世界的恐惧之中,将一切不可知、不可控的现象都归为神的旨意。女娲抟土造人的神话应运而生,这正是人类在蒙昧时代对自身起源不得而知的一种臆想和精神慰藉。事实上,世界上不同地域、不同国家原始母系社会都具有这种"母神崇拜"文化,这是人类最原始的经验文化形态。史前时代的女神崇拜不仅体现在神话中,而且在我国考古发现中也得到了印证。1979年,考古学家在辽宁省喀左县大凌河的一个小村东山嘴发现了一组石砌的祭坛和两件女性陶塑裸体像,距今约5000年。孕妇塑像的头部和右臂残缺,凸腹肥臀,左手贴于上腹,并用突出记号标记女阴。学者们对这一发现如获至宝,认为这是先民供奉的神像,是生育神的象征,显示出女神在当时的信仰世界中占有崇高的地位(闵家胤,1995),它印证了史前时期母权制的存在。类似的发现还有辽宁省牛河梁女神庙和妇女泥塑像,河北省后台子遗址的石雕孕妇、柳湾的人像陶壶等,这些女性图像都无一例外地用夸张的造型突出了女性的生理特征:裸体、巨腹、丰乳、肥臀和明显刻画的生殖器部位,反映出古代先民祈求多子的愿望以及对女性生殖器的膜拜。

远古先民最早的性别文化是女性的世界,女性地位和女性价值受到绝对的尊崇。在崇拜女神、尊重女性的同时,也不轻视和歧视男性,因为并未将男性置于女性的对立面;女性虽在社会生活中居于主导地位,但并不统治男性,男女两性之间处于和谐、平等的状态,是一种原始的、自在的男女平等,相互依存的性别关系。

随着生产方式的改变、物质资料的丰富和男性在物质资料生产中的体力优势不断显现,开始出现社会性别的分化,女性的地位从神坛上"陨落"。夏商时期,男权文化初显端倪,王位继承仅限于男性,父死子继,兄终弟及,女子既不能继王位,也不得受分封。从周代开始中国正式步入男权社会,男耕女织的生活生产方式和男婚女嫁的外婚制婚姻家庭形态形成,一系列关乎性别关系的礼制确立,奠定了华夏民族性别文化结构与规范的基本内核。在漫长的奴隶社会和封建社会中,男尊女卑、男主女从,男外女内、男公女私,男强女弱、男刚女柔的男权中心性别文化形成。

男尊女卑、男主女从的性别秩序。先秦时期是我国传统性别文化形成的重要时期。《周易·系辞》曰,"天尊地卑,乾坤定矣;卑高以陈,贵贱位矣;动静有常,刚柔断矣""乾道成男,坤道成女""乾,阳物也;坤,阴物也。阴阳合德而刚柔有体"。将男女两性分别与天地君臣,高卑贵贱相对应,主张男尊女卑是法天地之象推导而出的天地自然之理。

《礼记》将男主女从视作夫妻伦理的核心,认为"男帅女,女从男,夫妇之义由此始也……妇人,从人者也,幼从父兄,既嫁从夫,夫死从子"(《郊特牲》)。妇女在出嫁前服从和从属于父兄,出嫁后服从和从属于丈夫,丈夫死后则服从和从属于自己的儿子,"妇人无爵,从夫之爵,坐以夫之齿"。"凡妇人,从其夫之爵位。"(《杂记》)妻子没有爵位,其爵位高低完全取决于丈夫,妻子的年齿也服从于丈夫,夫为兄,妻即为嫂;夫为叔,妻即为婶。《仪礼·丧服》云:"妇人有三从之义,无专用之道……故父者子之天也,夫者妻之天也。"①把妻子听命于丈夫视为天经地义的事。西汉董仲舒《春秋繁露》亦云:"天子受命于天,诸侯受命于天子,子受命于父,臣受命于君,妻受命于夫,诸所受命者,其尊皆天也,虽谓受命于天亦可。"②他提出"三纲",即君为臣纲,父为子纲,夫为妻纲,妻子必须唯夫命是从,如果"妻不奉夫之命,则绝"。女教圣人班昭形象地说:"夫者天也,天固不可逃,夫固不可离也。"事夫当如事天,天命不可违,女子无从反抗。在这样的文化环境中,一旦背叛丈夫,就会遭受道德的鞭笞和社会的唾弃。若不幸被丈夫一纸休书休掉,就意味着世界坍塌,女性处于屈从和附属地位,命运被牢牢地掌握在男性手中。

---

① 杨天宇.《仪礼译注》,上海古籍出版社2004年版。
② (清)苏舆撰,钟哲点校.《春秋繁露·顺命》《春秋繁露义证》,中华书局1992年版。

男外女内、男公女私的性别格局。《周易·家人卦》明确指出,"女正位于内,男正位于外,男女正,天地之大义也",男外女内是"正位",反之则有违"天地之大义"。《礼记·内则》曰:"礼,始于谨夫妇,为宫室,辨内外。男子居外,女子居内,深宫固门,阍寺守之,男不入,女不出。"①内外的区分不仅是对男女的性别分工和空间划分,而且是对男女的文化限定。春秋战国时期男女之别被上升为治国安邦、社会稳定的根本,谓"男女之别,国之大节也"②。《左传·僖公二十二年》规定:"妇人送迎不出门,见兄弟不逾阈。"据《国语·鲁语》记载:"公父文伯之母,季康子之从祖叔母也。康子往焉,闭门与之言,皆不逾阈。"可见,在中国传统宗法礼教下,女性生活方式受到极为严苛的限制和挤压,若踏出宫闱半步,皆会授人以柄,遭千夫所指。

中国古代社会更是将女性介入社会公共领域和政治生活视为大忌。《诗·大雅·瞻卬》云:"妇无公事,休其蚕织。"《尚书·牧誓》记载:"古人有言曰:'牝鸡无晨。牝鸡之晨,惟家之索。'今商王受,惟妇言是用。"③正如母鸡不能打鸣一样,女性不能干涉国事,以此警醒世人不得让女性染指朝政。《列女传》曰:"夫受命于朝,妻受命于家。"这种公私领域泾渭分明的文化画地为牢,剥夺了女子在家庭角色之外的一切权利,将女性牢牢地限定在闺阁之中,彻底隔绝在社会公共事务之外。

男强女弱、男刚女柔的性别特征。《子夏易传》曰:"女之壮也,非人伦之道,不足以娶之。事无恒,不足以为用。夫易无穷也。"封建礼教认为女性在外形上应以柔弱为美,女壮不符合人伦,娶妻不能娶壮女。中国历史上第一篇女教专著《女诫》开篇即以"卑弱"为首,强调"阴阳殊性,男女异行。阳以刚为德,阴以柔为用。男以强为贵,女以弱为美"。这种柔弱,不单指生物学意义上的柔弱,而是指对女性形象和精神气质的塑造。在道德规范上,要求女性对男性谦卑服从。西汉贾谊在《新书·书》中云:"妻柔则正,姑慈则从,妇听则婉,礼之质也。"女性无论何种身份、何种天性,都须以温柔、温婉、柔弱示人,否则就有违伦常。东汉许慎的《说文解字》直接将"妇"解释为"妇,服也。从女持扫洒水也"。将女性定义为服从、服务于男性、操持家务的角色。《隋书·列女传》也指出:"夫称妇人之德,皆以柔顺为先。"

为了进一步凸显女性的柔美,使女性的柔弱实至名归,从宋代开始,妇女缠

---

①　《礼记·内则》《十三经注疏》,中华书局 1980 年版,第 1463 页。

②　陈戍国点校:《春秋左传》《四书五经》,岳麓书社 2002 年版,第 743 页。

③　陈戍国点校:《尚书》《四书五经》,岳麓书社 2002 年版,第 244 页。

足风俗兴起①，即用布条紧紧地裹住女性足部，使足骨变形、足形尖小，女子走路只能以足跟勉强行走。女性从幼年时期就开始承受这种非人的折磨，身心受到极大的摧残。一方面，缠足具有实用功能，从生理上限制女性自由活动；另一方面，三寸金莲之美也满足了男性对女性弱不禁风的病态审美的需要。宋代文人苏东坡曾作《菩萨蛮》一词："涂香莫惜莲承步，长愁罗袜凌波去；只见舞回风，都无行处踪。偷立宫样稳，并立双跌困；纤妙说应难，须从掌上看。"在文人墨客的推波助澜下，自南唐到晚清，女子缠足之风愈演愈烈。清朝顺治、康熙两代皇帝多次颁布禁止缠足的诏书，居然也毫无成效。因为"缠足所带来的所谓'弱柳扶风之态'，女子走起路来摇摇晃晃，弱不禁风，在男性看来风情万种，婀娜风姿，女子走动时'香汗细细，娇喘微微'，更是极大地符合了传统审美观中对于女子的定位"（盛筵，2012），"以征服者定位的男性在面对女性这种软玉温香、娇弱可人的姿态时，能够最大限度地享受到征服的快感以及尽在掌握之中的病态的满足感"（盛筵，2012）。

数千年来历经朝代更迭，以男权中心为核心的性别等级关系不断延续和巩固，成为中国两千多年来性别文化的圭臬。

二、女性形象的社会期待：贤妻良母

在中国传统家庭中，女性必须严格遵守长幼孝悌、夫义妇听的家庭伦理要求，符合"贤妻良母"的社会角色期待。贤妻良母是中国传统文化对女性身为妻子、母亲不同角色的形象设定，在中国古代典籍中，从正史到野史，从戏曲小说到家训家书，关于贤妻良母的记载俯拾即是。西汉著名经学家刘向《列女传》首列《母仪传》，选取 14 位符合封建伦理道德的母亲加以赞颂。如"鲁季敬姜"，中鲁国大夫公父文伯的母亲敬姜劝诫儿子与贤于己者游，促进学问道德的增长，颂其"通达知礼，德行光明。匡子过失，教以法理"。"齐田稷母"，齐国田稷子的母亲训诫儿子应廉洁公正，忠信不欺，颂其"廉洁正直"。中国历史上受到后世称颂的母亲除了富有慈爱仁厚之心外，还慈严兼济，教子有方，在家国利益、大是大非问题面前深明大义。譬如《仁智传》"赵将括母"中赵括的母亲从自己儿子贪图财货、不恤兵士的细节断言其"不可使将"，并将之直言相告于赵王。除此之外，"孟母三迁""岳母刺字"等故事更是家喻户晓、妇孺皆知，这些故事可谓对良母的最佳注释。

夫妻关系是人伦之基。《礼记·昏义》云："敬慎重正而后亲之，礼之大体，而所以成男女之别而立夫妇之义也。男女有别而后夫妇有义，夫妇有义而后父子

---

① 关于缠足究竟始于何时，学者有争论。有学者认为始于五代，另有学者认为始于宋代。

有亲,父子有亲而后君臣有正。故曰:"昏礼者,礼之本也。"在西汉《列女传》刻画的 105 位女性人物中,温柔贤淑、匡夫以道的贤妻大约有 20 位,主要收录在《贤明传》和《贞顺传》中。"楚庄樊姬"讲述樊姬见楚庄王喜好狩猎,劝阻无效,自此不食禽兽之肉,最终促使楚庄王改过自新。"梁寡高行"讲述梁国一名美貌的寡妇为了拒绝梁王的求婚,不惜割掉鼻子以保全贞洁。《女诫》云:"礼,夫有再娶之义,妇无二适之文。"要求妻子恪守礼法,对丈夫从一而终,甚至发展到了"饿死事小,失节事大"的地步,这种贞节观对后世产生了深远的影响。为了规范女性的言行举止,《女四书》之一的《女论语》对贤妻的一言一行注有详解:"夫有言语,侧耳详听;夫有恶事,劝谏谆谆;莫学愚妇,惹祸临身。夫若外出,须记途程,黄昏未返,瞻望思寻;停灯温饭,等候敲门,莫学懒妇,先自安身。夫如有病,终日劳心;多方问药,遍处求神;百般治疗,愿得长生。莫学蠢妇,全不忧心。夫若发怒,不可生嗔,退身相让,忍气吞声;莫学泼妇,斗闹频频。粗丝细葛,熨帖缝纫,莫教寒冷,冻损夫身。家常茶饭,供待殷勤,莫教饥渴,瘦脊苦辛。同甘共苦,同富同贫,死同棺椁,生共衣衾。莫学泼妇,巧口花唇。能依此语,合乐琴瑟,如此之女,贤德声闻。"通过此番详细描绘,将一个温顺贤惠、克己持家的女性形象刻画得细致入微,栩栩如生。

三、高等教育中的女性:困于家庭身份的缺席者

古代女性被学校教育拒之门外,即便是被誉为万世之师,主张有教无类的伟大思想家、教育家孔子也曾发出"唯女子与小人难养也,近之则不孙,远之则怨"的感叹,毫不掩饰对女性的歧视和排斥,他所开设的私学不招收女性,三千弟子中无一人为女性。

中国古代没有专门招收女性的私塾、学堂,女性只能在家接受教育,施教者主要为父亲、母亲或兄长,教育的内容则以《孝经》《列女传》《女训》《女诫》《德言容功》为主,以维护封建伦理道德为核心。最早的女学读本可以追溯到西汉刘向所撰的《列女传》,全书分母仪、贤明、仁智、贞顺、节义、辩通、孽嬖七个专题,为女性树立了道德楷模。最早的女师记载见于先秦,楚辞《神女赋》提及"于是摇佩饰,鸣玉鸾;奁衣服,敛容颜;顾女师,命太傅"。李善注:"古者皆有女师,教以妇德,今神女亦有教也。"第一位在史书上留名的收徒授业的女教师是东汉著名史学家班固的妹妹班昭。汉和帝驾崩后,不满 100 天的皇子刘隆继位为汉殇帝,邓太后临朝听政,班昭以太后师傅之尊参予机要。《诗经·周南》中的《葛覃》曰:"言告师氏,言告言归。"毛传认为:"师,女师也。古者女师教以妇德、妇言、妇容、妇功。"此四德是班昭对女教的最大贡献,她将散见于《礼记》《周易》《诗经》等传统儒家经典中的女教思想加以系统化、条理化,编纂了《女诫》一书,为妇女生活

建立了四德：妇德、妇言、妇容、妇功。"妇德，不必才明绝异也。幽闲贞静，瘦节整齐，行己有耻，动静有法。""妇言，不必辩口利辞也。择词而说，不道恶语，时然后言，不厌于人。""妇容，不必颜色美丽也。盥浣尘秽，服饰鲜洁，沐浴以时，身不垢辱。""妇功，不必工巧过人也。专心纺织，不好戏笑，洁齐酒食，以奉宾客。"《列女传》《女诫》流传甚广，对后世影响至深，后来的女教读本"不仿《列女传》的体裁，便仿《女诫》的体裁"，直至唐代，陈邈妻郑氏的《女论语》和宋若华、宋若昭两姐妹的《女孝经》出现。明清时代《女儿经》①因通俗易懂，与《三字经》《百家姓》《千字文》《千家诗》一起被当作蒙学教材。这些女性书籍一方面限制了女子的思想自由，另一方面使女性有了读书识字的机会。由于社会崇尚"女子无才便是德"，大多数女子只能接受初浅的文化启蒙和书写计算教育，所谓"只愿女儿粗识字，酒谱茶经相夫子"，所以女子教育主要是出于相夫教子、治家理财的需要，仅有个别家境优越的女子才有机会接受更为高深、系统的教育。

以《女诫》为代表的古代女书制造出一套男尊女卑、三从四德的教育理论，赋予女性一整套繁复的清规戒律，这一切并非以女性自身发展为宗旨，而是以讨好和取悦男性为目的，围绕如何成为侍奉父母、公婆，顺从丈夫，治家教子的贤妻良母这一培养目标进行。历史上有据可查的女师也不过寥寥数人，唐代女诗人薛涛、宋代女词人李清照虽也有过教授弟子的短暂经历，但未曾取得什么可资铭记的成就，所教授的学生也无一名世，因而她们并非作为教师流芳百世的。总体而言，这一时期的女性困守于性别身份，所有的生活都围绕家庭开展，不能参与社会生活，不能施展才华，在教育乃至高等教育中是名副其实的缺席者。

第二节　1840—1949 年：走入社会的女性与高等教育的参与者

近现代中国面临着前所未有的民族危机，先后遭受了西方列强和日本的入侵，在生死存亡的紧要关头，男性发动并借助女性的力量共同抵御外敌。随着西方女性主义思想和马克思主义妇女理论在中国的传播，女性在男性的主导下艰难地踏上了追求男女平等的道路，作为"女国民"参与争取民族解放和国家独立的斗争。部分接受了高等教育的知识女性率先觉醒，其中的佼佼者成为大学女教师，掀开了中国高等教育的历史新篇章。

一、社会文化背景：女性觉醒

19 世纪末 20 世纪初是近代中国急遽变迁的时代，西方国家用坚船利炮强

---

① 《女儿经》作者不可考。

行攻破了清政府闭关锁国的大门,这给中国几千年来的经济和社会文化带来了巨大的冲击。面对中国当时腐朽没落的现实,以及西方列强的强势入侵与现代文化的传播,国人在深感震惊之时痛定思痛,掀起了对自身文化反思的热潮,首先抨击的是性别文化。

缠足废,女学兴。一大批具有海外留学背景的知识分子深刻认识到旧有文化对女性思想和身体的摧残与压制。以康有为、梁启超为代表的维新派进步人士四处奔走,大声疾呼,要求废缠足、兴女学。他们认为,缠足不仅"废天理""削人权""害家事""伤人伦""损生命",而且更为严重的是"戕种族",指出:"欲救国,先救种,欲救种,先去其害种者而已,夫害种之事,孰有如缠足乎?"[①]同时,他们也深切地意识到,妇女教育不仅仅是妇女自身的问题,而是事关国家强弱的大计,强调女子教育是"天下存亡强弱之大原",欲强国"则必由妇学始"。1898 年 5 月中国第一所国人自办的女子学校——经正女塾在上海成立,"其教育宗旨,以彝论为本,所以启其智慧,养其德性,健其身体,以造就其将来为贤母为贤妇之始基"[②]。此后,官办民办女子学校勃然兴起。据 1907 年清学部总务司编的第一次教育统计图表记载,当时全国已有女学堂 428 所,女学生 15496 人(朱有,1989)。1907 年清政府颁布了《学部奏定女子师范学堂章程》,正式承认女学合法。戒缠足、兴女学的宣传与活动,对中国几千年的传统文化形成了巨大的冲击,极大地促发国人的觉醒,为女性浮出地表、跻身社会公共空间奠定了基础。

女报盛、女界醒。1903 年中国第一部女性解放论著《女界钟》敲响了女性解放的钟声,振聋发聩。作者金天翮(2003)认为女子应当恢复六种权利:入学之权利、交友之权利、营业之权利、掌握财产之权利,出入自由之权利,婚姻自主之权利,呼吁广大女性行动起来,自己解放自己。受到维新思想影响的女性创办了大量的女报、女性刊物杂志,抨击封建礼教对女性的迫害,宣扬男女平等观念。仅在 1902 至 1912 年的 10 年间,全国各地创办的女子报刊计 50 余种。处于社会急剧变革中的女性受到各种思想观念的激荡冲击,原有的男尊女卑、男外女内的性别意识受到激烈冲击,男女平等的意识开始觉醒。

在新文化运动的启蒙下,女性的自我意识逐渐觉醒,当时风靡一时的戏剧《娜拉》发出宣言,"我是一个人,一个同你一样的人,无论如何我总得做一个人",由此触动女性思考"男女既同是人,就该同做人类的事",勇敢地向传统制度奋起反抗,竭力谋求精神独立和经济自立。尤其是五四运动后,女性意识得到启蒙,萌生了强烈的独立自主意识。"我被卷入新思潮的激流中,我的思想在急剧地变

---

① 　中国妇联:《中国妇女运动历史资料 5(1840—1918)》,中国妇女出版社 1991 年版,第 71 页。

② 　女学会书塾开馆章程,载于《女学报》1989 年第 9 期。

化,封建社会给予我的影响,加上我精神上的锁链,在此时完全粉碎……有了与封建伦理、纲常伦教决裂的勇气……我此时精神上解脱了封建束缚,真脱缰之马,骋想奔驰。"(高纯,1979)

求自立、谋自养。当时的妇女刊物和进步杂志大张旗鼓地倡导女性接受和男性同样的教育,鼓励女性就业:"欲振吾国女子怯懦之风,养高尚之德,而求与男子享同等之权利者,舍扩充女子之职业,其何由乎?"(白云,1915)从事职业成为女性通向个人解放的必由之路。在当时社会对女性就业的呼吁和提倡下,从教被认为是女性"合宜"的职业。教师被视为"母职"的延伸,被称为女子"高尚的职业",也就成为女子最为普遍的职业选择。中国第一位新文学女作家陈衡哲在其成长过程中受到"世上的人对待命运有三种态度,其一是安命,其二是怨命,其三是造命"的教诲,以"造命"为座右铭,走上了一条自强不息,不安于现状、不屈服于命运的奋斗之路,毕生追求学业成就、追求婚姻自由,最终成为自己命运的主宰。吴贻芳自小受到新思想的影响,11岁就为女性不能求学而鸣不平,每次看到奶奶的小脚,她和姐姐就暗自感叹,以后决不能再走奶奶的老路。在强烈的求学愿望得不到满足时,她的姐姐选择吞金自杀,幸而被及时救回,于是父母就此同意让女儿读书。

新文化运动这一时期的中国社会受到各种外来思想的影响与冲击。十月革命一声炮响,为中国送来了马克思主义。早期的马克思主义者如李大钊、陈独秀等翻译和介绍了大量的马克思主义妇女理论著作。1921年,中国共产党成立。共产党人基于中国妇女的实际境遇提出中国女性解放运动的方向:只有阶级解放,才有妇女的解放。妇女解放是阶级解放的一部分,离开了社会解放运动,妇女的解放是无法实现的。妇女是决定革命胜败的一个力量,人类社会的解放和发展离不开妇女的觉醒和参与。在中国共产党的领导和带动下,一部分女性参与了农业生产,一部分女性走出家庭走向社会,投入土地革命、抗日战争和解放战争中去,在血与火的洗礼中,最终获得了女性的解放。总体说来,这一时期女性的觉醒和女性的解放,并非源于女性自身发展的需要,而是在救亡图存的特殊历史背景下,由进步的男性知识分子率先提出,并在男性主导下实现的。

二、女性形象的社会期待:女国民

20世纪初期,一批进步人士不满足于维新派所塑造的"强国保种"的新贤妻良母式的女子角色,响亮地提出了"女子国民"。林宗素在《女界钟》指出,"顾亭林曰:'天下兴亡,匹夫有责。'""岂独匹夫然哉,虽匹妇亦有责焉。"1903年,留学日本的胡彬夏等十余名女性成立了中国第一个女子爱国团体"共爱会","拯救两万万之女子,复其固有之特权,使其各具国家之思想,以得自尽女国民之天职为宗旨"①。1905年,《女子世界》中丁初我(1905)的《女学生亦能军操欤》一文谈道:"不特养成今日有数之女国民,且亦养成将来无数之男国民。"为推翻清政府,许多爱国女性积极投身革命,成立女子同盟会、女子革命军、女子北伐队、女子暗杀团同盟等,她们希望同男子尽一样的义务,如19岁的吴淑卿在投军文中写道:"观今之世界,当要人人努力自强,当要应尽人民之责任。若想热心爱国,非立起当兵之志不可也。"(罗苏文,1996)《中国新女界杂志》创办者燕斌(炼石)将创办杂志的目的确定为使"国家真得一女国民"。她认为,中国虽有多种女国民的特质,而无多数女国民之精神,则有民等于无民。杂志发刊词强调:"本社最崇拜的就是'女子国民'四个大字,本社创办杂志的宗旨虽有五条,其实也只有这四个字,本社新女界杂志从第一期,无论出多少期、办多少年、做多少文字,也只是反复解说四个大字。"②

积极参政。1927年,宋庆龄在国民党妇女党务训练班开训典礼上亲致训词,发表《女子应当参加国民革命》,论及"妇女是国民一分子,妇女解放运动是中国国民革命的一部分,所以为求全民族的自由平等,为求妇女自身的自由平等,妇女应当参加国民革命",假设妇女"只知道做贤母良妻,不去尽国民革命之天职,结果必定做帝国主义与军阀的'奴才的奴才'"③。中华民国临时政府建立后,女性为争取参政权,成立了"中华女子参政同盟会",要求"男女平权之实现,女子教育之普及,家庭妇女地位之向上,妇女政治地位之确立"。她们在给南京临时参议院的请愿书中写道:"兹幸神州光复,专制变为共和……欲求社会之平等,必先求男女之平权;欲求男女之平权,必先于女子参政不可……请于宪法正文之内,订明无论男女一律平等,均有选举权与被选举权。"唐群英等激进派号召女子"改革时之尽义务既与男子等,他日之权利亦必与男子平",还曾多次闯入临时参议院,面见孙中山,要求"将女子与男子一律平等明白规定于临时约法之中"。

争取受教育权。女性平等受教育权和参政权被女性提上了议事日程。1919年,兰州女学生邓春兰给北大校长蔡元培写信,并在报上发表了《告全国女子中小学毕业生书》,要求入北大念书,第一个公开发出大学开女禁的呼声。1920年2月,北大招收了包含邓春兰在内的9名女学生,遂开中国历史上男女同校之先河。这批独立自主的新女性代表着当时先进的国民形象,铸就了中国历史上一代杰出的女性。

---

① 胡彬夏:《祝共爱会之前途》,载于《江苏》1903年第6期,第162页。
② 燕斌:《发刊词》,载于《中国新女界杂志》1907年第1期,第1页。
③ 《宋庆龄选集(上卷)》,人民出版社1992年版,第39页。

处于内忧外患中的中华民族彼时风雨飘摇,前途未卜,一大批社会精英挺身而出,力挽狂澜。但是由于传统社会解体所造成的精英阶层的分裂,使现代社会的启蒙仅停留在小部分精英阶层之中,他们虽然批判传统文化,却没能在批判的过程中实现现代转换,创造出适合我国历史文化背景的现代文化。同时启蒙所肩负的救亡图存的历史任务,使他们一方面以现代西方的科学与民主替代中国的传统,另一方面又不得不依赖传统提供生存的意义。精英启蒙的不彻底性,使启蒙没能到达社会的最底层,广大民众启蒙的这一环节失落了,女性的觉醒也只停留在精英阶层这一层级。

三、高等教育中的女性:社会身份浮出的参与者

在中国 5000 多年绵延悠长的历史中,高校女教师的出现尚不过 100 余年。

1840 年鸦片战争后,大批传教士进入中国,创办了大量的教会学校传播基督教,以此为依托宣扬西方的价值理念。教会学校既有初等学校,也有高等学校,不仅接收男子,也吸纳开明家庭的女子或教会女子入学,为中国女性命运的改变提供了契机。1904 年在基督教华北协会和西方妇女传教协会的支持下,中国的第一所女子大学——华北协和女子大学成立,这也是中国最早的女子高等教育。"教会女子大学它既为中国培养了第一代具有现代文化素养的女性,开创了中国女子高等教育的先河,又在教育内容、方法及管理体制等方面留下了很多有益经验。"(张觅觅,2004)1907 年,第二所女子大学华南女子大学设在福州,1911—1912 年,江浙一带的教会成立了女子联合大学;1915 年 9 月 17 日,金陵女子大学正式开学。考虑到中国男女有别的礼教大防,女子教会大学的校长均为女性,教师也大多由女性担任。这些外籍大学女教师培养出中国第一代女知识分子,同时也对中国大学女性教师的诞生产生了示范效应。继教会创办女子大学之后,国人开始自行创办女子大学。1919 年,北京女子师范学校更名为北京女子高等师范学校,成为国人创办最早的国立女子大学。随后各地女子大学纷纷涌现,全国女学生规模迅速扩大。据文献资料记载,截至 1922 年,全国 31 所大学中(不含教会大学),共有女生 665 人。近代女学的兴起与发展,尤其是近代女子大学的建立,以及女大学生的大规模出现,客观上催生了大学女教师。

1920 年,北京大学首开"女禁",实行男女同校,普通高等教育自此向女性敞开了大门。正如胡适所言,"开女禁",不仅是要开男女同学之禁,而且也要首开男女教师之禁(徐彦之,1920)。校方考虑到第二年开招女生,为方便教学和让家长放心,破例接收陈衡哲作为历史学教授,使之成为中国第一位女教授。这是真正意义上的中国女性进入高等学校教师队伍。此前,大学几乎被清一色的男性

教师垄断①。由于北京大学的威望和声誉,各大学也纷纷聘请女性到大学任教。自此,大学教职向女性开放,越来越多的女性加入大学教师的队伍。

整体来看,女性教师在教师总数中的占比是微乎其微的。由于缺乏全国性的统计数据,只能以部分省份及个别学校的数据管窥全局。1929 年,国立浙江大学 169 名教员中只有 2 名女性②。1931 年,河南共有 179 名高校教师,女性教师只有 9 名③。据 1933 年度统计,男性教员有 6720 人,占全体教师的 93.22%,女性教师仅有 362 人,所占比例为 6.97%④。20 世纪 40 年代,全国女性教师人数有所增长,1946 年占到全体教师的 21.01%,如表 2.1 所示。

表 2.1　高校教职员数量统计表⑤

单位:万人

年度	总数	男教职员	女教职员	女教职员占全体教职员的比例/%
1946	11909	9591	2512	21.01
1947	13363	10300	3060	22.91

女教师的学科分布主要集中于国学、文学、历史学等,教授自然学科的女性相当少。20 世纪三四十年代,女性教师的学科分布有所扩大,几乎各个学科都能看到女性教师的身影。1932 年,广州中山大学从事天文学研究的助教邹仪新因为成功拍摄了日蚀全程而被称为"东方女明星",并由此受到世界瞩目。

女教师们学贯中西,既有着深厚的国学底蕴,又有留学西方的经历。能够进入大学担任教职的女性大多出自家境殷实、开明包容的家庭,家学深厚,对中西文化融会贯通,游刃有余。譬如,袁昌英出生于知识分子家庭,父亲早年留学日本早稻田大学,她自小在父亲的严格要求下熟读经史子集,13 岁被送到上海教会学校中西女塾读书,毕业后到英国深造,1923 年获得爱丁堡大学英国文学硕士学位后回到北京女子高师任教,后又远赴法国巴黎大学攻读法国文学和近代欧美戏剧硕士。再如,在中国传统文化熏陶中成长起来的林徽因,曾在青年时期

① 1910 年谢绍英从美国康奈尔学院毕业回国成为华南女子大学第一位华人教师,华南女子大学时为外国人举办的教会女子大学,不在本书讨论范围。
② 浙江省长公署第四科编:《"中华民国"十八年度浙江省教育统计图表》,1931 年 4 月,转引自鲁丝·海霍:《文化传统与教育变化:论中国近代教育史》,南京大学高等教育研究所,《当代教育发展的重大课题——教育与社会进步中外学者研讨会论文集》,南京大学出版社 1990 年版。
③ 河南教育厅编:《二十年度河南教育统计图表》,1931 年,转引自鲁丝·海霍:《文化传统与教育变化:论中国近代教育史》,南京大学高等教育研究所,《当代教育发展的重大课题——教育与社会进步中外学者研讨会论文集》,南京大学出版社 1990 年版。
④ 民国教育部:《全国高等教育统计二十二年度》,商务印书馆 1936 年版。
⑤ 本表根据《第二次中国教育年鉴》与《中国高等教育统计》中的相关资料编成。

留学英国,受到欧洲文化影响,广泛汲取西方文化的精髓,并将所学与中国古典文化相融通,在中国建筑史上留下了浓墨重彩的一笔。

我国高等教育史上的第一批女教师们学识渊博,聪慧勤奋,潜心研教,成就才能堪比男子。苏雪林在安徽大学任教时,除了自己擅长的《基本国文》《诗词选》两门课程外,还接手了一门她从未涉足过的史学课程《世界文化史》。为了教好这门课程,她查阅大量文献,精心备课,做了"长 27 厘米、宽 16 厘米,每面用毛笔写 24 行,约 450 字,计 233 面,达 10 万言"的备课本,亲笔手绘中外出土文物、古建筑遗存、木乃伊制作等写真图 188 幅。在学术成果方面,女教师们也是巾帼不让须眉,成就卓越。林徽因同丈夫梁思成一道实地考察全国各省市的古建筑,撰写了 20 多篇建筑方面的报告和论文,留下了大量弥足珍贵的勘测资料和研究成果,编著了《北平建筑杂录》《中国建筑史》(明清部分),以及《晋汾古建筑预查纪略》等论著,成为中国建筑学的主要奠基人之一。著名的文学史家和戏曲史家冯沅君发表了《楚辞的祖尔与后裔》等多篇论文,还与丈夫合著了《近代诗史》《中古诗史》等著作。

除了教学科研,个别女教师还担任了校长,向社会展示了女性的管理才能。1924 年,杨荫瑜被任命为北京女子高等学校校长,她被认为是中国第一位大学女性校长。同年,王世静担任华南女子文理学院校长,吴贻芳担任金陵女子文理学院校长。女教师们博学多才,热衷写作,借由文字抒发真情实感,传播新思想。1942 年,冯沅君在《创造周刊》发表多篇小说,其中一篇反封建力作《旅行》在青年中引起了轰动。陈衡哲经常在报刊评论上著文发表自己对待女性的教育、职业和婚姻问题的独到见解。此外,女教师们通过参加各种社团,广泛结交性情相合、志趣相投的朋友,时常齐聚一堂交流思想,评论时事,最为著名的是林徽因的"太太的客厅"。

尽管男女平等在 20 世纪 30 年代就受到民国宪法的承认,实际上在大学机构中工作的女性还是常常受到男性的歧视。与男性相比,她们更难被聘任,更易被解聘。"在出国留学、晋级、调薪、居住房屋分配诸多方面,女教师很难享有与男性相等的权利。同样是助教,男性可直接升讲师,女性就要作为特例,先升'讲员',才能升'讲师'。"①女教师在教学上耗费大量的精力与时间,同时还得兼顾家庭,恪守女性贤妻良母的职责。这一时期高校女教师尽管受到西方文化影响,有强烈的事业心和独立自主的意识,但仍将传统文化赋予女性的责任和义务作为应尽之本分,不敢有半点推辞,尽力妥善处理家庭与事业的矛盾,做到无一偏颇。

---

① 金涛,刘国雄:《女学部委员访问记》,海洋出版社 1983 年版,第 172 页。

作为中国现代第一批官派女留学生,1920 年夏,学成归国的陈衡哲经胡适举荐到北京大学西洋史兼英语系任教授。任职不到一年,随着女儿的出生,她辞去教职,承担起抚养孩子的家庭责任。此后,尽管间断性地担任过东南大学、四川大学等高校教职,也曾于 1930 年重返北大教授西洋史,但时间都不长,她主要的身份是"贤母良妻"(黄华,2016)。胡适(2001)在后来的日记中写道:"莎菲因孕后不能上课,她觉得羞愧,产后曾作一诗,辞意甚哀。莎菲婚后不久即以孕辍学,确使许多人失望。此后推荐女子入大学教书,自更困难了。当时我也怕此一层,……但此事自是天然的一种缺陷,愧悔是无益的。"从胡适所用的"羞愧""愧悔"等语,早期大学女教师面对家庭事务与事业志向冲突时的困窘和艰辛可见一斑。

陈衡哲拥有教授、作家、编辑、学者等多重身份。对她而言,在当时的社会情形下,解决职业与家事之间冲突的方法有三:一是牺牲自己的野心与天才,以求无负于家庭与儿女;二是牺牲家庭与儿女,去实现自己的事业梦想;第三,则是既照顾家庭与儿女,也去努力实现自己的事业梦想。选取第三种方法的女性,不肯牺牲任何一方面,所以她们的内心冲突最为强烈与深刻。假如她们能战胜这个冲突,则亦未尝不能找到一个人己两全的办法:一方面既能凭借她的努力,使她的儿女与家庭,成为她的人格与风范的写照,使一般人士不得不相信,女性的高等教育不但不能妨害她的母妻的责任,并且能使她成绩斐然;另一方面,她又能不忘修养自身的学问与人格,使她所发的光明,不仅仅照及家庭的四壁(陈衡哲,1938)。这第三种方法是陈衡哲的"夫子自道"和人生写照,只是这个美好构想的另一面则是难以计数的艰辛与困难。确实,多重角色的扮演,常常让陈衡哲感到分身乏术。1929 年 10 月,陈衡哲作为太平洋学会中国理事会的代表计划赴日本出席太平洋国际学会第三届常会,在写给丈夫任鸿隽的三姐任心一的信中,流露出了务求鱼与熊掌兼得的忙碌与焦愁(抢救民间家书项目组委会,2007)。

"今秋日本之会,我十分想去,但家中太没有人,小孩子不放心。你如肯先来,俾我能得到一点自由,那真是感激极了。①

我们这里大小幸均安好,书书(注释:陈衡哲次女)爱哭极了,因为我不能专心带她的缘故,不知道将来能否在孃孃(注释:指任心一)处得到一点专爱? 此孩聪明极了,因此常感痛苦,她要一人一心一意只爱她一个人,我小孩多,家务忙,还要著作,所分给她的注意也少得很,所以希望将来她能做你的唯一的宠侄,不知你要她否?"

总体而言,中国近代史上的女性社会身份开始凸显,女性意识开始觉醒,逐

---

① 抢救民间家书项目组委会:《任鸿隽陈衡哲家书》,商务印书馆 2007 年版,第 100 页。

步涉足男性世界和社会生活,成为高等教育的参与者。民国时期大学女教师的产生在中国历史上具有里程碑的意义,它打破了旧有的家庭、婚姻、职业制度,树立了经济自立、自强自信、才学兼备的新女性形象,在高等教育史上熠熠生辉,影响深远。她们用实际行动向世人宣告"真正的自由,不是央求人家'网开三面',把我们解放出来,是要靠自己的力量,抗拒冲突,使他们不得不任我们自己解放自己;不是依赖那权威的恩典,给我们把头上的枷锁解开,是要靠自己的努力,把它打破,从那黑暗的牢狱中,打开一道光明来"①。

第三节　1949—1978 年:男性化的女性与高等教育的失语者

新中国的成立为女性带来了历史性机遇,女性被赋予了前所未有的地位与责任。女性大规模地参与高等教育,受高等教育的机会大幅度增加,在高校担任教师的机会增加,女教师规模有所扩大。

一、社会文化背景:男女趋同

1949 年,新中国成立,社会主义制度确立,由此开创了中国女性发展的历史新纪元。国家通过一系列制度安排和改革运动,实现了对社会性别关系的改造与重构,使中国妇女的社会地位以及整个社会的性别文化发生了历史性的转变。《共同纲领》明确规定,"中华人民共和国废除压迫妇女的封建制度,妇女在政治的、经济的、文化教育的、社会生活各方面,均享有与男子平等的权利"②,赋予妇女全面的社会权利。国家通过立法的形式保障女性的权益。1950 年,中国第一部正式法典《中华人民共和国婚姻法》(以下简称《婚姻法》)颁布。《婚姻法》明确规定:废除包办强迫,男尊女卑,漠视子女利益的封建主义婚姻制度,实行男女婚姻自由,一夫一妻,男女权利平等,保护妇女和子女合法权益的新民主主义婚姻制度,禁止重婚、纳妾,禁止童养媳,禁止干涉寡妇婚姻自由,禁止任何人借婚姻关系问题索取财物。这是中国几千年来婚姻家庭生活的深刻变革。③ 在随后颁布的《土地法》《选举法》和《宪法》等法律中男女平等总原则得到具体体现,自此中国女性终于与男性一道成为社会的主人。"'反对大男子主义''反封建''妇女翻身解放''不能重男轻女'"等话语在当时成为一种政治文化时尚广泛传播,对

① 中国社会科学院近代史研究所:《纪念"五四"运动六十周年学术讨论会论文选(一)》,中国社会科学出版社 1980 年版,第 26 页。
② 中央人民法制委员会:《中央人民政府法令汇编(1949—1950)》,法律出版社 1982 年版第 154 页。
③ 中华人民共和国国务院新闻办公室:"中国妇女的状况",载于《中国妇运》,1994 年第 7 期,第 3—13 页。

民间男尊女卑的观念和歧视妇女的话语形成强有力的冲击,促进了传统性别文化和观念的改变。"(肖扬,2013)

男女平等法权上的实现,使女性在法律上享有与男性平等的社会地位和广泛的社会权利。过犹不及的是,20世纪60年代中期到70年代中期,"男女平等"步入了另一个误区,被误读和践行为"男女一样"。整个社会按照男性的标准塑造女性,性别差异弱化,呈现出男女趋同一致的性别文化。女性极力掩盖自己的女性特征,在着装上"不爱红妆爱武装",言行举止甚至发式服饰无不展示男性的雄姿;在事业上"巾帼不让须眉",誓与男性一较高低,挖河打堤,大炼钢铁,涌现出"三八"女子高空带电作业班、"突击队""铁姑娘班"等女汉子、女铁人,她们以抹杀和遮蔽性别身份为代价,在社会生产生活中撑起了"半边天"。"从20世纪50年代到70年代的宣传画来看,主要分为'革命''生产''教卫'三类,'革命斗争'画作中的女性十分男性化,畸形造作;'生产建设'画作描绘了男女协作,共同劳作建设社会主义的美好图景;'教卫文体'则全方位地展现了'男女各顶半边天'的职业形态。"(王清清,2011)女性虽然是解放了,殊不知,解放的结果不仅仅意味着社会不是多了与男性平等的"女性",而是"男性化的女人";而且预示着女性及所有有关"女性的"一切均消失,融汇在"人"的共同的社会生活中(刘晓辉,2010)。

让女性享受男性的种种权利,与此同时要求女性按照男性标准履行义务。也就是说,女性若想享受男性的特权,就必须成为男性,像男性一般工作和生活。表面上看,女性的权利得到维护,但女性的生理特征遭到忽视,严重地损害了女性的身体健康,扭曲了女性的心理感受。

二、女性形象的社会期待:半边天

新中国成立后,国家运用强大的行政力量,通过一系列法律的颁布和实施,使女性获得与男性平等的地位,至少是法律意义上的平等。同时,国家认为"中国的妇女是一种伟大的人力资源。必须发掘这种资源,为建设一个伟大的社会主义国家而奋斗"(仝华等,2004),通过团结女性,调动女性的劳动生产力,为百废待兴的社会主义建设提供各行各业急需的人力资源。

社会舆论大力宣扬"妇女能顶半边天",将女性就业作为妇女解放、提高妇女地位的重要标志,女性普遍就业被社会高度认可和鼓励,女性大规模地走出家门,走向社会,由单一的家庭角色向家庭、社会双重角色的承载者转变。女性承担社会角色的同时,家庭角色并没有消解,传统的性别角色观念并没有得到改变。在社会上已经获得与男性同样权利的女性,实质上仍是父权社会的第二性。"中国妇女地位的确发生了深刻的变化,妇女的社会地位得到空前的提高,与此同时,中国的传统文化赖以支持的社会结构——家庭、家族、家产,也基本被彻底铲除,这同时也意味着几千年传统中国的民间社会空间被铲除,甚至连找对象、谈恋爱、结婚、离婚这一类在西方人看来十分私人的领域,也要经过单位盖章和审查。妇女解放与男女平等几乎完全依靠和以政府代言身份出现的基层妇联或者基层企业单位组织……从我国妇女的整体状况来看,妇女地位在总体上提高,同时也在失去自己的天空。"(荒林,2004)20 世纪 50 年代各级妇联开展"五好"家庭表彰,对政治挂帅思想好、勤劳增产工作好、勤俭增产工作好、学习和教育孩子好、团结互助安全生产好的妇女进行表彰,其中一个重要的标准就是妻子要照顾好家庭和孩子。中华全国总工会发布坚决保护女职工合法权益反对歧视迫害妇女的通知,要求积极协助办好托儿所幼儿园及各种妇幼保健事业,帮助女职工减轻家庭负担,解除她们的后顾之忧(李慧英,2003)。由此可以看出,整个社会,包括妇女的娘家人——妇联,都将照顾孩子仅仅看作是妇女的职责。女性虽然摆脱了身体的束缚,实现了法律上的独立、经济上的自立,在社会上撑起了半边天,但在家庭中的整个天却依旧由女性撑着。

三、高等教育中的女性:性别身份消解的失语者

从新中国成立到改革开放前这一时期,我国高等教育曲折发展。1949—1966 年间,高校专任教师人数大幅度增长,女教师人数也随之增长。普通高校的教师人数从 1957 年的 7 万多人增加到 1961 年的 15.88 万人,增长了一倍多,同时从事高等教育的女教师人数也激增。从 1969 到 1976 年,高等教育事业基本处于停滞状态,女教师人数虽未增加,但在教师总人数中的占比反而增大。

表面看女教师数量处于增长状态,但是这一切均从属于国家社会主义建设、生产力发展的需要,高等教育不能遵从自身的发展规律,高等教育在社会中的重要性未能得以体现,各种运动接连不断,教师自身的地位尚且岌岌可危。在"男女都一样"的口号中,男性代替了女性,女性不见了,女性消失在男性与社会之中,没有人在现实生活中寻找女性的问题。女性丢失了自己,女教师的存在也只是一个标志性的存在,被淹没在学工、学农的滚滚洪流中,女教师无法发出自己的声音。

由于中国近现代发展过程中始终面临着救亡图存的压力,未能完成现代化的启蒙,广大群众并不具备独立的主体意识,并不具备对自己行动反思和批判的能力。在社会主义制度下,女性借助国家力量迅速享有了西方女性斗争了上百年才能获得的选举权、受教育权等,享有了与男性同等的社会地位,在"男女各顶半边天"的话语下,女性沉浸于前所未有的平等权利之中,跟随"男女都一样"的社会主流话语,一改男女有别的面貌,男女同装,隐藏自身的女性特征,掩饰自身

的女性气质,变为"男性化"的女性,将自己的真实想法交由男性、交由国家代言。伊丽莎白·克罗(Elisabeth Croll)在《中国妇女变化中的身份:20世纪中国的词汇、经历和自我感觉》(1995)一书中,分析了各个时期中国女性用英语发表的回忆录和其他文章并指出,国家的妇女解放辞藻常常并不反映女性的切身经历,两者之间有很大的差距(王政,1997)。

第四节　1978年至今:迷惘的女性与高等教育的"挣扎者"

1978年党的十一届三中全会召开,中国实行改革开放,开启了社会主义现代化建设的新时期。1992年,国家做出了"有计划的商品经济"转变为建立和发展"社会主义市场经济"的重大决定,改革开放的力度、深度和广度大幅提升。在计划经济向市场经济转型的过程中,中国的男女平等遭遇了前所未有的考验,关于"女性回家"的呼声不绝于耳,女性受到的社会排斥变得明显化、公开化,女性下岗、女性就业难、女童失学等新问题逐一显现,女性被物化、商品化的倾向明显,中国妇联适时提出了"四自女性"的口号,竭力倡导新时代女性形象。与此同时,各种当代西方女性主义理论伴随改革开放传入中国,女性不甘心被他人代言,被男性定义,努力冲破传统文化的桎梏和现实环境的束缚,但又难以摆脱传统道德规范和角色设定。

一、社会文化背景:多元冲突

1978年,中国宣布实行改革开放政策,确立了由计划经济体制转为社会主义市场经济体制的道路,加快社会主义现代化建设的步伐,解放和发展社会生产力。计划经济时期,生产力总体欠发达,人力资源极为紧缺,女性在政府的保护和鼓励下,作为重要的人力资源广泛参与社会生产,享受着与男子同等的法律地位和社会经济权利。市场经济时期,社会经济面临转型,贫富两极分化加剧,城乡二元分割加大,资源分配严重不均,区域发展极不平衡。社会宣扬"效率第一,兼顾公平",实际上公平被束之高阁,能兼顾则兼顾,不能兼顾则不管不顾。缺乏了政府保护的女性在激烈的社会竞争中处于明显的不利地位,整个社会让"妇女回家"的论调甚嚣尘上。1983年,《上海经济》率先抛出了"妇女退居家庭"的观点,一时之间,支持"妇女回家"和反对"妇女回家"的声音针锋相对,争执不下。1988年,《以中国妇女》的两篇文章《我的出路在哪里》和《大邱庄"妇女回家"的思索》为发端,社会各界展开以"1988——女性的出路"为主题的大讨论。2001年,全国政协委员王贤才再次提出了"妇女回家"的倡议,"妇女回家"论战再一次被点燃。2011年,全国政协十一届四次会议上张晓梅委员抛出"让妇女回家"提案,受到部分专家和网友们的抨击。在市场经济的滚滚浪潮中,女性问题层见叠出。一方面,女性在残酷的竞争中处于弱势地位,女性下岗愈演愈烈,女大学生就业问题凸现,女童失学卷土重来;另一方面,市场经济的物质效益取向与腐朽的性别文化相结合,进一步加剧了将女性物质化、商品化的倾向,卖淫嫖娼活动死灰复燃,"二奶""小三"司空见惯,拐卖妇女儿童的现象屡禁不止等,给中国男女平等事业带来了前所未有的挑战和危机。

改革开放的春风不仅带动了经济社会的大发展,而且催生了思想的大解放,中国开始进入"新启蒙"时期,学术界试图建立一套新知识体系,尝试"援西入中"(陈肖利,2009),引入西方的理论解决中国的问题。西方女性主义第二次浪潮就是在这样的背景下传播到中国的。被誉为"西方妇女女性主义的圣经"的西蒙娜·德·波伏娃的著作《第二性》1986 年在中国翻译出版。该著作作为女性主义文学批评的先锋在中国学界广泛传播,对女性主体意识的觉醒起到了较大的启蒙作用。西方女性主义作为一种外来文化,国人对之既感到新奇,又存在隐忧。女权主义原本是各种女性主义思想的统称,在 20 世纪八九十年代的中国却被曲解为激进女权主义、性解放等的代名词,从而造成了相当一部分人(包括女性自身)对女权主义的反感和排斥。不少学者更愿意标榜自己为女性主义者而非女权主义者,力图与激进女权主义者划清界限。1995 年,第四次世界妇女代表大会在北京召开,将社会性别理论带到了中国。社会性别理论主张两性差异并非取决于生理因素,而是由社会文化建构的。这一理论作为当代西方女性主义的核心概念和重要分析工具,渗透到社会学、教育学、法学、文学、历史学等多个学科,产生了深刻的影响,时至今日已有 20 余年,社会性别理论受到中国学界的高度重视,产出了一系列研究成果。

当代中国社会同时兼具传统社会、现代社会和后现代社会的特点,在性别文化方面,传统性别文化、马克思主义妇女理论以及西方女性主义思想三种性别文化与思潮交织并存,作用于不同的层面。马克思主义妇女理论是马克思主义的重要组成部分,为有关男女平等的主流话语,具有权威性,在国家层面是政策、法律、制度等的理论依据,它强调国家自上而下发挥作用。马克思主义妇女理论在中国经历了马克思主义妇女观的中国化阶段,在当代中国形成了中国特色社会主义理论的妇女思想。马克思主义妇女理论主要包括以下几个方面的基本内涵:妇女被压迫是人类社会历史发展到一定阶段的产物;妇女解放的程度是衡量普遍解放的天然尺度,妇女在社会中所处的地位体现了社会的文明程度;参加社会劳动是妇女解放的一个重要先决条件;妇女解放是一个长期的历史过程,男女平等的实现受社会经济、政治、文化等发展程度的制约。客观上看,当前马克思主义妇女理论对中国广大民众的启蒙仍主要体现在政治和法律上,进入日常生活的层面,成为人们的自觉意识和行为习惯还有待时日。

西方女性主义理论在中国主要为从事女性研究的学者和妇联工作者所掌握和了解,受众较小,"仅限于在一个相对狭小的,圈内人的交流与自我言说,还远未成为一种公认的基本文化视角"(王俊,2010),加之其理论纷繁复杂,使人眼花缭乱,一些理论强调性别对立,鼓吹女性优越论,将性别关系从一种本质主义带向另一种本质主义,与中国传统文化相去甚远,难以被普遍接纳。社会性别理论虽然强调社会文化建构,但忽视了女性自我觉醒的主体性作用,放弃了女性自身的责任,为女性的逆来顺受,甚至某些时候的"助纣为虐"提供了有力的辩护。

在西方女性主义和马克思主义妇女理论的传播和影响下,现代新型的男女平等性别文化作为一种先进的文化观念逐渐占据主流,但传统性别文化并未根除,转而以更加隐蔽的方式存在。它渗透在人们的日常生活、思想观念中,影响着人们的行为习惯和思维方式,潜移默化地发挥着决定性的作用。广大普通女性的主体意识并未真正觉醒,精神上的解放还有待时日。

在交织并存、多元冲突的性别文化中,中国女性前所未有地感到矛盾和压抑。有学者认为,当代中国的性别平等文化虽然对封建的性别等级文化给予了暴风骤雨般的批判,但传统社会中的男性中心主义并未伴随着现代文明的出现销声匿迹,男权文化以一种现代性别文化的方式改头换面。中国女性承受男权文化的控制并未解除,同时还要承受现代文明的压抑、监控和约束(刘卓红,2009)。女性的主体思想意识与行为模式之间同样存在着深刻的裂痕。张辛欣的《在同一地平线上》和谌容的《人到中年》都描述了知识女性家庭与事业双重负担问题,表达了中国知识女性在现实生存困惑当中寻找出路的挣扎。

二、女性形象的社会期待:四自女性

中国乃至世界对女性问题的关注在这一时期达到前所未有的程度,中国在国家层面形成了提高妇女地位、推动性别平等的机制。一是建立充分体现和保障性别平等的法律体系。1992年,第一部以妇女为主体,全面保障妇女权益的专门的基本法《妇女权益保障法》颁布;随后的十余年,《中华人民共和国婚姻法》《人口与计划生育法》《母婴保健法实施办法》《妇女权益保障法修正案》等一百余件涉及妇女权益保障的法规和规章相继颁布和修订,使得以《宪法》为基础,以《妇女权益保障法》为主体,包括国家各种单行法律法规、地方性法规和政府各部门行政规章在内的一整套保护妇女权益和促进性别平等的法律体系不断完善①。二是制订推动妇女发展和性别平等的国家行动计划。中国政府连续发布

---

① 《中国性别平等与妇女发展状况》,中华人民共和国国务院新闻办公室于2005年8月24日发布。

了《中国妇女发展纲要(1995—2000)》《中国妇女发展纲要(2001—2010年)》以及《中国妇女发展纲要(2011—2020年)》,将中国女性发展纳入国家社会发展的总体规划。三是设立提高妇女地位的国家机构。国务院妇女儿童工作委员会成员单位增至33个,囊括了文化和旅游部、教育部、国家广播电视总局、中宣部,以及全国妇联、全国总工会和团中央等群众团体。各省份地方政府均成立了妇女儿童工作委员会,形成了纵横交错的妇女工作网络。

一方面,国家将男女平等作为基本国策,强力保障女性地位和权利;另一方面,社会经济转型使女性就业面临诸多新问题。为了解决这一矛盾,妇女自身的素质问题被作为重要议题提出。1983年,在中国妇女第五次全国代表大会上,全国妇联主席康克清在题为"奋发自强,开创妇女运动新局面"的工作报告中,第一次提出"四自":我们要'自尊、自爱、自重、自强',勇敢地捍卫法律赋予自己的神圣权利。"四自"号召中国广大妇女勇敢地捍卫法律赋予自己的神圣权利,不受封建残余思想的束缚,不做丧失自己人格、国格的事情。

时隔5年,1988年在中国妇女第六次全国代表大会上,全国妇联书记处第一书记、党组书记张帼英做了题为"自尊、自信,自立、自强,为争取改革攻坚阶段的胜利建功立业"的工作报告,将"五大"提出的"四自"内容修改为"自尊""自信""自立""自强",并对此进行了系统阐述,即反对自轻自贱,反对妄自菲薄,反对依附顺从,反对自卑自弱。尊重自己的人格,维护自己的尊严,相信自己的力量,坚定自己的信念;树立独立意识,体现自己的社会价值;顽强拼搏,奋发进取。从此,"自尊、自信、自立、自强"的新女性话语被各级妇联组织反复灌输给基层妇女,"四自"女性成为中国妇女力图树立的崭新形象,"四自"精神激励下的中国女性越来越多地展现自己的能力,成为时代先锋,在各行各业取得了骄人的成绩。"四自"内容还被写入全国妇联《章程》。

"四自"女性是国家和政府教育与引导女性的主流话语,而现实中中国女性发展面临着全新的挑战。在改革开放持续深入推进,社会结构发生巨大变化的背景下,受市场经济利益的驱使,一些学者或社会人士多次抛出"让妇女回家"的言论,鼓吹女性善于做家务,男性善于建功立业,号召女性做"全职太太",这个提议得到相当一部分人的赞成和拥护。处于市场竞争优势的男性认为,男女各施其责,能够使作为家庭顶梁柱的男性心无旁骛地投身于事业,有利于家庭利益的最大化。处于市场竞争劣势的男士更是举双手赞成,企图通过此举释放出更多的工作岗位,缓解社会竞争压力。然而,这样做的结果将使得女性解放运动退回到原始的起点,女性好不容易争取而来的权利遭到瓦解,女性的社会参与更为艰难,受到的社会排斥将更大。这一时期整个社会的传统性别观念有所回潮。学者通过对比2000年和2010年的妇女社会地位调查数据发现,2000年我国男性和女性的性别观念综合平均得分,男性为 0.3750 分,女性为 0.4223 分,现代性别观念都处在"比较赞同"的位置,女性对现代性别观念的赞同程度要高于男性;2010 年,男性和女性的性别观念综合平均得分分别为 0.1810 分和 0.2714 分,从分值上看,两性的性别观念仍处于"比较赞同"现代性别观念的位置,但是无论男性还是女性,认同现代性别观念的程度都比 2000 年减弱,也就是说,男性和女性的性别观念均出现了向传统回归的现象,这在一定程度上证实了传统性别观念的回潮(顾辉,2013)。

三、高等教育中的女性:多重身份交织的挣扎者

在整个教育领域内,高等教育是女性参与最少的部分。改革开放后,我国高等教育事业重新启航,高等学校重新焕发生机,进入高校从事学术性职业的女性越来越多,尤其是 20 世纪 90 年代中期,改革开放如火如荼,受下海浪潮影响,大学男教师有所流失,与此同时我国高等教育大众化进程加快,客观上要求补充教师,一批接受了硕博士研究生教育的女性进入高等学校,男女教师数量差异明显缩小。拥有博士、硕士等高级学位的专任教师中女性比例也增长较快。1994年,拥有博士、硕士、学士学位的女教师的比例分别为 20%、24.4% 和 38.4%,同年,拥有博士、硕士、学士学位的男教师的比例分别为 90%、75.68% 和 61.6%;到了 2004 年,拥有博士、硕士、学士学位的女教师的比例分别为 22%、42% 和 45.54%;相应的男教师的比例是 78%、58% 和 54.46%。在学科专业结构上,文科特别是财经学科教师比例增加,而工科、理科、医药等学科教师的比例下降。如,1981 年,工科教师为 69753 人,理科为 59783 人,文科 20011 人,医药为 24321 人,财经为 4951 人,所占教师总人数为 28.4%、24.4%、21.2%、9.9%、2%;到了 1993 年,工科教师数为 107166 人,理科为 76827 人,文科为 87692 人,医药为 33950 人,财经为 19633 人,所占教师总人数的比例分别为 27.6%、19.3%、22.6%、8.8%、5.1%[《中国教育年鉴》(1949—1983 年)]。这种教师学科分布的改变也显著影响了女教师的学科分布,女教师更多地向文科、财经类学科集中。横向比较而言,"大学专任教师队伍的职称结构、学位结构、年龄结构之间的性别差异逐步缩小,尤其是学位结构男女比例差距缩小的幅度最大。其次是职称结构,男女比例差距缩小幅度最小的是年龄结构,青年教师中女性比例甚至超过了男性"(赵叶珠,2007)。

高校女教师嵌到个体化转型社会的脉络之下,其"自我身份"感和"本体安全感"也受到冲击,她们是现代社会中的守旧者与挣扎者,一方面不可能完全摆脱自身的旧文化因袭,另一方面马克思主义妇女理论和西方女性主义思潮对她们产生影响很大,使她们从所遭受的历史不公正中率先觉醒。传统文化赋予高校

女教师固守作为"女性"的价值,但在西方文化影响下,受过高等教育的女教师更加渴望彰显和实现作为"人"的价值,两者之间产生了巨大的反差和剧烈的冲突。处于传统与现代化狭缝中的高校女教师虽然清醒地意识到自己不可能回到从前的"非人"状态中去,但她们还远未能建立起一种融旧与新、本土与外来、传统与现代之精华为一体的新模式,在理想与现实的相互交错中无法寻找到平衡点,因此自身的愿望、实践与仍作为"民族的""本土的""传统的"的公众期待之间存在相当的差距,甚至矛盾。在传统与现代的夹缝中,在理论与现实的错位中,高校女教师身份冲突进一步加剧。

总的来说,中国性别文化经历了母性崇拜、男尊女卑、男女趋同到多元冲突的时期,社会对女性的期待由贤妻良母、女国民、半边天到当代的"四自"女性,在此历程中男女性别关系从性别自在到性别巩固,正逐步走向性别调和,其趋势是由自然平等、尊卑不等到男女趋于平等,女性的身份从固守于家庭的单一性别身份到社会身份的凸显,经历了性别身份消解的曲折,再到多重身份的交织,这一系列变化是惊人而可喜的。然而,对比我国与西方国家男女平等事业的历史可知,由于社会大众对性别平等没能展开深入的对话和足够的论争,普通民众无论男性还是女性对男女平等的实质及内涵尚缺乏足够的认知。西方女性主义思想源于 15 世纪,到 18、19 世纪已经形成了比较成熟、系统的理论,经历了两次大规模的女性主义浪潮(第一次浪潮发生在 18 世纪末 19 世纪初,第二次浪潮发生在 19 世纪 60—70 年代),完成了妇女思想启蒙,整个社会从思想家到普罗大众都具有明显的性别意识。相比而言,我国缺乏独立的妇女运动,中国妇女解放是裹挟在民族解放和国家独立的进程中实现的,最初是由男性领导,新中国成立后又在政府的主导下通过国家意志以自上而下的方式实施。妇女是在不"自觉"中成为"妇女解放"的天然同谋者、参与者与受益者的,因而女性更多的是被"解放"后的喜悦,被保护的感激,自主意识的觉醒和文化自觉还不充分。

诚如社会学家彼得伯格所说:"每一位个体的人生都是社会历史的一段插曲,后者为前者拉开序幕并会延续下去。"(伯格,2014)"历史"不仅意味着人们所处的时空,还意味着人们获得资源的相应地位。高校女教师在历史的长河里,从缺席者成为参与者,又从失语者到现在的挣扎者,短短百年,身份转换迅速而猛烈。在经济快速发展,社会文化急速转型,多种文化并存的当代社会,两性关系的传统秩序面临危机,新的秩序尚未建立,就在这样的处境中高校女教师背负着历史的包袱步履艰难地踏上了发展的道路,注定是一场充满荆棘的旅程。

第三章　当代高校女教师的身份困境

如果你想知道人们是如何理解他们的世界和生活的，为什么不跟他们谈谈呢?

——斯丹纳·苛费尔

　　身份问题是不同文化之间相互冲突的表现，"只要不同文化的碰撞中存在着冲突和不对称，文化身份的问题就会出现"(拉伦，2005)。从文化视野讨论高校女教师身份困境，是对教师生存状态和生命质量的关注。作为一种非实体性的精神现象，倾听女教师是如何看待自己的身份及其价值意义的，弄清楚女教师的意义之网是如何编织的，这比起任何居高临下地对女教师发展问题指手画脚的做法不知意义非凡了多少。

　　从表面上看，高校教师是一个令人羡慕的职业，意味着具有较高的学术水平，享有较高的社会地位，能够从容兼顾家庭与事业，无疑是女性的最佳选择。作为一名女性，高校女教师面临着传统文化和现代社会对女性、对人、对教师截然不同的身份定位和角色期待。如果不能在复杂的文化生态圈中找到自己的位置，建立个体生活所必需的归属感，"我是谁"的身份问题就会产生。那么高校女教师究竟如何定位自己，如何看待自身的处境? 本章以一所省级重点师范大学的三位女教师作为个案，记录她们的性别话语，讲述她们的日常生活故事，走进她们的内心世界，倾听和分享她们的生活感悟，洞察她们真实的心理活动，并将她们讲述的故事打碎后进行归纳，提炼出当代高校女教师作为性别人、社会人、职业人的一系列身份冲突与困境。

第一节　性别身份困境

　　人的发展基础在于对自身的认知，只有个体认清楚自己本质，发展才会有方向。人是一种自然存在物，受自然的制约，人不能超越自然，应当在自然基础上开展活动。作为一个自然人，排在第一的身份就是性别。在过往的历史中，"人"总是意味着"男性"，就如英文中"人"用"man"来代表，人的历史只是"他"的故事即"history",女性在历史的进程中悄无声息无影无踪,女性身份从人的身份中抽离,女性不断在向男性看齐的过程中迷失了女性本来的面目。

纵观中国历史,男尊女卑、男优女劣性别文化可谓源远流长,这一文化包袱尚未卸下,近现代西方各种女性主义思潮又纷至沓来,造成了当今中国多种文化并存,矛盾与冲突交织的局面。高校女教师一方面固守传统文化中"女性"的价值,但在西方文化影响下,受过高等教育的女教师同样渴望彰显和实现作为"人"的价值,两者之间产生了强烈的反差和巨大的冲突。高校女教师不得不时常追问自己"什么是女性""女性与男性孰优孰劣""女强人是女人吗"等问题,并在男性与女性之间展开拉锯战,争夺平等人的身份权。

一、传统文化对女性的定位:次性人

不论东方还是西方,人类自古以来就延续着这样一个传统,把男性归属于形式/灵魂,女性归属于物质/肉体,宣称"理性的男性"和"感性的女性"。亚里士多德在《动物的生殖》中论述道:"妇女在本性上比较软弱、比较冷淡,我们必须把妇女的性格看成是一种自然的缺陷。"(顾嘉祖等,2002)弗洛伊德将男性视为人类的标准模式,反之把缺乏男性生殖器官的女性视为被阉割了的男性,他认为"男性的生殖细胞是主动的、活泼的;它去追求女性的生殖细胞,女性的卵细胞是静止地、被动地等待"。而"女性在性机能上的地位也许有促使她们倾向于被动的行为和被动的目的……"(弗洛伊德,1987)凡此种种,充满了男性的优越感,目的在于让女性萌生先天自卑感,承认自己的低劣,从而自动膺服于男性的主张,遵从男性主导的社会秩序。

(一)男性与女性孰强孰弱

人在认识自我时,需要不断地通过他人来确认自我,参考他人的评价对自己做出判断和评估。在与男性的对比差异中,高校女教师坦言"男性在生理上更有优势""男女两性思维上有理性与感性之别",从而对女性自身的性别认知有所贬抑。

H教师是从工科类专业转为从事人文社会科学研究的,她认为在程序设计等男性擅长的工作方面,男性并不比女性能力强,但从先天生理条件上看,不得不承认女性更脆弱,男性更具有优势。

"男娃娃更经用(注:耐用)一些吧(笑),就是说男性能够做苦力的事情,也能够做智力的事情。我以前学计算机技术,也没觉得男生更有优势,有些女生编程比男生更好,唯一的不足就是不能像他们一样熬更守夜。从倾向性来说,男性身体更好一些,如果连续熬几个夜,女生马上就要生病。我以前有个女性朋友,她经常熬夜写论文,怀不上娃娃。她去看医生,医生告诉她3个月不要熬夜,晚上

11 点钟睡觉,早上 7 点起床,保证 8 个小时的睡眠。结果坚持了 3 个月后还真是怀上了。其实是内分泌不正常。所以从生理上讲,不得不承认男性和女性是有一定区别的。女性还是很脆弱,身体稍有不对,就反映在内分泌系统上。"

H 教师发现,职场上的男性更容易受到上级的青睐,现代社会并非像宣扬的那样男女平等,女性的实际地位低。

"整个社会对女性的权益保障,从意识形态还是法规制度上看都很缺乏。报纸上虽然有这种呼声,但不成文。大家其实对女性在职场上遭遇的'玻璃天花板'有一种误解,并没有意识到,女性的地位其实还是很低的;并不是说女性不是半边天,而是说女性半边天的角色地位没有得到真正的承认。我明显感觉得到,在职场上男性更容易得到上级的青睐。"

R 教师虽然认为在脑力上男女两性并无差异,但是相比之下男性的事业心更强。

"我婆婆以前经常这样说,男主外女主内。我觉得随着社会的发展,男主外女主内的模式也开始被打破。现在觉得,这个时代也不像以前那样拼体力,而是拼脑力。女性的脑力不比男性差啊!不过男性的事业心更强,野心更大,利益心更重。"

T 教师赞同,认为在思维方式上男性更擅长理性思维,女性倾向于感性思维。这一说法具有代表性和普遍性。

"我觉得男性更擅长学术。学术研究比较理性,需要思辨的东西,男性就更擅长,女性的思维还是比较感性化。虽然也会遇到一些女性,她们写出来的学术文章思辨力很强,特别漂亮,但这种情况非常少。女性几乎达不到,思维方式还是不一样的。"

本书曾经访谈过一名青年女博士,她后来因工作调动到异地,没能全程接受访谈。她 35 岁左右获得了一个学界赫赫有名的科研奖项,面对"作为女性你在事业发展上有没有觉得受限制"的问题,她毫不迟疑地回答:"怎么会没有呢?"不等我追问,兀自说道:"我跟男同事合作科研、讨论问题啊这些,其他人看见就会议论,说她是不是和这个男的好了呀?我跟人合作发表论文,人家也会质疑,'他们是不是有特殊关系?'你知道从事科研的基本上都是男性啊,你就不得不注意这个!"后来她只得单独做科研,避免跟男性合作。可见科学界对女性的科学能力仍然存在偏见,认为女性不可能独立在学术上有所建树,多半依靠自己的性别身份依附男性而获得。

(二)女性的美由男性定义

现代大众传媒对传统性别文化的强势传播,极大地影响着人们的思维方式和行为方式,无疑严重地阻碍着女性的发展。大众传媒制造出的女性形象不是复制贤妻良母似的传统女性,就是塑造出一个个花瓶似的现代女性,归根结底仍然刻画着男性的强大、女性的弱小,不断将女性物化、商品化、弱势化,将女性放在被看、被评价、被观赏的位置,使其成为被动的客体和对象。受过高等教育的女教师们蔑视空有美好皮囊而缺乏有趣灵魂的人,在学术上投入过多的精力透支了她们的健康与美丽,尽管她们渴望追求外在美与内在美的统一,然而在这个导师看重"颜值"的时代这似乎是难以企及的美好愿望。

年轻的 H 教师最为崇拜自己的硕士研究生导师,一位浑身散发着知性美的女博士、女教授。导师对她的影响非常大。

"我的硕士(研究生)导师以前经常给我们讲她的故事。她结婚很早,公婆帮着带娃娃。娃娃还没读小学前她去西安读的博士,娃娃读小学时她到香港去进修。现在想来,她应该对我很有影响。她刚刚读博回来教我们,那时候博士好少哦,我们感觉她的气质太好啦,是博士喔,而且还是女性。她刚刚回来给我们上第一堂课时,穿着西装,我们觉得她好有气质,完全符合我心目中知识女性的形象。那会儿对她是有崇拜感的!是被什么吸引的呢?不是一种浮华的美,而是一种对于女博士的佩服和羡慕。可能是成长历程中见识到了,所以在自己的工作中有机会就想读博。同性的角色更容易有共鸣。不是你有意识地去寻找参照物,而是你的生活中正好有这个人出现,在一定程度上她的价值体现正好符合你正在寻找的一种生活价值体现。"

学者朱学勤(1999)曾经说过这样一句话:"在男性为中心的社会,文化是男性文化,性别歧视渗透到最细小的一层文化细胞。女性如有价值,也只有美感价值,而且是生理性的美感价值,不是文化意识上的审美价值。"现代社会,女性被客体化、商业化,物化的现象更为突出。女性被商品化、物化的大众传媒话语所影响,容易滋生形象焦虑。

T 教师如是谈到自己的一次经历。

"我女儿在少年宫学画画的时候,家长们就在外面摆龙门阵(注:四川话,意思是聊天)。有一个家长的大女儿读大学了,旁边有个老婆婆可能与她们家认识,就过来问她,你女儿本科毕业后还考不考研究生?她回答道:'还是准备让她考研究生,女娃娃嘛,将来在高校工作比较妥当。'那个婆婆听后惊诧地说:'当啥子高校教师哟?你看高校女教师哪一个把裤儿穿伸展了的嘛。'(注:四川话,意思是不修边幅,极不讲究穿着打扮)!

我听到后,眼睛都瞪大了,立马下意识地从上到下看了看自己。可能人家觉得高校女教师就是邋里邋遢,埋头做学问,完全不顾及自己的形象。

我们大学的老师确实不讲究。我记得当时从中专校调到大学来时,学院里没有任何一个女老师涂口红，没有一个人化妆，我就觉得自己好另类哟。因为我在中专校时还上过公关礼仪这门课，其中有个内容就要教化妆，校长还专门批了一小笔钱给学生买化妆品。调到大学后，有一次学院的书记居然在大会上批评，说有的老师还要涂口红，也不晓得是不是针对我，当时觉得好滑稽啊！"

从小受到同样是高校教师的母亲影响的 R 教师，认为过分在意外表的人缺乏真才实学。

当她谈到女性形象时这样说：

"现在年轻人都很在意自己的形象，穿着打扮都很妖艳（注：四川话，意思是很艳丽），我不太习惯。我不会化妆，如果非要化妆，化了更丑。我妈就是完全不在意自己的形象的。她给了我一个这样的教育：不要当绣花枕头。其实（能当绣花枕头）挺好的呀（笑）！今后我培养自己女儿就还是要让她学会穿着打扮。"

R 教师声明不在意自己的形象，但是大众对女性美的评判标准、社会对颜值的追逐还是不由自主地对她造成了困扰，使其产生了些许的形象危机。这种危机偶尔也会来自她的孩子与丈夫。

"我女儿会说：'妈妈，你怎么那么丑啊？'然后说她的老师如何漂亮，某某阿姨如何漂亮等。我也没管，不是不在意，而是没时间去在意。我老公也说过：'不管怎么说，你还是高校的老师，你还是要在意你们大学的形象啊！'我有两个非高校系统的朋友，她们在我面前特别自在，因为我实在是太不讲究了。"

说到完美的女性形象，文学专业的 T 教师最为崇拜杨绛先生。

"如果要问我最崇拜的人是谁？我的答案是杨绛。2012 年一个杂志推出三八节专栏，采访了一些女性代表，有高校女教师、女警察、时尚界人士等来自不同行业的人，我就是高校女教师代表，其中她们提了'你最崇拜的人'这个问题，我当时就是这样回答的。杨绛先生在事业上本身就很优秀，她翻译的塞万提斯的《堂吉诃德》直到现在都很经典。她在事业上辅佐钱锺书，钱锺书去世后好多成果都是她整理的。她现在 100 岁了都还在写东西（备注：访谈当年杨绛先生尚未辞世）。还有，她对人生看得很透，包括生活中的烦恼、工作中的纠纷，你看了她的文字就能一下子释然。钱锺书对她的评价是'最才的女，最贤的妻'。这个评价很到位。杨绛是我最佩服的一位女性，今天来问我，还是这个答案！（很肯定的语气）"

从古至今，女性的美往往是通过男性的眼光来测评的。正如吉登斯（2003）指出："是一种受强调的女性气质，是拥有霸权的男性的一个重要补充，因为它倾向于适应男性的兴趣和需要。"正因如此，"女性很难感到自己美。只有当某人感到我们美时，我们才变得美"（温德尔，1995）。这里的某人当然是男性。"他者的凝视"使得女性忙于照顾自己的身体而无暇去完善自己的精神。然而，知识女性的理想形象须具有知性的气质,要内修学识,外塑容貌,不仅要关注容颜,还要投入大量的时间、精力去攻读学位、撰写文章、晋升职称,于是在内外交困中形容憔悴。

(三)女强人的尴尬

如果说女性是第二性,女强人则是次性中的次等。女性的强与中国传统意义上的女性美——柔弱是相排斥的,现代社会"女强人"被妖魔化为"婚姻失败者",并被贴上了悲情的标签。在"女强人"被异化为独身女性或离异女性等代名词的大众文化中,成为女强人绝非女性的首选。年轻的 H 教师没有使用"女强人"这个词,而是使用了"潇洒"这个字眼来描述自己心目中独立自强、努力追求自我价值的女性形象。由于社会价值观的束缚,女性不能完全放开手脚去实现自我,让她感到痛苦不已。

"之前有部电视剧《欢乐颂》,我觉得我的同龄人几乎都喜欢安迪,可能是因为我们成不了安迪那样的人,但又非常想成为她那样的人。我有一个朋友家庭幸福,夫妻关系和睦,她家是典型的男主外女主内。她觉得她的内心就住着一个安迪,尽管自己在家里是母亲、是妻子,她还是希望自己有能力,能够有机会让潇洒的女性形象在自己身上实现。但你要问我最难的地方是什么?是社会价值观最难突破。我会告诉你,我会非常痛苦。"

R 老师性格开朗,她对女强人抱有赞赏的态度,赞赏的原因不仅在于女强人能干,而且在于她们能够兼顾家庭运转。她坦言,谁都想成为强者,只不过自己缺乏条件。

"我非常赞赏女强人,我身边也有(女强人)。其实不应该叫人家女强人,本来女性就应该那样活,只不过我们没条件,当不了(语气中充满了无奈和感伤)。第一是能力不足,第二是条件不允许。说实话,女强人也挺累的,她必须有一个支持她的老公。像我的一个女强人朋友,家务事是公婆包完,孩子是老公在带。她老公愿意呀,他觉得老婆能力比她强,机会更好,谁的机会来了就谁上。在关键时候就是她老公鼓励她抓住机会,支持她出去(闯)的。她老公说,去吧去吧,孩子他来管,还把公婆也接来了,那个公婆才好噢(充满了羡慕的表情和语气)!晚上她下班再晚回到家,公婆都会给她做饭。其实我们也挺想当(女强人),谁都想做强者嘛!

我觉得未来的模式就应该这样,机会是同等的,如果这个机会落在男性身上了男性就冲出去,落在女性身上了就该女性冲出去。不能说男性没机会你也主外,而女性机会来了也不让人家去。一个家庭是一体化的整体。如果你真的信任妻子的话,就应该放手让人家去干事业。为什么女性那么信任男性,男性不信任女性呢？现在这个社会，机会是同样的，万一机会恰恰就落在女性身上了呢？"

她详细地描述了这名女强人如何妥善处理家庭与事业之间的关系，尽管经济收入很高，但在丈夫面前将这一切都隐藏起来，尽显柔弱，以维护丈夫的尊严和存在感。

"我那个朋友（注：指女强人）在她老公面前一点都不强势。年终时给老公、公婆买衣服花很多钱，逢年过节即使不给自己买也要给她公婆买东西。她在外面越强，在家里越显得弱势，因为她要让老公有存在感啊！你想嘛，外资企业压力好大，她在外企工作顾不了孩子顾不了家，早出晚归，很辛苦。她老公在国营企业，朝九晚五，就负责管家，以前她女儿的床前故事全都是她老公讲。她确实是一点都不会做家务，连煮面条都不会。"

在这个仍以男性意识为主的社会里，事业成功的女性往往背负很大的压力，她们所具有的好强、刚毅、独立等特点，与传统文化认定的女性特质，如依赖、温柔、顺从等水火不相容。她们鹤立鸡群、自信从容，容易成为社会舆论的众矢之的，被嫉妒、挑剔和攻击。这种舆论压力强大到足以消解她们的工作动力和成就动机，为了不失女性的特质，不受到社会排斥，不至于众叛亲离，很多时候她们不得不故作柔弱，刻意降低在家里的地位，维护男性的尊严。R教师的这位女性朋友这一点让她印象深刻，叹服不已。

"她情商好高哦，非我等能比。我周围女强人寥寥几个，我唯一感到特别崇拜的就这个，她真的处理得很好。观察她在家里的状态，一点都不强势，说话还嗲嗲的。一般男性恐怕没法容忍女性一天到晚在外面工作，深更半夜陪客户，这样很容易后院起火的。"

在3位女教师中，T教师年龄稍长，她笃信"女性如果太要强，家庭就会破裂"。她以离异女同学为例，将婚姻破裂的原因归咎为"太要强""太过于追求事业"，言谈中充满了同情与遗憾。

"我们年级的同学当中，可能是个人比较要强，其实也很难说要强，因为女性其实还是有她追求事业的权利，特别是大学毕业生有一定文化水平，你凭什么要求人家放弃个人的事业呢？但是中国这种现实背景之下，还是男主外女主内，这种影响根深蒂固的，包括我们这些读过大学的女生里面，没有这种观念的人可能也还是少。我同学里面离婚的也不少，很多都是因为女性要求个人的发展而导致的（家庭）破裂。这种情况有好几例。

我身边就有这么一个好朋友，她是我中学时代的好朋友，很有才气的女性，她（自从离婚后）到现在仍处于单身。她一直很有追求，中学就是班长，高考没考好只考到中专，四川省最好的中专，毕业后分到省级单位，后来做了处长。她喜欢搞创作，写了一部网络小说，反响也还不错。她看淡了官场，同时也为了潜心搞创作,后来放弃了厅级单位,到了成都市一个高校当部门处长。虽然她是到高校后离的婚,但是(夫妻之间的)矛盾一直就有。

我的大学寝室 7 个同学离婚的就有 2 个,她们都是比较要强,(随后更正道)其实也不是要强,就是比较追求个人事业。

我觉得,家庭必须有一个人付出,男的不管家,女的就必须承担这个责任。你看我离婚的同学,事业肯定是受影响的,生活也不愉快。"

人们潜意识认为,离婚对于女性而言是一种不幸,如果这不幸出自女性"要强",自然是咎由自取,就该背负世人唾弃的目光和鄙夷的口舌。在旁人的眼里,专业技术职务为教授,承担着国家级和省部级课题的 T 教师,理所当然属于事业成功的女性,但是她再三强调"我不是女强人类型,我其实更喜欢随遇而安"。像 R 教师一样欣赏女强人却回避着"女强人"称谓的女教师不在少数,同样像 T 教师那样具备了世人可将其判断为女强人的若干要素,但对这个符号避而远之的也颇为普遍。

二、现代社会对女性的要求:平等人

迄今为止,西方社会发生了两次声势浩大的女性主义运动,对世界范围内的女性争取平等地位和权利产生了深刻的影响。女性主义主张"女性享有人的完整权利,向男性(所有男性为一个族群)和女性(所有女性为另一个族群)之间的不平等关系挑战,向所有造成女性无自主性、附属性和居次要地位的权力结构、法律和习俗挑战"(李银河,2005),整体上对不平等的性别格局进行解构和冲击。

女性主义运动的第一次浪潮是在 19 世纪下半叶到 20 世纪 20 年代期间,大量的女性组织出现,其主要目标是争取与男性平等的政治权力,焦点集中在选举权、受教育权和就业问题 3 个方面。1915 年,丹麦和冰岛女性获得选举权;1917年,芬兰、荷兰和俄国相继给予女性选举权。第一次浪潮主要是反抗传统的"男女不同",追求男女平等,这个平等是以男性为标准的对男性的趋同,即"男性享有的权利女性也有资格享有"。

第二次浪潮发生在 20 世纪 60 年代,最早在美国兴起,遍及大多数西方发达国家。这次性别文化革新运动由自由主义女性主义者掀起并主导,针对男性为标准的表面的"男女平等"掩盖下的新的不平等,提出了"个人的就是政治的"口号,反省女性的身体自主权。1973 年,美国女性争取到了自由选择堕胎权。1966 年,西方最大的女性组织——美国全国女性组织成立;20 世纪 70 年代末,仅英国就拥有了 9000 多个女性协会。许多国家成立了有关机构,从事女性权益维护事宜。西方女性经过旷日持久的斗争,获得了投票权和选举权。在波伏娃的《第二性》的深刻影响下,弗里丹(Betty Friedan)的《女性的奥秘》、凯特·米利特(Kate Millett)的《性政治》等著作相继出版,为女性主义运动提供了理论支持,引发了学术上的争鸣、文化上的反思,为欧美女性争取到了更平等的权利,不断波动至其他国家和地区,为那里的妇女解放运动提供理论上的支持和思想上的解放。第二次浪潮之后,产生了海量的理论著作和文本资料,在实践中拓展了女性的公共空间,增加了女性的社会化程度,为女性创造了更多的就业机会,提高了女性的受教育程度。"第二次浪潮最大的功绩是改变了人类社会诸领域的性别标准。正义的标准被改变了,任何形式的性别歧视都被公认为错误的。人权的标准改变了,不同性别的人被认为应享有同等的权利……,即便是骨子里维护传统性别秩序的人,也都在口头上承认了男女平等。"(桦桢,2012)

受到女性主义运动洗礼后的世界,不论是否持女性主义立场,也不论持何种性别主张,男女平等已形成共识,并将其作为考量社会进步和文明程度的一个重要尺度。正如美国人柯蒂斯所说的那样:"对妇女的评价是文明的试金石。在野蛮人时期,她是奴隶;在基督教的黑暗时期,她是玩物和多愁善感的女神;随着道德光芒的增长、自由的发展和普遍正义的增强,她开始发展成一个平等的人。"(塞尔兹,1991)

受到中国政府法律保护和主流话语引导的中国女性,对女性的平等地位和权利有充分的认知,接受了高等教育的高校女教师更是如此,她们既是男女平等的受惠者,又是男女平等的支持者,她们对自己的能力相当自信。

"我觉得随着社会的发展,男主外女主内的模式也开始被打破。现在觉得,这个时代也不像以前拼体力,而是拼脑力了。女性的脑力不比男性差啊!"(R教师)

"我觉得男女没有什么差别呢,以前年轻时更是这样,没有娃娃牵绊就真的好像没有什么区别。女性更容易静得下心来,去制订一套细致的方案,为了目标去努力和奋斗,自觉性也好一些。"(H教师)

"在社会转型期,两性关系本身也在发生变化。现在还越来越有这种趋势,倡导男性承担家庭责任,女性更多地去追求自己的事业。"(H教师)

马克思在1868年致路德维希·库格曼(Ludwig Kugman)的信中谈道:"每个了解一点历史的人也都知道,没有妇女的酵素就不可能有伟大的社会变革。社会的进步可以用女性(丑的也包括在内)的社会地位来精确地衡量……"女性的权益与地位标志着一个国家和民族的文明程度,近代思想家辜鸿铭(1996)就曾说过:"要估价一个文明,我们最终必须问的问题,不在于它是修建了和能够修建巨大的城市、宏伟壮丽的建筑和宽广平坦的马路;也不在于是否制造和能够制造出漂亮舒适的家具、精致实用的工具、器皿和仪器,甚至不在于学院的建立、艺术的创造和科学的发明。要估价一个文明,我们必须问的问题是,它能够生产什么样子的人(what type of humanity),什么样的男性和女性。其实,一种文明所

生产的男性和女性——人的类型,正如显示出该文明的本质和个性,也即显示出
该文明的灵魂。"这番话鲜明地指出文明的真正标志不在物质世界的发达,而在
于人如何对待人本身,包括男人如何对待女人,女人如何看待自己(尽管现实生
活中的辜先生因迷恋三寸金莲而屡受抨击)。

大学作为社会文明的基本细胞,是社会生产和传递文明的重要机构,其性别
平等与正义代表了整个社会文明的前沿。大学自身的文化品性和教师的文化人
身份决定了大学不仅要培育和塑造大学精神,加强大学文化建设,而且更应当批
判性继承中国传统文化的优秀成分,博采中西文化之长,革故鼎新,产生和创造
出引领社会进步的文明成果。性别平等与正义表面看来是女性教师的身份或地
位,但正是这些不被许多人重视的现象却代表着大学文明和大学精神所蕴含的
未来社会建设的文明目标与理念。

大学也是一个人性别观念、性别身份和性别心理形成的重要时期,是一个人
健康人格形成和成熟的关键阶段。对大学生而言,树立男女平等性别观的重要
性堪比树立正确的人生观、价值观,因为这事关人类谋求幸福的两性生活与自由
和谐发展(罗雪松,2005)。当前女大学生中盛行"干得好不如嫁得好",以及"在
校忙相亲""毕业愁嫁"等现象,侧面印证了在当代大学生中树立现代性别文化的
重要性和紧迫性。教育是生命传递的过程,高等教育更是生命与生命之间的影
响与体验、灵魂与灵魂之间的相互碰撞。教师肩负着独特的文化传递和精神建
构的使命,在教育活动中,教师通过自身的言行举止影响着学生,文化以隐性课
程的方式进行着传递。高校女教师身份认同不仅关系到女教师自身的生命质
量,而且关系到青年一代对生命的体验与感悟,尤其是女大学生如何看待自己的
性别身份和生命价值。

三、平等人与次性人之间的冲突

学者张子恒指出,当性别差异作为一个问题被提出时,我们首先要做的是为
"男性"或"女性"做出一个清晰的界定。"什么是女性"这个问题,对我们本身而
言就构成了一个盲区,我们该以一个什么身份来界定"女性"这个概念呢?性别
差异不是我们预先设定的,是自然区分的结果。如果没有人能够在两性以外成
为主体,那么我们每个人都需要在社会和话语体系中占据一个男性或者女性的
地位。而没有女性的这个指称,我们同时也就失去了社会地位与话语空间,失去
了主体地位,成为不存在的人(张子恒,2010)。男尊女卑的传统文化赋予女性次
性人身份,现代文明倡导女性应与男性平等地并立于世界,这种身份冲突给女教
师们带来极大的困扰。

H 教师今年 34 岁,是 3 名访谈者中最年轻的一位,出生于 20 世纪 80 年代

初期。婚后不久她就到了另一座城市攻读博士学位,拿到博士学位后并未能按大多数女性的人生轨迹那般如愿以偿怀孕生子,转而远赴国外做博士后研究。在谈到如何定义女性时,她深有感悟地说道:

"女性是一个挣扎者。从我自己来讲,我的思想观念是各占一半,对传统女性有意识,对新女性也有意识,有时候静下心来想,当初如果我不去追求事业上的进步,也可以有另一种幸福(注:指怀孕生子)。但是不得不说,其实我在攻读博士学位的过程中有一种愉悦感,在专业领域中很享受,对自己有了更高的自我认同。我感觉每一个女生在拿到博士学位的那一刻都特别骄傲,认可自己,原来你可以做到!"(说到这里 H 教师充满了自豪感,瞬间两眼放光,但随即又迅速暗淡下来)

"路漫漫其修远兮,吾将上下而求索。"这是知识女性孜孜以求的一种人生境界和人生理想。H 教师硕士研究生毕业之后忍受着夫妻分离之苦,踏上了求学深造的道路。通过 3 年多的艰辛与努力,最终获得博士学位,那一刻,成就感和自豪感溢于言表,然而每当她欣喜之时,似乎就有一种声音、有一股力量迅速将她拉回到现实之中。

人不可能永远在职场上,当你回归家庭的时候,看到别人好像虽然没有职场收获却至少收获了一个儿子或者女儿,获得了生命的延续。这个时候,你可能又会后悔。

读完博士,前方的道路看似光明,理想和目标似乎指日可待,可是她却陷入了犹豫和彷徨之中。她谈道:

"你要问我女性最难的地方是什么?是社会价值观最难突破。我会告诉你我非常痛苦。这种痛苦在于,就我个人而言,我会首先考虑社会怎么看你,周围的人怎样评判你。我们父辈会认为,既然嫁了这个人,是好是歹都是他们家的人,就认了,哪怕这个男人不要你了,也绝不能放弃。她会觉得这是她对家人的承诺。但是我们这一代就不会这样想了,社会的框框同样存在,但同时我们还会想,如果我不幸福,我的孩子在这个家庭中也同样得不到幸福,所以最后还是觉得自己的感受也很重要。我觉得我是一个挣扎者,我真的是一个挣扎者!(重复并强调)如果你有很想去追求的一个事业、一个人生目标,而你的丈夫并不支持你,他不愿意与你共赴这条事业道路时,你就会特别纠结。"

就在这样的纠结和矛盾中,她没能等到家庭新成员的到来,相反等来了国外大学的博士后基金资助。往后,她仍将继续在纠结中前行。

R 教师有着类似的冲突,她直言不讳地说:"我经常很矛盾,矛盾可以说随时随地、无时无刻不在。"她于 20 世纪 70 年代初期出生于知识分子家庭,父母都是高校教师。硕士毕业后她留校工作,承担着繁重的教学工作。由于家庭和孩子

的缘故,她不打算继续深造,这也就意味着在事业上很难有大的起色。对于"如何定义女性"这个问题,她未加思索脱口而出:

"女性是这个社会最大的爱的输出者,(停顿片刻强调)她必须有大爱。真的真的!(急切、强调的语气)我当了母亲以后就觉得是这样子。男性的社会角色更多嘛,而女性家庭角色更多,母性角色更多。她必须要有大爱,没有大爱,她承载不下来,工作、家庭、孩子,一切一切的东西。她要比男性更具有慈悲感。女性更接近菩萨吧!(大笑)她必须善于去奉献。同样一个女性,面对事业的机会和家庭的提升时,女性一般牺牲事业和收入,对家庭付出更多。而男性能做到吗?他觉得他在社会上的成就更重要,他舍不得去牺牲自己的,所以我说从这个角度而言男性更自私,女性更无私。"

R教师有一个姐姐,姐妹俩先后成家后,都为各自的小家庭付出巨大。R教师认为姐姐做出的牺牲更大。

"以前我姐学习上比我还优秀,是学霸,从小到大学习成绩比我不知好到哪儿去了。她是典型的把家庭撑起的那种。哎,我经常觉得女性就是这样的。我姐非常能干,家里家外一把手。她常说,没办法呀,女性就是全能型。"

R教师在年轻时曾经为自己的女儿身而懊恼,她谈到自己花了很长的时间才度过这种煎熬。"我二十几岁的时候希望自己是一个男性,觉得为什么不是一个男性。"年近40岁,她才从这种想法中解脱出来,劝慰自己应当"安身立命"。

"这个社会对女性本来就很苛刻,女性混出来不容易,但是到我现在这个年龄段就安身立命了。"

T教师从小生长在部队大院,家里有两姐妹,她排行老二,她觉得自己的性格更像男孩。

"我骨子里面还是有阳刚气的,从小在部队大院里长大,看到的全是士兵操练啊这些,性格多多少少还是受阳刚之气的影响,小时候在军分区大院里面,我们经常爬山、爬树,做游戏也都是打仗。那天我在微信朋友圈上传了家里搭的丝瓜架子,全是我自己搭的。这就是小时候练就的本领。我姐要内向些,也要胆小些。她学习不好,喜欢钩花(备注:一种针织活儿),女娃娃嘛!我妈更爱我姐,因为她觉得从小我姐就很漂亮,长得像我妈,是典型的女孩性格。"

T教师言谈中充满了自豪,多次言及姐姐比自己漂亮,比自己更"像"女孩,也许正因为她认为自己缺乏通常意义上的女性优势,相反成就了她与男孩一较高低的能力和性格。她描述自己像个男孩子一样勇敢和能干时,她的脸上呈现出满满的自豪感充满了自豪感。从中可以觉察到,她的潜意识希望摆脱性别标签,赋予自己更多的能量与勇气。在T教师的微博里有这样一段话:

"我肯定不是一个女权主义者(甚至从某个角度承认大男子主义),对女权主义也缺乏深入了解。但不能否认，无论是从我国还是从世界范围来看，现代社会的女性依然是弱势群体，女权主义对女性地位、权益的争取无疑是认识女性价值、推动女性独立的重要力量。女性的解放、自由和发展，不仅是某一历史阶段的女权主义话题，而且更是一个永恒性的社会伦理话题。"

这是她接受某杂志采访"高知女性越来越多，她们亦是推动女权发展的主力，您对'女权主义'的看法"时给予的回答。

杨丹（2008）指出，影响男女不平等的原因主要有两个：自然生理上的差异和社会文化的不同。从道德上讲，社会文化的任意性和自然天赋的偶然差异性所造成的男女不平等是不应该的。不是因为人生而平等，男女平等才有其正当性的根据，而是因为男女生来就有差异，男女平等的要求才需要正当性证明。男女平等的要求和主张所针对的乃是差异，其所主张及其正当性要求的出发点并不是人生而平等，而是男女两性之间或是每个个体之间的差异。高等教育领域原本就是一个男性云集的领域，中国女教师步入此领域也不过短短百年，女性本身的特质被认为是与科学的特质相冲突的，女性若想在男性化的事业领域内取得成功，就必须展现出男性化的特质。在撰写本书的过程中也接触到许多女教师，一位事业有成的女教授在谈到如何看待自己的性别时，富有哲理地说："我对自己的角色定位是，首先记住自己是一名女性，其次，忘掉自己是一名女性。"

马克思曾经指出，人与自然、人与人、男性与女性之间是统治还是平等的关系，决定着人类由自然行为转向人类行为的发展程度，人的本质转化为自然本性的发展程度，人的自然性转化为人之为人的发展程度。女性倘若被排斥在人之外，不能与男性平起平坐，不能理直气壮地承认自己作为女性的独特性，不能正确地欣赏和感受女性之美，这不仅是女性之不幸，还是男性和人类文明的灾难。

第二节　社会身份困境

父权文化将社会一分为二划分为公共的、私人的。家庭历来被认为是与公共领域相割裂的私人领域，是女性的生存场所，公共领域则是男性的专属领地。相夫教子是女性最重要、最首要的工作，女性若想跻身公共领域并有所作为，就意味着要比男性付出更多，而且还会遭到来自社会的排斥和男性的打压。1981年至1993年期间，我国出现过多次关于女性问题的论争。第一次1981—1984年论争的主题是家庭与事业的矛盾，第二次1985—1988年论争的焦点为女性形象问题，第三次1989—1993年的论争针对职业妇女角色问题展开，第四次是2000年全国政协委员王贤才倡议已婚女职工回家相夫教子引发的关于女性是否辞职回家的大讨论。其中围绕女性是否回归私人领域的论争就有3次，可以说女性到底归属公共领域还是私人领域的身份之争是经久不衰的敏感话题。无论你是行色匆匆的普通女工,还是身居要职的从政女性,只要是职业女性,都无法回避职业与家庭的双重负担,无法回避"职业人"与"家庭人"的双重角色冲突(李扬,2000)。现代社会,已经步入公共领域的高校女教师是否真正走出了私人领域?在公私对立的身份困境中,高校女教师又将做出怎样的抉择?

一、传统文化对女教师的定位:家庭人

人们习惯于将女性与家庭直接画上等号,个中缘由或许可以从列维·斯特劳斯的理论中找到依据。他将婚姻视为具有接受者(丈夫)、给予者(舅舅或妻子的兄弟,或其他具有类似关系的人)和商品(妻子)三种要素的交易。男性像拥有一项战利品一样拥有女性,并视之为男性权力符号象征。女性作为商品被男性拥有,继而获得一种代表自己归宿的符号象征,即婚姻关系。既然男性从交换女性中获取了权力,也会因为恐惧失去权力而产生焦虑,这种权力焦虑加重了男性对女性的主宰和控制,并演绎成强势男权文化。男权文化的发展,实际上也就是不断制造一系列不平等的性别秩序,其中包括男女的社会地位、性别角色,甚至男女不同性别气质的规约符号。在此过程中,男性形成的权力焦虑,也会转嫁到女性身上:女性会恐惧父权能否达成这笔交易,并保证在男方家庭中永久的归属感。这种心理深度演化成女性的焦虑,认为家庭就是女性最好的归宿,维系家庭幸福是女性的天责。

H教师在28岁时选择了外出求学,错过了在医学上认为的最好的生育年龄(25~30岁)怀孕生子的机会。后虽努力,但时至35岁仍未能怀孕。这一点让她对家庭始终心存一种挥之不去的内疚感。

"我对家庭有一种亏欠感,这种亏欠感就会促使我反思我的学业成长之路,哪一个最重要,多半还是觉得家庭最重要。相比国外,她们的选择更具有社会支持性。国外的女性,如果不怀孕生子,不会遭到社会的非议。在中国,如果没有为家庭延续后代,你是不被认可的。社会有一个无形的量化标准,觉得你不生育并不幸福。这一点非常明显,哪怕我同龄的朋友,见了面她们也会给我谈一番这样的见解和观点。再成功的女性,在这方面没有做得特别好的话,那么你也是不成功、不幸福的。现在我觉得还是要把家庭的发展或建设放在首位。"

2010年我国第三期妇女地位调查表明,新时期"男外女内""男主女从"等性别分工观念有向传统回归的趋势(杨菊华,2014)。高校女教师通常不太愿意承认自己是传统女性,事实上她们的话语中无不折射出传统道德对她们的约束。

"有时候有道德约束在里面吧。我个人认为自己是在新时期长大的女性,如果我真想做一件事的话,这些传统道德约束不了我。从我内心的真实想法来讲,我愿意把家庭放在比事业更高的位置。远离家乡,在外求学,我越来越意识到,在这些经历中我越来越关注内心。在我的价值观中,家庭能带给我的喜悦感和事业能带给我的成就感是不一样的。可能我在思考这些内心感受时,父母给我讲他们的经历和个人感受,对我也会有点影响吧。

现在我们国家发展的社会背景很像西方 20 世纪七八十年代的环境。为什么这样说呢?我在国外学习期间,发现国外的女学者们现在的年龄在 20 世纪正是三四十岁生育年龄,那时她们很多选择丁克,很普遍,她们没有社会舆论的压力,不会遭到别人的非议。我经常也在问自己,这样的生活是不是我想要的。有时候我也有这种矛盾心态:其实两个人也挺好的,退休后周游列国,支教也好;回过头来我也经常问自己,就两个人,会不会很落寞呢?逢年过节,清清静静的,家里不热闹。仔细想,这其实就是传统观念,好像是一个家庭就应当有家庭的互动、家庭的联系。对我们来讲,这是家庭延续的责任,很少是出于养儿防老的目的,可能是自己的人生经历里一个不可缺少的部分,也是责任的另一种表现形式。毕竟养一个娃娃好大的责任嘛!

毕竟是人,对于家庭的发展壮大,是我们不能够克服的一种情感需求。我不知道我会不会有自己的小孩。现在心态放得轻松一些了,我也不纠结了。如果有,当然是最好的礼物,但不可能每个人的人生都一样,每个人的路径都一样,也许让我没有小孩就是对我的人生有另一种安排吧。"(笑,有些许的自我宽慰)

女性似乎天生具有母性,照顾和关心他人是女性的天职。H 教师从自己的夫妻关系中惊讶地发现,男孩长大成人与女孩结为夫妻后,女孩自然而然地接替其母亲成为男孩的照顾者,哪怕他(她)们同龄,或男性年龄更大。H 教师不无感慨地说道:

"在独生子女家庭里,孩子被过度地保护,尤其是男孩。我们许多(女)同学都发现丈夫都像自己的儿子一样。他不太清楚在家庭中他应该做什么,应当怎样做。这种情况好典型。现在我们这一辈的男性喜欢打游戏,很自我,总是把自己的兴趣、爱好放在首位,自己喜欢的事情做完以后,才顾得上家庭,所以女性期待找比自己大很多的男性,期待他成熟。"

H 教师原以为这是现代独生子女家庭独有的现象,殊不知中国自古以来女性就担当男性照料者的角色。不过现代女性并不乐意接手这一职责,她们会抱怨并反思其根源。H 教师由此谈道:

"可能主要是家庭保护得太多了,好些家庭都有老人帮忙。以前他父母没来我们家的时候,我洗衣服他拖地,他父母一来,他就跷着二郎腿不做事了。传统文化中,父母涉足太多,子女反而忘了自己的责任和义务,由此会发生一些矛盾,牵扯一些麻烦事出来。我有一个朋友也是这样,她生了小孩之后,晚上 11 点她老公还出去打游戏,在网吧里去跟人家联网打游戏,女方越来越不接受,家庭最终破裂了。"

R 教师是一个独立性很强的女性,她极其反感男主外女主内的性别分工模式,认为在当代社会,职业女性大多受过高等教育,如果仍将家务事丢给职业女性,这是不公平、不合理的。

"我想起来就很不平衡。我以前是一个很独立的女性,因为我妈就一直这么教育我们。我结婚后也是,该干嘛就干嘛。以前我信誓旦旦地说我决不进厨房,结婚后我和老公就在两边父母家里吃饭,后来我老公的父母去世了,我妈妈也年纪大了。就那样子,我仍然坚持不做饭。我就想,你念了大学,我也念了大学,你有工作,我也有工作。凭什么就该我做?"(说到这里,她加重了语气)

"不做饭"可以看作 R 教师向不合理性别分工的无声抗争。反过来,她内心深处认为男性就该挣钱养家的思想却暴露了她与传统文化抗争的不彻底性。

"我就认为,如果老公有本事挣得到钱就买回家吃,没有本事嘛他就自己做来吃。"

女性与家庭有着天然的关联,这是社会文化的共识。女性就算竭尽全力去抗争,也会在最后一刻(有了小孩以后)败下阵来。当小家庭只有夫妻二人的时候,R 教师尚能固执地坚持自己的观点,一旦家庭结构发生改变,有了孩子以后她的最后一点坚持就烟消云散、化为乌有了。

"后来我们有了女儿,为了闺女,我一下子就变了,心甘情愿地下厨房了。老想着在外面吃不卫生,有地沟油什么的,结果把自己搞得很累。"(充满了无奈)

T 老师在人生的每个阶段都按部就班,该生小孩时没有延误,该照顾家庭时义无反顾。她知道,对女性而言,家庭占据首要地位,尤其是小孩更需要母亲的关爱与呵护。

"我是工作 4 年以后(注:1992 年)生的小孩。生孩子后的第二年我到报社兼职,那会儿娃娃小,在上幼儿园。幼儿园主要是吃饱了、穿暖了就可以,没有学什么课外科目,不像现在的娃娃学这学那。每周就只带她去画画,压力不是太大。但是我离开报社的原因就是娃娃上小学了,觉得娃娃要有人管了,我在外面跑起就顾不了她的学习了。家里保姆和老人只能管生活,学习是管不到的。其实还是为了家,为了娃娃。因为家、娃娃毕竟还是需要妈妈。爸爸是代替不了妈妈的……(停顿,笑,补充道)妈妈不能取代爸爸,爸爸也不能取代妈妈。尤其是孩子小的时候,更需要母亲的关爱和呵护。"

恩格斯曾指出:"妇女解放的第一个先决条件就是一切女性重新回到公共劳

动中去。"①在高校教师纷纷走出象牙塔,投身社会,忙于课题,开展研究,积极发挥作用参与经济与社会建设的今天,政治上出任领导职务的女教师凤毛麟角,学术上担任核心职务的女教师屈指可数,参与公共管理与服务的女教师也少之又少。这些都从侧面说明了高校女教师的社会参与度还非常有限,强烈的家庭意识将她们牢牢地束缚在了私人领域中。

二、现代社会对女教师的要求:公共人

公共生存是人的基本生存方式,个体不仅仅归属于家庭,更是在公共空间中谋求个体的生存和发展。当代社会,在经济全球化、政治多极化、价值多元化的背景下,人的公共领域不断拓展,公共生活日益丰富。现代西方公共政治哲学之一的共和主义特别强调公共生活的重要性。在阿伦特的论述中,私人领域是受到轻蔑而难以显示人的政治本性的领域,唯一显示人性尊严的路径是参与公共生活。"人们之所以参与公共生活,一方面是因为公共生活注定是人类必须过的生活样式,另一方面也是因为公共生活的状态对于私人生活状态具有重大制约作用。"(任剑涛,2011)同所有的人一样,高校教师首先是享有国家法律规定的权利,履行国家法律规定的义务,处在一定的国家关系中的公民,具有公共理性和参与公共事务的能力,应当积极参与公共生活,在取得个人发展的同时,促进社会的公平发展。公民是"一种包含了权利、责任和义务的成员身份,具有平等、正义和自主的含义"(福克斯,2009)。

毋庸置疑,高校教师是公共知识分子,具有社会责任感,拥有独立人格以及批判与反思能力,"以独立的身份,借助知识和精神的力量,对社会表现出强烈的公共关怀,体现出一种公共良知、有社会参与意识的文化人"(许纪霖,2003),为人类社会的发展贡献思想和智慧。作为一个知识分子,社会需要他做的,不仅是公民的道德实践,而且是理性的反思,反思一切不合理的秩序与权力关系,并且做出有说服力的批判。当代中国处于社会转型的深刻变革中,农业社会、工业社会和信息社会多种社会形态并存,各种社会问题叠加,大学教师作为公共知识分子,当以成为社会的良知为追求,以追求人类共同福祉为根本。为此,高校女教师一方面是这样的公共知识分子,既要承担公民的道德实践,又要对其所实践的道德提出反思,还要针对现实存在的不合理的秩序与权力进行反思,并对此提出合理的解释。另一方面,高校女教师也是社会服务者,承担着大学的教学、科研、社会服务和文化传承与创新的任务。她们服务的对象并非简单的某个机构或某种人群,作为公共知识分子所服务的对象是全社会,甚至是超越现实社会,面向

---

① 《马克思恩格斯选集(第 4 卷)》,人民出版社 1981 版第 70 页。

未来社会的服务。

21 世纪以来,世界各国对高等教育寄予厚望,客观上要求高等学校大力开展科学技术创新,发挥智库作用,积极推动科技成果转化,直接参与国家经济社会发展。现代科技的发展和国家之间的竞争说到底是科技和人力资源的竞争,在中国走向现代化国家的道路上,在从农业社会到工业社会,再到信息社会的变迁中,"技术革新重构的不仅是效率的增加,而是身份建构方式以及文化中更广泛而全面的变化",这就要求大学教师在服务社会中发挥更重要的作用。从传统意义上来讲,通过教书育人为国家和社会培养人才、通过科学研究进行学术创新,已经是大学教师服务社会的体现。现代社会的变革对大学教师的社会服务内容进行了拓展,需要发挥自身智力优势为政府和企业提供咨询、决策、技术指导,或者是通过知识转化、科技成果转化等途径为国家的发展提供更加直接的社会服务。

三、公共人与家庭人的身份冲突

知识女性作为现代文明的接受者和倡导者,既摆脱不了几千年传统文化的桎梏,又不得不承受现代文明的压抑。"当代女性在家庭、社会角色之间孰主孰次的问题上无所适从、游移不定,很难做出果断的取舍和决定,陷于双重角色的压力和冲突之中。"(郑晨,1994)

身处现代与传统文化的夹缝中,部分高校女教师最终放弃事业上的发展与追求,退守家庭;一部分女教师在两种文化的挤压下,小心翼翼地上演着"钢丝上的舞蹈",奋力兼顾家庭与事业的平衡。H 教师刚刚结束了她在国外的博士后研究,先生仍在国外做博士后,夫妻俩处于分居的状态。目前,她的理想状态就是在事业与家庭中间找到一个平衡点。

"我觉得不管做什么决定,事业固然很重要,但是我认为要在保证正常家庭结构的情况下,再去考虑事业发展,这是最理想的。哪怕自己失去一点,做出点牺牲,也许是对的,去成全男方吧。其实我一点都不介意工作累一点,辛苦一点,如果只是需要你付出体力和劳力就能达到事业和家庭的平衡,我是不会介意的。事业和家庭看怎么取舍,家庭可能会增加一些麻烦,但不应该成为绊脚石,我们应该找到一个途径去克服。我想的还是如何去平衡,不平衡就达不到完美。这种完美状态中的要素一定要有事业,也要有家庭。哎,看来我还是有希望的(笑),用不着放弃。还有自己要意识到,这是无法回避的,如果认为现在家庭这么限制我,那我就不要家庭啦? 可能问题更大。通过今天的谈话我好像推导出另外一个生活公式,这两者之间没有绝对冲突,只是如何找到一种有效途径。"

据北大妇女问卷调查,69.8%的人希望自己事业和家庭两不误,既是出色的

"职业妇女",又是新型的"贤妻良母"。其中,64.6%的人认为,女性最幸福的是事业成功和家庭和谐。从被调查者对"您平时投入最多的两件事"的 6 个选项中,也可以看出她们对双重角色的追求:选"教学、科研或其他业务工作"的占比为 69.5%,选"家务、教育子女"的则为 73.1%(魏国英,1995)。高校女教师要扮演好两种角色,承担着很大的压力,这必然使得她们中的一部分人超负荷运转。而最终的结果可能又是减少了可用于追求事业的精力和时间,从而影响到她们的事业前景。在这种情况下,一些女教师的事业成就意识逐渐淡化,她们中的一些人选择重心偏向了家庭角色(张建奇,1997)。当家庭和事业面临巨大冲突时,R 教师选择了牺牲自己,独自承受事业上的失落,对此她愤愤不平,但也无可奈何。

"当你家里上有老,下有小的时候,你没有办法啊。我总不能说:'老公,你来付出吧。'他也不愿意啊。你就只有站出来牺牲,你牺牲了以后,就得面对很多东西,你得承受事业上的失落。其实你内心很不甘嘛,谁甘心嘛?! 我经常开玩笑,我就属于那种不太上进的,那是因为没办法嘛,当初做出选择的时候,你就想好了啊! 你说该要孩子的时候,你能去读博士? 带孩子的时候,你是去评职称还是带孩子? 到了孩子上小学了,你说你是全力以赴搞科研呢,还是多陪伴一下孩子? 我的情况很特殊,老人帮不上忙,两边父母都帮不上忙。我婆婆很早就过世了。所以我没有太多的选择。像我周围的女性为什么能评上职称,那是因为她有一个强大的妈啊,或者是婆婆,或者就是自己的妈。这些我都不具备,你不具备就只有挺身而出啊。我总不能说:'孩子,你自己成长。'所以没办法(越说声音越有些低落),养育这个事情是没法回避的。上一次曾经看到过台湾地区的一篇文章,说应当给中国女性 3 年的养育期,让妈妈们专心致志养 3 年孩子后再返回工作岗位。那怎么可能,我们的社会还没有发展到这个程度。不过本来就应该嘛! 养育孩子也是社会的职能嘛!"

R 教师认为相比男性,女性没有选择,也没有退路,只能去奉献,做出事业上的牺牲。

"面对事业的机会和家庭的提升时,女性一般是牺牲事业和收入,付出更多。而男性能做到吗? 他觉得他在社会上的成就更重要,他舍不得去牺牲自己的。所以我说这方面男性更自私,女性更无私。"

放弃事业退守家庭终归是一种无奈的选择。R 教师本以为自己久而久之已经麻木,安于现状了,但一些人或一些事还是会刺痛她。

"我妈已经 80 多岁了,她其实对我的发展还是不满意的。她经常跟我提起:'你读了那么多书,结果现在一天到晚把心思放在女儿身上,你还是该想想你自己的事情(我现在还是中级职称嘛)。你爸退休时是教授,我(退休时)是副教授,工资差别好大噢。我把你和你姐培养成这样,结果你们还是只知道围着家庭转。你看人家某某某的儿子好有出息嘛。'我妈每次跟我提起这些,我就很烦,我能怎样嘛? 我说等等吧,等女儿再大一点。我妈就说,再等你就多大年龄了,还能干什么呢? 我虽然在高校,但是职称什么都没评。我姐更是了,自从结婚以后,特别累。自己的工作很辛苦,以前分到一个企业,后来企业破产了,又到处打工,在外资企业打工很辛苦,回家还得做饭、做家务。

跟同学朋友们聚会的时候,人家不是这个出国进修,就是那个读博士,或者评职称之类的,而我呢……有了比较心里就很不舒服,回到家以后自己又调整,过不了多久这事儿就过了。下次聚会也就不想去了。但是也不行啊,你总不能把自己隔离起来,后来还是就去,去了心理还是会失衡。

当你(在事业上)做出牺牲以后,就必须去承载。像我吧,就必须去承载事业上的失落。你说像我们这种读书读到这种地步,爬进了高校的女性,应该说没有谁太差吧。比如说我,要说我的心路历程吧,那就是必须去直面我事业上的停滞不前,没办法……"(很无奈伤感的语气)

虽然 R 教师口口声声宣称自己要接受现实,承载牺牲事业后的失落,但事实上这件事却不时折磨着她,让她内心备受煎熬。这种心理上的失衡有时难免被带到生活当中。R 教师谈到,女儿很乖很懂事,但过于敏感,老是觉得妈妈不爱她。这是否是细心的女儿捕捉到母亲低落情绪后的反应呢? R 教师自己也百思不得其解。

"我女儿平时很乖,才一年级,特别自觉、懂事,自己打理自己的事情,但是也很追求完美,平时她的作业、学习啊我都不管,根本不用我操心,作业做完了她会让我签字,但是一定要我签得很规范,不能超出边框。有时候我会被她搞得很烦,就会为了这种事情跟她发生冲突。

我本来是一个大大咧咧的女性,属于女孩中男孩的性格。我简直觉得我女儿的性格跟我完全不一样,我不知道她的内心想法,她很敏感,比如上一次她生病了没去上学,晚上在家里就让我给她辅导功课,我就很不耐烦,说妈妈还要做饭,做完饭再说。她就不干,非要我在一定的时间内完成。我不管她,她就号啕大哭,一发不可收。她就说:'妈妈你一点也不爱我!'其实我很爱她呀! 我就很奇怪,她怎么会那样反应呢? 我就在那里,束手无策。

或许真的有可能我觉得为女儿付出了很多,不自觉地,潜意识地会有这种心态(心烦意乱)吧。我不知道,也没想过。"

对于如何妥善处理家庭与事业的冲突,年过 50 的 T 教师更拥有话语权。看了太多女性所遭遇的种种家庭变故,她用亲身经历对自己的女研究生们提出忠告。

"基本上我的原则就是女性嘛,首先还是把家庭搞好,只有家庭搞好了,事业发展起来才稳定,否则两头都顾不到,弄得筋疲力尽的。我觉得你先把家庭、娃娃弄好,事业上你能够达到什么程度就到什么程度,并且也不是你想达到就能达到什么状态,尽你自己最大的努力。反正始终都不能太有追求,你才能平衡过来,不可能(家庭、事业)什么事情都占齐了。

我觉得女性还是应当先把家庭弄幸福,安居乐业嘛,'居'不光是房子的问题,还有家庭氛围。所以我认为我宁愿自己让一步,让家庭和谐,我很难忍受家庭生气吵架呀这些,几乎不能忍受,宁愿自己退一步。"

家庭作为私人领域,是"正义原则不适用的范围"(罗尔斯,1988),换言之,是被正义遗忘的领域,因而女性对家庭的所有付出被视为理所当然,女性在家庭内受到的伤害和做出的牺牲被视而不见。阿伦特认为,私人领域具有一种被剥夺的性质,一个人不可能过那种绝对的私人的生活,这意味着他不是一个真正的社会存在。绝对的私人在某种程度上是一种欠缺,人只有从私人领域走出来进入到公共领域,才可以让自己的言行得以彰显,并与他人形成既相互联系又彼此区别的客观的关系(朱亚男,2013)。人们之所以进入公共领域,并在公共领域进行行动,最终目的是体现自身和人类的存在价值。

处于公与私领域对立矛盾中的女教师注定是撕裂的、纠葛的。张辛欣(2005)尖锐地指出,当代女性与男性处于同一地平线上,面临同样的生存竞争压力,在中国目前的性别意识状态下,即使是一个接受过高等教育,有良好文化素养的知识女性,也根本不可能在自己追求事业、坚持独立与做一个贤妻良母的角色之间兼得。

第三节　职业身份困境

大学诞生的初衷是研究高深知识,培养高层次人才。随着社会的发展,要求也在变化,大学被寄望成为科技进步的动力源和经济发展的助推器,高等教育逐渐演变为学术研究的竞技场。大学评判教师水平高低最为倚重的指标是教师的科研成果与学术水平,而非教学业绩的优劣,这是因为一方面教学业绩不易被测量,另一方面则是"教师研究上的成功显然会影响组织的发展,当大学意识到并从研究中获得回报,它们自然更垂青于能给它们带来资助、认可和声望的教师"(Lewis,1996),这种"要么发表要么出局(publish or perish)"的潜规则普遍存在于大学内部,充分体现了大学在教师业绩评判中重研究轻教学的价值取向。大学教师纷纷将专注力从课堂挪到实验室,工作重心从教学转移到学术研究上。对高校女教师而言,教学意味着什么? 在近乎严苛和非人性化的考核与评价制度中,教学与科研孰主孰次,女教师在"教学人"与"学术人"之间究竟该作何取舍?

一、传统文化对高校教师的定位:教学人

《中华人民共和国教师法》第三条规定:"教师是履行教育教学职责的专业人员。"教学是教师的首要职责。R老师在高校熬了十余年,承担着极为繁重的教学工作。

她喜欢高校教师这个职业,不仅仅是喜欢教学,更因为大学给了她阅读和思考的自由。但由于科研成果乏善可陈,专业技术职务多年来一直停留在中级,难以攀爬上更高的学术职业阶梯。

"在高校里可以读很多书,我越读书越平静。这段时间在读世界史,读了余秋雨、鲁迅的,我特别喜欢读历史、心理学的书。越读越觉得世上哪有绝对的公平。还是挺满足的,不管怎么说,这份工作是你喜欢的。这个职业特别喜欢,有时间读书,有时间反省自己,还可以跟学生交流。我能够接受工资低一点,比起我爹那一代人,我们生活得还是要好一些,所以很想得通。我是发自内心地这样想。"

说到这里,她同时也很无奈,认为女性的教学业绩并未得到重视,在晋升职务时女性并未受到关照。

"社会不可能把我们当女性(区别对待)呀!我是女的,是不是不应该让我们上那么多课?我是女的,在评职称的时候是不是男教师应该条件更高一点?要是真把我们当女性看,这个社会为什么给女性这么大的社会包袱,但是在社会契约、社会规定上,又把男女都放在一起。是不是这样子?男教师和女教师同场PK,从没有说女老师是几个名额,男老师是几个名额。所以这个事情就不公平,如果说女性在家庭里付出那么多的话,那在职场上是不是更多照顾一下女性?所以就把很多女性逼得没有办法,逼回家庭成了全职太太。"

R教师的上述话语一气呵成,没有丝毫的停顿,连珠炮般的反问句尽情地宣泄着她的愤愤不平。H教师也坦承作为教师面对的压力很大,这种压力既来自自我,也来自周遭的环境。

"我的教学任务还是比较重,每周8节课,还担任本科生导师,4个年级总共有四五个学生,跟他们要做专业上的交流,给予科研指导。经常还要接一些新课,比如我们学院前几年购买了国外的一门课程,我就需要去跟课听课,目的是把这门课程本土化,以后独立地承担这门课的教学。学院隔三岔五还有一些随机的工作。我的科研不算多,手里有一些项目,这些事情都需要自己去跑。"

为了提升学术研究能力,在高校的竞争环境下立于不败之地,她硕士研究生

毕业后不久就攻读博士学位，拿到博士学位后很快申请到国外做博士后研究。

"我25岁硕士毕业，27岁去读博。因为那个阶段，有一种迫切提高专业和能力的愿望，而且那会儿我觉得确实很年轻，精力充沛，不像现在有时会觉得精力不济。拿到博士学位回来，经历了急切地想要小孩（没能如愿）后，我想生活也还是要继续，寻求如何进一步发展的方向。我的博士研究生导师经常勉励我们，博士毕业后5年是学术的黄金阶段，如果丢掉了就很难找到学术增长点了。所以我就想能否找一个其他路径，把博士研究再进一步完善。加上我这个专业在国外研究时间长，经验丰富，所以我希望出去看一看，当时就抱着试一试的态度，结果就申请下来了（国外进修和博士后攻读）。"

谈起教学，她很享受与学生共处的课堂时光。

"以前是年轻教师，备课量很大，现在主要是给学生寻找一些课外的案例。我喜欢上课与学生互动，我想寻找一些更好的素材。跟学生在一起还是挺享受，挺愉悦的。"

不仅仅是女教师自己认同"教学人"的身份，而且学术界、大学组织以及学术职业"圈中人"也大都认同这一不言而喻的假设前提——女教师愿意也更适合教学（Judith et al.，2000），因为普遍认为女性感情细腻、性格温和，富有同情心，语言表达能力强，擅长形象思维和直觉思维。

二、现代社会对高校教师的要求：学术人

1942年，美国学者洛根·威尔森（Logan Wilson）出版了《学术人》一书，对学术人做了如下界定："大学教师工作是以学术服务于社会的学术职业，学术是他们从事学术工作的前提和标准，作为学术人的大学教师应该具有学术地位，并应该为学术的发展做出自身的贡献，体现其学术职业的价值。"大学诞生之初，并非制度化机构，而是"学者行会"，师生为了追求真理而聚集在一起。大学的兴旺发达需要以学校的学术实力为基础，如果大学放弃对高深学问的追求，就有被其他机构代替的危险。学术性是大学的天赋禀性，对高深学问进行理性分析、鉴别、阐述和传播是其永恒的使命所在。当大学处于学术的权威地位时，也是大学最有能力抵御外界控制与压力之时。因此，大学组织内部的主要群体——大学教师应当是学术人。

我国教育家蔡元培也曾说过，大学是研究高深学问的场所。学术是大学发展的内在逻辑，学术能力是大学教师安身立命的根本，学术贡献是大学教师职业生命的终极价值体现。美国著名社会学家科塞认为，学术人应具有"一种摆脱眼前经验的能力，一种走出当前实际事物的欲望，一种献身于超越专业或本职工作的整个价值的精神。知识分子感到有必要超越眼前的具体工作，深入意义和价值这类更具有普遍性的领域"（科塞，2001）。"学术人"在求知达真过程中的一种自觉、自主状态，意味着"学术人"在教学、研究、学习和管理活动中自主支配自己的思想、言论和行为，也就体现了"学术人"的自由发展。然而，这里要特别强调的是，"学术人"的"自由"不是随心所欲式的自由，而是"理论理性"和"实践理性"相统一的自由（康翠萍，2007）。

董立平认为，"学术人"是指以传播应用和创新知识为己任，以发展学术追求真理为目的的一类群体。他不仅是社会的一个成员，同时又是一个特殊社会阶层的成员。他是一个集合概念，是学者、知识分子、教授、理念人、思想者、研究者等特殊群体的共同抽象。学术人表现出真理性、公共性、超功利性、自律性、创新性、自由性、学团性等特征（董立平等，2011）。于胜刚（2011）认为，大学场域的主体，包括大多数从事教学工作和学术研究的教师，也有一部分专门从事学术研究的研究人员，我们把这两种群体中在学术上有一定造诣的人，或者是做高深学问的人，称为大学学术人。学术人的公共利益是由学术研究的公共性衍生而来的，指学术研究进入公共空间、公共视野而获得的可见性、公开性和透明性（于胜刚，2011）。

高校女教师在大学工作，无疑必须承担起学术人的责任，否则便很难在大学立足，这样的现实正体现了现代社会女性的基本状况。如果说社会其他职业的女性不能完整地代表现实社会中的女性特点，高校女教师则较全面地代表了作为一个现代社会女性所承担的社会责任。

三、学术人与教学人的身份冲突

教学本是大学的中心工作，但作为一种"地方性"或"局部性"的活动，其影响力仅仅局限在某一学校、某一院系甚至某一学科。学术研究产出则大为不同，学术研究活动及其成果一旦被发表，不仅表明作者的工作价值和才能被广泛认可，而且更为重要的是，它能给大学带来声誉和声望。声誉和声望能够帮助所在组织机构获得更多的经费支持，部分研究成果还能够直接产生经济效益。20世纪初以美国为代表的一些研究型大学明确鼓励教师将工作重心转移到图书馆、研究室，而不是在教室里。C大学的定位是教学研究型大学，为了在层出不穷的大学排行榜或学科排名中获取一个更为靠前的位次，越来越偏重科研，千方百计采取措施刺激科研成果的产出。

大学宣称教学和人才培养是第一要义，内部运作中却遵循着"要么发表要么出局"的规则，其本义就是强调研究更甚于教学。从这种意义上，可以说大学教师的职业生涯取决于学术生涯。学术性是大学教师的最基本特质和职业生涯的核心，也是衡量大学教师专业发展水平的重要价值向度（陈锡坚，2011）。近十年高等学校之间的竞争实际上异化为学术研究的竞争,谁拥有的科研成果多、级别高,谁就能在竞争中获胜。

女教师们从事学术研究更多的是受到外在的压力,比如评定专业技术职务的必要条件等,为了提高课题申报的命中率,她们不得不在上级部门下达的课题指南上确定课题,无法按照自己的学术旨趣开展研究,由此显得在科研上力不从心或身不由己。华中科技大学沈红教授研究认为,大部分女教师认为自己的工作兴趣更倾向于教学,而男教师更倾向于研究。

在 T 教师的微博中,看到了这样一段文字,细细品味别有深意。

【对话】

地点:某学术会议

人物:参加会议的两位学者,一男一女

语言:略带口音的普通话

场景:主席台上一位女学者正在发言,台下——

女学者:(望着台上侃侃而谈的女学者)唉,做学问真是对女人的糟蹋!

男学者:(很快地做出反应)错,女人做学问是对学问的糟蹋!

我的反应:……

或许女人的天堂真的是在厨房?

T 教师 5 年前评上教授,这几年正在攻读博士学位。她属于较好地兼顾教学和科研的教师之一。她坦言:

"如果我不做科研,那肯定压力要小得多。我比较擅长上课,在中专学校也是,学生反应很好。但是科研这块做起来对教学促进还是很大。过去我就觉得我可以当一个好老师,但是你会发现如果科研跟上了,你会是一个更好的老师。

我觉得教学与科研不冲突。特别是如果你本身是一个比较擅长教学的人,如果你有好的科研,你的教学真的是会做得更好。也有这种情况,老师科研很强,但是如果不擅长表达,不擅长与学生沟通,可能未必是一个好的老师。特别在像我们这种类型的学校,学生未必就认可你。"

尽管如此,她在微信朋友圈里不时感叹:不受科研课题牵制的阅读真幸福!

Rowland(1996)通过对英国谢菲尔德大学系主任的访谈发现,人们常常把科研描述为专心、热情等类似男性的特征,而教学则是关注学生、开放等类似女性的特征。高等教育机构中存在隐形而微妙的等级制度,即科研优于教学,成果高产出的研究者更容易获得高职位,身处其中的女教师仅仅依靠教学业绩很难获得自我认同,也很容易被边缘化。著名的新马克思主义学者艾丽斯·M.杨认为,处于边缘化的人不但要遭受物质剥夺,而且会造成公民权利的缩减和发展机会的丧失。

在高等教育竞争日趋激烈的今天,大学评价体系扭曲,大学学术遭到了异化,呈现出急功近利的特点,使部分大学教师把学术当作权力进阶的工具。许多教师并非为了学术理想和对真理的渴求从事科研,而是重赏之下的勇夫。H 教师谈道:

> "虽然科研很辛苦,但是一旦做出成果都属于自己,切切实实对自己有好处,是名利双收的事情。我们学院有领导就明确给大家讲科研致富的观点,让大家多拿课题,多出高水平成果。"

为了进一步激励科研课题的申报,C 大学出台了一系列制度措施,凡是申报国家课题,不管是否命中都给予 1 万元的奖励。在高校教师的心目中,学术研究不仅能带来声誉,还能带来实惠。相对而言,教学就是低收益工作,在 C 大学,教师一年至少要上课 240 学时。在超强度的教学工作量下,女教师无暇从事科研。与此同时,她们的教学业绩也无法得到应有的认可。

美国大学通行"出版或出门"规则,长期不发表论文或出版著作,就有可能在大学里无法生存,被"扫地出门"。当今的中国大学同样如此,教师晋升职称、评优评奖都以学术论著为标志的科研成果为核心,著述等身的人受到追捧,成果寥寥的人日子难熬。究竟做一名教学人还是学术人? 从情感上讲,许多女教师热爱教学,从社会普遍认知来评判,她们擅长教学,但是教学带给她们的成就感和尊严感无法与科研相提并论。对此,高校女教师们常常游移不定,深感苦恼和沮丧。

对高校女教师的深度访谈是一次奇妙而有意义的旅程。只有在给他人讲述故事时,讲者才会慢慢地懂得自己要表达什么,应当如何表达,才能对自己的精神世界进行全面的反思。女教师们在讲述中立足现在,回望过去,对未来萌生出新的憧憬。她们的讲述呈现了高校女教师作为性别人、社会人和职业人的不同面。"次性人"与"平等人""家庭人"与"公共人""教学人"与"学术人"之间的身份冲突撕裂着高校女教师的精神与肉体。受访的 3 位女教师中有的竭力抗争却前路漫漫,有的艰难平衡却心有隐忧,还有的心有不甘却无奈妥协。在访谈的过程中她们不时产生顿悟,这种顿悟也许会给她们的生活带来一些改变,使她们在追寻生活意义感的路上少一些波折和迷惘。

女教师的三重身份之间存在着无形的壁垒,性别身份是教师的类属性,社会身份是作为社会成员的教师应有的社会权利和义务,学术身份则是大学教师之为大学教师的职业特性。性别身份属于基础性因素,性别身份向社会身份和职业身份拓展,从而确定了社会身份中的家庭人和职业身份中的教学人定位,这种身份壁垒自然而然地、以不为人知的方式进行,一旦形成便很难跨越。高校女教师身份困境也反映了当下知识女性的文化觉醒,她们不甘心被传统文化所规制和型塑,力图冲破性别身份的壁垒,重新定义自己的身份,实现身份的自由和完整。

第四章　高校女教师身份的文化观念层分析

作为男性和女性，我们都被社会化了，成为拥有各自性别的身份实体，而这正反映了现实中存在着男性和女性的文化。他们之间不断的循环式的交流过程，使文化和性别交织在一起。

——朱利亚·T.伍德

当人们武断地将高校女教师发展视为个人问题时，似乎忽略了这样一个事实，"处于相同地位的人通常面临着相似的难题，做出相似的选择，这必然牵扯出公共问题，有赖于公共问题的解决。如果不考虑潜在的社会文化问题就试图去解决私人问题，注定是徒劳无功的"（米尔斯，2005）。社会文化的影响虽不像政治、经济那么直观、强烈，但自有它作用的方式和特点，"文化的特性在于社会能动者'意义创造'的积极过程，尤其是在理解自身生存环境，包括经济地位、社会关系以及为维护尊严、寻求发展和成为真正的人而构建的认同和策略的过程中"（威利斯，2013）。社会文化是人类生活的共同产物，也是人类共同活动的结果。个体通过多种方式受文化的熏陶和约束，也在主动建构和认同所属群体的文化。维果斯基把知识习得看作是主体在社会交往中建构的结果。"建构"意指主体和客体在相互作用过程中发生的"生成"式的活动。即便是"自我建构"，依然意味着相互作用，只不过它是一种基于"自我（主体）"的相互作用，其目的是实现"自我"认识的发展。

在人类漫长的繁衍和变迁过程中，男尊女卑的文化观念早已深入人心，成为基本的社会规范和价值观念，渗透到语言符号、行为方式和社会分工模式等社会生活的各个方面。女性自身在文化认同中将自己定位为何种类型的过程，便是再生产自己的过程。处于传统性别文化与现代性别文化的夹缝之中的高校女教师，其身份既有传统男权文化对女性的建构，也有女教师自身对传统文化的认同和内化，是女教师作为主体的"自我"通过规训权力和自我技术来实现"自我"的塑造（李姗姗，2008）。

本书一方面从观念、制度和行为三个层面对高校女教师的性别话语进行分析,对高校女教师如何解释其日常生活的意义进行再解释,揭示制约和影响高校女教师发展的社会文化根源;另一方面在解析文化对高校女教师型塑的同时,洞察女教师自身如何在冲突中按照社会文化观念建构自己,形成与之相适应的文化心理、权力博弈和时间策略。接下来的三章主要回答前文所述的困境何以形成;文化对高校女教师意味着什么;女教师自身在文化认同/自我定位的过程中,如何再生产了自己。

第一节　性别价值观对女教师身份的建构

中国在漫长的历史进程中创造了灿烂辉煌的华夏文明,也衍生和延续了一些文化陋习,其中文化更是以其强大的惯性力量在社会生活中维持着男尊女卑、男优女劣的格局。人的性别是社会文化建构的,不是与生俱来的。正如波伏娃的那句名言所述:"女性不是天生的,而是造就的。"文化一方面塑造了男女两性的身份,揭示了两性的本质特征;另一方面用这种固定的、僵化的、刻板的身份规范着两性的职业生涯。身为一名女教师,性别作为天赋身份奠定了女性的根本价值,构筑了其一生的生命底色和发展基调。

人的生命过程是在其文化世界中度过的,其中文化价值对生命的延续起着重要的作用。离开了文化价值,就无法谈论所有关于人的其他特质的话题。价值生活是人的生活的实质;价值追求是人的本性,价值需求是人的生命本质所规定的(檀传宝,2000)。文化直接影响人的价值观念和行为规范的形成。一定社会的文化观念一旦形成,便具有相对独立性,它潜在地规定着人们的存在方式,规范着人对社会事物做出价值评判。文化赋予人的身份以不同的价值,人们依据身份评判一个人的价值。女性自然属性中的性别被文化建构后,成为最为重要的身份,直接影响和决定了其职业身份、社会身份的定位。

一、男尊女卑的性别价值确立了女教师的第二性身份

中国自古以来强调等级、身份。费孝通先生曾指出,中国是一个"差序格局"的社会,即本质上是一个等级社会,这样的社会从根本上维护君臣父子兄弟男女的上尊下卑的秩序。差序格局强调差等严明的纲纪和人伦。学者阎云翔指出,"差序格局"这一社会结构概念包含纵向的序和横向的差两个维度,相比横向的远近亲疏的"差"而言,纵向的上下尊卑的"序"被学界长期忽略。当代的学术话语逐渐将差序格局概念从社会结构的层次置换为人际关系的层次,再进而变成"关系""关系网络"的同义词,这样做的结果是差序格局的丰富内涵的某些部分

便失去了(阎云翔,2006)。关于差序,费孝通的解释是"其实在我们传统的社会结构里最基本的概念,这个人和人往来所构成的网络中的纲纪,就是差序,也就是伦","伦重在分别,在礼记系统里所讲的十伦,鬼神、君臣、父子、贵贱、亲疏、爵赏、夫妇、政事、长幼、上下,都是指差等"。他又进一步讲到:"'不失其伦',是在别父子、远近、亲疏。伦是有差等的次序。"在差序格局中,没有平等的个人,也没有由平等的个人组成的大大小小的团体。人们必须时时事事以己推人,将自我放置于某种人伦关系中定位,通过人伦纽带将自我与社会、与他人联系在一起形成上下有序的等级关系。中国女性便是在这样的差序格局下走过了千百年,留下了从属于男的"贱内"到"裹小脚"的曲折而艰辛的足印。

譬如《中庸》所言,"君子之道,造端乎夫妇;及其至也,察乎天地"[①],夫妇关系乃"君子之道",说明人伦与天道相通。孔子曰"仁者,爱人,爱有差等""为政在人,取人以身,修道以仁,人者仁也,亲亲为大,义者宜也,尊贤为大,亲亲之杀,尊贤之等,礼所生也",强调爱有差等,遵从礼仪等级,其核心就是要求每个人都必须按其角色行事,必须服从于伦理规范。儒家思想进而将家庭血缘伦理关系推演到社会,使国家中的君臣关系和社会中的朋友关系具备了家庭伦理关系的性质,各种社会关系也都具备了鲜明的等级色彩。

这种千百年流传下来的思想观念潜移默化地影响着人们的生活,主宰了人们的思想。在性别上,赋予男性以刚、强、尊、贵等阳性特征,而将柔、弱、卑、下等阴性特征分配给女性,男性是先天具有优越性的第一性,更具有价值,女性再优秀充其量也不过是次于男性的"第二性"。

H 教师的先生是她念硕士研究生期间的同学,在另一所大学担任教师。他们是同龄人,H 教师发现先生内心深处对男女两性关系潜藏着这样的看法:

实际上我老公觉得,男性和女性应该像茶壶和茶杯的关系,男性其实才是主体,虽然他没有直接说。如果你采访男性,恐怕他会说在我们家庭里女性才是茶壶。表面上看我们家庭一切都是我在做主,实际上,我在做主的时候老公的意见会是我考量的一个重要因素。虽然我在策划他在实施,其实他提的意见,我一定会作为重要因素来考虑。

在茶壶与茶杯的比喻中,男尊女卑、男主女次的内涵是显而易见的。茶壶可以配无数个茶杯,茶杯坏了无非再换一个。在中国传统文化中,"兄弟如手足,妻子如衣服",衣服破,尚可缝,手足断,不可续。自宋明理学兴起,女性的生命甚至卑微到不能与贞节和操守相提并论。宋代程颐在被问及:"孀妇于理似不可嫁,如何?"回答:"然。凡娶,以配身也。若娶失节者以配身,是已失节也。"又问:"或有孤孀贫穷

---

① 　陈戌国点校:《四书五经》,岳麓书社 2002 年版,第 80 页。

无托者,可再嫁否?"程答:"只是后世怕寒饿死,故有是说。然饿死事极小,失节事极大。"①元代以后"饿死事小,失节事大"的贞节观成为风行全社会的主流观念。理学将儒家经典中的三纲五常上升到"天理"的高度,主张"存天理,灭人欲",妇女须恪守"三从四德",这一文化发展至明清时代,更是达到了登峰造极的地步,据统计,仅安徽歙县一地,明清两代(至咸丰年间)旌表与未旌表的烈女共计8606人②,对女性生命造成极大的戕害。

在中国文化价值体系里,男性是主体,女性则是陪衬与点缀。"定义和区分女性的参照物是男性,而定义和区分男性的参照物却不是女性;她是附属的人,是同主要者相对立的次要者。他是主体,是绝对,而她则是他者。"(西蒙娜·德·波伏娃,1998)女性的价值寄生于婚姻之中,女性的存在体现于家庭之中,依赖于男性的首肯。这种观念导致未婚大龄女性急于结婚,已婚女性为生育而焦虑。女性的附属性的价值只有在为人妻、为人母、为人媳的身份关系中产生。

据国家统计局网站公布的数据,截至 2021 年末,内地总人口为 141260 万人,其中,男性人口 72311 万人,女性人口 68949 万人,男性人口比女性人口多3362 万人③。尽管男性远远多于女性,高校里的未婚大龄女性不减反增,现代社会高校知识女性的婚姻难问题愈发尖锐。高校女教师大多接受过硕士研究生以上高等教育,相当一部分人取得了博士学位。按照不间断求学推算,博士研究生毕业后的女性普遍年龄为 29 岁。事实上社会科学各专业都要求有一定工作经历,这样算来实际就业年龄可能更大。如果女性在这期间没能找到理想伴侣,那么拿到博士学位之后,旋即加入"剩女"行列。当前婚恋市场流行的"A 女 D 男"论,也许能够部分凸显高知女性的婚恋难问题④。拥有智慧与才华的高校女教师女博士属于 A 女,原本是社会佼佼者的她们,不幸沦为婚恋市场的弱势群体,变得曲高和寡。由于社会对高学历女性的偏见,女博士还被"妖魔化"为除了男性和女性之外的"第三性",或者被冠以"灭绝师太"的名号(将本科生比喻为黄蓉,将硕士研究生比喻为李莫愁)。这些言论把女博士描述成行为怪异、难以理喻的稀缺物种,加剧了社会对高学历女性的误解,将高学历女性置于婚恋关系中极为不利的地位。

女性缺乏主体价值,仅有的价值是客体价值、工具性价值,排最前的当数传宗接代价值。古代男女一旦成婚,女子便脱离父宗加入夫族,归夫家所有,离婚

---

① 程颢、程颐:《河南程氏遗书》卷 22 下,山东人民出版社 2020 年版。
② 唐力行:《商人与中国近世社会》,浙江人民出版社 1993 年版。
③ http://data.stats.gov.cn/easyquery.htm? cn=C01.
④ 此论点将人分为三六九等,A 男配 B 女,B 男配 C 女,C 男配 D 女,而 A 女和 D 男轮空,无人可配,A 女要么选择 D 男,要么成为"剩女"。

主权掌握在夫家手里,夫家有权弃妻。古时弃妻的法定理由被称作"七出",汉代时被纳入法律。《唐令》规定:"诸弃妻须有七出之状,一无子,二淫佚,三不事舅姑,四口舌,五盗窃,六妒忌,七恶疾。"七出中无子为首,古语有"不孝有三无后为大",未生育的女性会被堂而皇之地扫地出门。这种将繁衍生命作为女性最大价值的浓厚情结一直保留并延续到现在。年轻的 H 教师在谈到自己攻读博士学位期间承受巨大的学业压力时,将之归结为急功近利,实质是受女性生育责任的驱使。

"我有一段时间睡眠不好,情绪比较低落。经常哭,不至于说一天哭 8 次吧,反正经常哭,特别是写论文期间,在重庆(注:离家 300 多千米),有时候想起来就在寝室里哭一场,可能是一个人孤独的时候容易出现情绪上的波动⋯⋯现在回想起来当时还是有点太急功近利了,老觉得要赶快毕业、赶快毕业,觉得离家那么远,后来回头一想,根本没有必要。当时就觉得我要早点毕业,我要回家,好像情感上有一种寄托和依赖。主要那个时候是考虑到自己的年龄,如果早点毕业了就可以回去生小孩。

像我们这种情况还有好几个,读博期间正处于优生优育期比较靠后的时间段,为了读博大家普遍选择把(生育)下一代的任务往后推了,还是都想(尽早毕业)赶上这个(优生优育)时间,所以学习的心态上普遍表现得比较急功近利。"

在中国,如果没有为家庭延续后代,或者没有为家庭做出这方面的贡献,你可能会不被认可。社会上也有一个无形的量化标准,大家会觉得你并不幸福。再成功的女性,在这些方面没有做得特别好的话,那么你也不算成功、不算幸福。

在女性的生命历程中,生育是人生大事,当代女性的生育呈现出显著的两大趋势:一是生育迟,有部分人是主动推迟生育年龄,也有部分人属于结婚迟等被动原因而致;二是生育难,现代社会不孕不育现象相当普遍。黑龙江中医药大学周乔木(2012)副教授认为,大龄妇女生育的困难,是健康问题,也是社会问题,从某种程度上说是妇女整体上在转型期为社会付出的生存和发展的代价。这种问题在高校知识女性身上主要表现为:高校女教师在发展道路上付出了巨大的代价,在追求事业发展的同时不得不搁置生育计划。女教师攻读完博士学位基本上都年逾 30 岁,错过了生育的最佳年龄,生育难和生育迟的难言之隐困扰着她们,成为压在她们心头的一块大石头。如果说 25~35 岁是女性生育的最佳年龄的话,高校女教师的生育最佳年龄正好与求学的关键时期重叠,这在客观上导致她们必须两者取其一,不得不推迟生育。叔本华曾说过:"女性只是为种族的繁殖而生存,她的天职也只有这一点而已。"H 教师在整个读博过程中以及博士毕业后的几年里对怀孕一直处于渴望和焦虑之中。

"我不知道急功近利这个词恰不恰当,反正我自己是这样评价当时的心理状态的。那时候(读博期间)我太过于急迫地想完成学习过程,拿到毕业证书。其实我们都是有工作单位的,工作上都不存在问题,只有一个最主要的原因,还是家庭问题。许多同龄人都面临这样一个问题,希望通过自己的努力,能够在尽可能短的时间内完成学业,然后回归家庭,完成家庭的这个责任和义务——生育。现在回过头来想,我们其实有点幼稚。即便怀孕了也并不影响学习,大家心理上还是有一种恐慌。再说了,怀孕了其实也是可以休学一年的,主要还是自己过不了这一关,总觉得会耽搁一年。还有人提出,觉得(怀孕)会对心理有影响,在高强度、高压力的学习期间,怀孕会不会致使心理压力过大,激素会不会出现异常,会不会对娃娃造成一些不可预测的影响,从而导致不可预知的疾病出现。

博士毕业回来后,内心自然很想要小孩,结果又进入另一个误区。就是老想着我要快点要小孩,赶快生小孩。当你很刻意地去追求这个事时,反倒不成功。有段时间跑医院跑得好累哟,家里也很支持,因为这事关一个家庭的发展壮大,是家庭的一件大事,全家人都很支持。于是我三天两头跑医院,各种检查都做,苦不堪言。中间有一次有怀孕的迹象,但那段时间学校是申报项目还是什么事,所以我睡得特别晚,差不多都是 12 点以后。其实我发现很多女生都有这样的经历,尤其是读博期间,晚上 12 点是作息时间一个关键的节点,如果晚上 12 点前睡觉,人家都会觉得你不务正业。后来医生告诉我说胚胎的质量不好,它自己都不长,后来也就掉(流产)了。"

古语有"不孝有三无后为大"的说法,汉族地区甚至用"断子绝孙"来诅咒他人,相反,新婚夫妇常被祝福"早生贵子",这些都充分显示如果家族没有后代(部分地方甚至是无男性后代)无异于大逆不道、罪孽深重的事情。这些习俗和观念给女性施加了沉重的压力。不论你是否具有生育的意愿,怀孕生子就是女性的宿命。如果不能生育,则是"不完整的女性",似乎枉自作为女性。随着年龄的增长,生育问题成为女教师的心结,难以释怀。H 教师一度觉得自己对不起夫家,承受着甚至源自自己父母的巨大压力。

"以前我会觉得没有小孩,对不起我的夫家,我会觉得真的对不起我的夫家(声音有些哽咽),所以我也给他(老公)讨论过若干种可能性,比如收养等,大家都觉得现在科学那么发达,应该也不会走到那步,毕竟医生也并没有说你怀不上,所以我们就在缓慢的等待期。

我们这个年龄段的两个人沟通还是挺好的,我公婆也很开明,所有人都在盼望这个事情,但她没有给我压力,反倒是我的母亲给我压力。为什么她表现出比我的公婆还要在意,还要紧张呢?其实是因为她那个年代的思想观念是转变不了的。我对这个家庭关系的担心和婚姻的担心,放在我母亲身上,则放大了 10 倍,甚至说 50 倍。"

二、双重标准的成功价值加剧了女教师身份冲突

从古至今,传统文化为男女设定不同的价值判断标准,男性以事业作为判断标准,男性的价值体现在自我价值和公共领域价值;女性则以家庭作为判断标准,偏重私人领域价值,理所当然价值低于男性。因而"成功"一词对于男性和女性有着截然不同的内涵。男性只要事业成功,包括职务升迁、学历提高、发明创造、专业晋升、发财致富等(其实质是财富多少),都会被认为是一个成功者,没人会问及私生活幸福与否;而女性却不同,女性的成功要受到两方面的考量,即使在事业上取得成功,也不得不接受另一个角色的检验,即以传统的"贤妻良母"为标准的家庭角色的检验。在人们眼中家庭不美满的女性,即使事业上的成就远超男性,也会被视为失败者遭到冷眼相待或幸灾乐祸的嘲讽。这种不公正、不合理、不易冲破的传统偏见和价值观念,使得职业女性长期处于两种角色的矛盾冲突之中,承受着来自世俗的舆论和自己心理的压力,更没有如男性勇往直前的社会基础和动力。T 教师谈到自己的工作与生活时,略带笑容又无可奈何地说道:

"基本上我的原则就是,女性嘛,首先还是得把家庭搞好,只有家庭搞好了,事业发展才稳定,否则两头都顾不到,弄得筋疲力尽的。

整个来说,我是属于把家庭、娃娃安顿好了,有余力了,再做自己的事情。想想还是很不公平呀!(笑后正色)这是很重要的一个考虑因素。相比来说,同龄的男性负担要轻得多,他的发展要容易,他可以轻装上阵,这是普遍现象,只有个别家庭不是,男性可以没有家庭的拖累嘛。"

H 教师谈到她的母亲对她现在不顾家庭,追求学术发展而施加的压力时,如是说:

"我的母亲给了我太多的压力,在她身上,你可以看到上一代,比较典型的受传统观念影响的中国女性对成功的定义,她对于女性所承担的社会价值和社会期待的定义。她不认同我这样的生活方式。

我现在所做的选择,尤其在我读研究生之后的每一阶段,反对声最大的永远来自我妈,尤其是进入婚育年龄之后。每一次都是。但当这个事情不可改变时,每一次反对无效之后,她又会从另外一个方面鼓励我,反过来教育我,既然选择了就一定要做好。你可以看到她的选择重心,她就是觉得,作为一个家庭女性,确实要把自己的角色认识清楚,应该在完成你的家庭属性和家庭功能后,再去追求你的事业。"

传统价值中评判女性的标准为"贤妻良母",这既是传统文化对女性的道德规范,也成为男性对女性的理想角色期待。高校知识女性扮演了社会化的人和生活化的女性的双重角色,承担着事业与家庭的双重负荷,社会衡量和评价她们

时往往使用双重标准。双重角色、双重负荷、双重标准成为知识女性发展的主要障碍,使她们的发展与成功较男性更为艰难(廖志丹,2006)。

"每个人对成功的定义不一样。说句实话,我想每一个家庭都有自己的烦恼,如果说给一个权重的话,事业、家庭和下一代,我可能会希望一样重,如果非要在这三种之间做出选择,那么家庭是不是要重要一点。那么我对自己成功的期待,并不是想成为在事业上多顶尖的人,只要有自己的事业,事业小有成就,那就是我对成功的定义,家庭是稳定的,相互支持的,就很好。如果真要定义成功,如果一个女性只有成功的事业,我会很羡慕她,但她并不符合我对成功女性的定义,也不符合我的期待。

就我自己而言,包括我周围好几个女性,都觉得我作为一个女教师,完成了一个完整学历,取得了博士学位,现在有了一个完整的家庭,哎呀,这辈子到副教授够了,包括我的家庭和父母,甚至会直接告诉我,现在到了这个层面,也够了,证明了自己。在目前评教授条件非常高的情况下,我从来没有听到哪个男同志说这个话,但至少听到五六个女教师这样跟我说。这里面可能有个无形的标准:第一至少我证明了自己;第二,退而求其次,我要保护、照顾好自己的家庭。在这种情况下再来看职业发展上怎么去规划。"(H教师)

三、过度推崇的母性价值引发对女教师身份的反向抑制

纵观中国文化,有一种非常奇怪的现象,就是"伟母亲小女性"的文化,一方面男尊女卑的性别观念根深蒂固、不可撼动;另一方面却把"母亲"从女性中抽离出来,以"母德"塑造和规训着其他的女性。几千年来"尊母孝母"的道德观念与卑女尊男的性别观念两者并行不悖,并驾齐驱。在价值判断中,母亲被抽象化,成为崇高伟大、忍让耐劳、克俭无欲、慈爱善良等人类所有美好品德的代名词,社会赋予母亲太多的溢美之词,与此同时,将未能履行母职或未能完美地履行母职的女性划为另类、实施打压。学者杨凤(2006)认为,女性发展的边缘化有显性的、隐性的、反向的三种表现形式,神化和歌颂女性是性别压迫和性别歧视中的一种最深层、最隐蔽、最具有欺骗性的形式。对母亲价值的过于推崇形成了一种反向抑制,其实质是对女性传统角色的认同和强化,过分提升母亲价值影响着女性自身的全面发展。波伏娃(1998)一针见血地指出:"母性毕竟是使女性成为奴隶的最具技巧的方法。我不是说每一个做母亲的女性都自动成为奴隶——可以有某些生存方式能够使母性不等于奴役,但现代的女性仍然万变不离其宗。只要人们仍然认为女性的主要工作是养育小孩,女性便不会投身于政治、科技。进一步说,她们就不会怀疑男性的优越性……我们几乎不可能告诉女性洗碗盘是她们的神圣任务,于是告诉她们养育孩子是她们的神圣任务。"R教师面对"在你

的多种角色中,你最看重哪一个角色"的问题时,她的回答是:

"首先是好母亲,然后是好妻子,最后是好教师,这样的一个顺序。"

更为吊诡的是,对"母亲价值"的推崇造成了"母亲价值"与"女性价值"的对立,导致女性性别内部的分层和分化。男性依靠"母亲"这一女性身份对其他的女性进行示范和管理,从而神不知鬼不觉地达到男性对女性的驯化。"尽管同样受着男权的压迫,但母亲却可以压迫女性。传统家庭中婆婆对媳妇的管理、对家庭'香火'延续的强烈企盼(由于生育女儿而对生育者的冷热态度)、对单身或未婚母亲的冷落,等等,实际上母亲行使的仍然是男权,维护着男性家族的利益。"(木晓萍,2003)

西美尔(2000)认为:"人类文化可以说并不是没有性别的东西,绝对不存在超越男性和女性的纯粹客观的文化。"在人类发展进程中,性别关系在一定程度上反映并塑造着文化,文化通过各种符号和规则来规范和影响着性别关系,规定着作为不同性别的人的自我认识与社会定位。文化传统对于性别角色的形塑以及性别平等关系的解读,具有极为深远的影响(庄祺,2013)。或许可以这样说,有什么样的文化传统,就有什么样的性别角色与之相适应,而性别关系的"平等"与否往往也需要具体的文化逻辑来判定。现代女权主义运动的理论奠基人西蒙娜·德·波伏娃(1998)指出:"一个人之为女性,与其说是'天生'的,不如说是'形成'的。而决断女性在社会之中的地位的,是人类文化之整体。"

文化是对人的存在状态的反映,性别是人的一种既定存在状态,那么作为反映人的存在状态的文化必定是有性别性的。"文化是以人的生命存在为核心,以人的活动为展现,以自然物质为对象的人的生活世界。"(吕俊彪,2012)千百年来,女性被赋予了等级差异显著的价值观:男性的价值凌驾于女性之上,母亲的价值超越妻子的价值,失婚的女性更为次等。随着时代的变化这种价值观不断附加了新的内涵,发展到现代社会演变为公共人的价值大于家庭人,家庭人的价值又大于个体的人;扩展到高等教育机构,则表现为学术人的价值高于教学人。复杂的价值从属在女教师心里构筑起层层羁绊网络,给她们增加了比男性教师多得多的压力和负担。

第二节　高校女教师身份自我建构的文化心理

社会文化心理是人们内心深处最深层次的价值观念的集体反应,在人的社会心理中,存在着一种"集体无意识",即由历史一代又一代延续而积淀下来的某种潜在的文化心理倾向。传统性别观不仅是男权统治和资源配置向男性倾斜的文化基础,而且内化为不少女性的自我性别约束和对男女不平等社会安排的默许和认可。个人吸收并内化着传统，并通过家庭、社会习俗、风尚等凝固成一种潜移默化的社会群体心理。按列维·斯特劳斯的解释，在最早的人类关系建构中，女性扮演的只是两个男性之间的两种权力的商品交换角色：女性被父权拥有者，转移到夫权拥有者，由女儿转换为妻子。其间女性并没有自我价值，她们拥有的只是交换价值。因而女性对失去婚姻的恐惧性远远高于男性。为了让自己在婚姻关系中处于不败之地，就要牢牢占据属于女性的领地，凸显属于女性的性别特征。女性在自我主体价值难以确证的情况下，进而衍生出成功恐惧和替代成就心理，久而久之，被异化的性别反倒成为女性的一种防御机制，成为自己不能获得应有权利，不能合理定位身份的借口。

一、成功恐惧带来对学术人身份的回避

1968 年，美国心理学家霍纳(Matina S. Horner)通过实证研究发现了一个令人惊讶的现象。女性对成功有一种恐惧和焦虑，不同程度地存在着避免成功、害怕成功的动机(motive to avoid success，MAS)，这种现象被称为"成功恐惧"(fear of success，FOS)。其含义是，妇女往往认为自己的成功必然伴随有消极的结果。与男性相比，女性不仅要承受"失败恐惧"，还得面对"成功恐惧"。由于预见到成功可能产生的消极结果，个体在今后从事类似的活动中，有可能放弃积极行动，改为消极应付行为。霍纳进而指出"成功恐惧"的几个特征：有成功恐惧的女性的比例远远大于男性；成功恐惧对所有的女性具有不同的影响力，成就动机越高或能力越强的女性，成功恐惧越强；越是在竞争性强的情景中，女性越容易产生成功恐惧。若面对的对手是男性时，这种现象尤甚。

霍纳认为，女性对成功的消极结果主要有两个方面的预判：一是怕失去女性形象，二是怕被社会拒绝。女性的成功意味着在竞争中胜出，竞争暗含进取好胜的"男性"特征，女性对竞争的参与意味着女性"不像女性"，女性在竞争中胜出意味着在"男性的领域打击男性"。女性形象与成功"水火不容"，女性在事业上越成功，越独立，就越担心会失去女性形象，成为失败的母亲或者失败的妻子，被社会拒绝。

中国借鉴霍纳的设计，开展过类似的成功恐惧研究。庄淑芳和陈彰仪(1994)对已婚职业妇女的成功恐惧研究中发现，夫妻皆趋于现代的妇女在成功恐惧的五个向度及整体态度上，普遍较妇优组、夫优组或夫妻皆趋于传统的妇女低；妇优组的妇女在成功恐惧的几个向度上高于夫优组的妇女。"妇女个人性别角色态度的传统性与其对成功恐惧的整体态度及各个向度均呈显著正相关，亦即性别角色态度越传统的女性其成功恐惧倾向越高，而妇女知觉到丈夫的性别角色态度越传统，则妇女所受成功恐惧的困扰越大。"(迟新丽，2008)1998 年，中加项目"女大学生发展与教育课题"心理组借鉴霍纳的故事投射研究方法，辅之深入访谈法,对 214 名中国大学生进行了成功恐惧倾向的实证研究,研究结果发现,成功恐惧存在显著的性别差异。事业成功与家庭美满具有同样的强度和同样的吸引力,但对女性而言,成功与幸福常常是相互排斥、不可兼得的。当面临取舍时,女性会产生复杂激烈的心理冲突。解决这种冲突的方式通常是放弃成功,保全婚姻幸福。

在访谈中,T 教师多次强调自己"没有什么追求"。

"我是 1984 级的大学本科,以前读大学时,我们寝室是最好学的寝室,早上 6 点钟大家就跑到教室去背唐诗宋词。当时一个寝室有一种文化氛围,有的寝室喜欢打毛线,有的喜欢做饭,我们寝室是最用功的。我们年级女生考研的共有五六个,我们寝室就占了 4 个。在那种氛围中我都没想过读研。觉得好瓜(四川话,'傻'的意思)哟! 那么辛苦。

其实我原来是没有追求的,一点追求都没有。我大学刚刚毕业时,我先生就建议我考研,我说:"哪个考哟? 好瓜哟! 那么辛苦。"可能我不知道是受家庭教育还是什么,完全没有追求,觉得毕业后有个工作,轻轻松松,当时主要还是想轻松,没有事业追求,我们那一届考(硕士)研究生的人数很少,考取(硕士)研究生的就更少、只有 3 个。

其实我不是女强人类型的,我更喜欢随遇而安。我先生经常批评我太随性了,任何事差不多就可以了(略带微笑)。"

"成功恐惧"是男权文化下女性发展的深层心理障碍。社会文化规定了性别角色,传统的女性角色却与成功的社会角色相差太远,女性成功则不像女性。当女性面临着保持女性形象和发展才能之间的冲突时,面临着个人事业发展可能威胁家庭的和谐与完整时,为了减轻自身的内心冲突,为了避免家庭危机,女性不得不压抑她们的成就动机,降低自己的成就表现,通过掩饰自己的能力或放弃事业上的发展来缓解这种矛盾,降低自己内心的焦虑与恐惧。

与此同时,部分女性同社会性别文化抗争所付出的"代价",对女性群体具有一定程度的负向和警示作用,也加剧了女性对成为社会性别规范挑战者的恐惧。T 教师和 H 教师谈到这种典型事例时,其言语之中充满了同情与遗憾。

"我的同学里面离婚的也不少,有因为女性要求个人的发展导致的(家庭)破裂。这种有好几例。自己想发展,管不了家,导致了一系列的矛盾,最后分崩离析。这种(事情)对双方来说都是不幸的。女同学到现在一直都是单身。"(T 教师)

"曾经有个女性朋友,为了自己的欲望或者说野心,忙于工作没顾上家,她丈夫的发展因此受到影响,对娃娃教育也有所欠缺,她由此衍生出一种罪孽感。"(H 教师)

二、替代成就获得家庭人身份的满足

高校女教师的群体逻辑认为，无论她们如何努力也很难达到与男教师相同的发展水平，更何况这样做还面临着家庭破裂、生活不幸的风险。她们释放出的文化心理在其他地方派上了用场：比较子女的成就和丈夫的成就。受传统性别文化的规制，女性结婚后自发地降低了自己的事业成功欲，将自己的生活空间限制在家庭，将家庭的幸福视为最大的幸福，或者唯一的幸福。为了追求这种幸福，放弃了自身价值的追求，在家庭的和谐、子女的成才中获得满足感和成就感，以此释怀自身在事业和个人发展中的失意。

"很多情况下女性会为丈夫的发展做出牺牲，同时会在丈夫的发展中获得成就感。如果她丈夫取得了成就，在一定程度上，社会就可以将其等价换算为这个女性的成就。那么，在男性身上是否也存在这样一个换算规律呢？（犹豫片刻后自答）但男性更偏向于，女性的成就会给丈夫带来压力。这一点在我丈夫身上，我能够感觉到。我曾经问过他，如果我继续在国外做研究，他愿不愿意辞职来陪我？他说不愿意，因为对于男性来讲，脱离了他的圈子，脱离了他的社会成就感，是非常难过的。他就问我同样的问题，我愿意不？我就说我愿意，因为这些东西我可以放得下，不是那么在意，如果他的发展真的需要我，我就可以成全。所以我觉得很奇怪，这是社会不成文的规定，大家都认可的东西，女性你就放得下，也应该能够放下。女性就能够做出（放弃自己事业）这样一种选择，哪怕女性还发展得好一些。但作为女性，如果我要求他放弃就感觉自己是不是有点自私？为什么女性能够做这样一种（放弃）选择，哪怕相比之下女性还发展得好些？"（H教师）

女性牺牲自我、成全家人的做法隐藏着极大的风险，无异于赌博。一旦婚姻解体、家庭破裂，女性就会产生强烈的挫败感，往往一蹶不振，失去生活的信心和勇气。正因如此，女性维护和经营家庭的信念更加牢不可破、坚不可摧。为达到这一标准和要求，不少高校女教师不得不将大量的精力和时间耗费在操持家务和照顾孩子身上，并为此做出牺牲。在接受访谈的女教师口中，重复最多的词语是"成全"和"牺牲"。H教师谈到她母亲年轻时把所有的希望寄托在孩子身上时，这样说：

"从她们（我妈妈）身上就明显感觉到，她那个年代选择了牺牲（其实她有着非常强烈的事业心），她觉得把我培养出来了，也是她的成就。对于那一段牺牲，她还是觉得很值的。"

R教师的家庭是典型的知识分子家庭，尽管她的母亲为了她父亲放弃了自己的事业，但父亲所取得的成就在一定程度上缓解了母亲的失落。

"我妈对我爸的成功还是很自豪的。我们一家人都沾我爸的光。因为我爸的工资高,除了支付生活开销以外,还可以买书。他也很喜欢买书,家里有两间房,到处都是书架,有一个储藏室,全部用来储藏书,从上到下全是书。我爸妈的工资可以养活我们家,还可以养我奶奶和我外婆两边的家。我爸特别低调,虽然成果很多,没显摆过什么,唯一显摆的就是把跟国家领导人的照片放在书架上。"

R 教师为孩子和家庭付出的时候,她的内心渴望得到承认和补偿,如同她的公婆一样。她不时用公婆的经历劝慰自己。

"我婆婆是很典型的中国女性,对人很好。她经常给我说,一个家庭就是男主外女主内,她也是这样做的示范。所以我老公他们三兄弟,结婚后都是女性做家务,男性在外面打拼。男性只管挣钱,他们会觉得,这是男性的责任感,把钱拿回家就是他对家庭做出的贡献,至于家务事嘛,那是女性的职责。他们三兄弟的家庭也都是这种模式。事实上,她的付出还是有回报,她的三个儿子都很敬重她,跟她的感情很深。"

女性追求自身的价值而不得,便转而依靠外在的价值来判定自身生命的价值,将自身的价值寄托、依附于他人(包括丈夫的成功、孩子的成才),通过家人成就替代自我成就,通过牺牲和付出来提升自我,这种替代成就感缓解了因自我成就未能达成而导致的失落。

三、性别防御造成公共人身份的退让

社会文化对人具有强大的规制力量,区分出男女不同的社会性别,并据此进行劳动分工和社会角色的划分,社会制度和秩序又按照社会性别标准和期待来配置,个体的身份唯有与人类文化规定的性别符号体系相一致,才能找到能够被社会接纳的性别身份和地位。中国传统文化主张"天人合一",认为男女生理构造的不同实乃天成,天意不可违,人们必须固守男女的天职。传统社会强调的人伦差序,投射到性别关系中就表现为男外女内的空间秩序,男尊女卑的等级秩序,男强女弱的行为秩序,这些观念深深地烙刻在中国人的骨子里,形成稳定持久的秩序感。一旦秩序感被打破,就会给人带来极大的心理冲突,不仅使破坏秩序的人惶惶不可终日,也让生存于其间的人们焦虑愤慨,群起攻之。因为破坏秩序破坏规则,就是对众人的冒犯。埃尔宾·戈夫曼(Erbing Gaffman)指出,人在行动时总是根据他对外在的解释和意义而采取行动,所以尽管对象可能是不客观、不存在的,只要人们赋予它意义,行动就会产生客观的效果。女性力图使自己的行为与社会价值判断体系及道德标准,与大部分人的行为方式、思维习惯保持一致性,这种"一致性"的获得能使人产生"本体性安全感"(吉登斯,2003),使其生活具有内在的稳定性和连续性。

　　作为一种制度体系的社会性别,已融入社会的意识形态和价值体系,表现为各种力量的权力运作和风俗习俗,以一种集体无意识的强大的惰性力量支配着女性的行为(杜芳琴,2001)。女性自出生起就处于男性文化之中,男权文化不仅不合理地降低女性的社会地位,而且还让处于不平等社会地位中的女性感到自我满足,自愿臣服于男性中心文化,心悦诚服地认同并身先士卒地示范。高校女教师虽对现代男女平等的文化思潮有所认知,但她们的这种认知与主流的传统文化相悖,为了避免强烈的内心冲突,她们身不由己、不由自主地默认传统性别文化。然而,作为高校教师,她们又不得不达到相关的学术要求和教学要求,这样的负担与家庭责任及其他社会负担一起强加在她们身上,她们遭遇的发展阻力就远远比男性教师遭遇的大。文化是一种惯习,文化的惰性表现就更为明显。在现代和传统两种文化的较量与争锋中,性别作为一种防御机制,反倒成了一种逃避困难,掩饰差距和安于现状的借口,起到了一定的调适作用。当谈到"如果可以选择,您愿意做男性还是女性"的问题时,R教师这样回答。

　　"还是做女性吧。咋说呢,男性体会不到女性的好。做女性也挺好的。男性世界太残酷了,女性世界要温情一点。这个社会对女性本来就很苛刻,女性混出来不容易,但是到我这个年龄段就安身立命了。我二十几岁的时候希望自己是一个男性,觉得为什么不是一个男性。现在就觉得女性有女性的生存之道,男性有男性的生存之道。"

　　人具有选择和行动的自由,但是人们也不可能作为一个完全自由的行动者而行动,因为选择总是受到我们所处地位的限制。作为行动者,人们总是根据所能获得资源的种类,在了解各种可能结果的基础上做出选择。如果我们违背了集体意识做出了与之不相符的选择,就要付出相应的代价。久而久之,个人在精神生活、心理机制中建立起使个人偏好与社会文化认同之间应有的平衡与自我约束。个人努力设法确认身份以获得心理安全感,也努力设法维持、保护和巩固身份以维护和加强这种心理安全感。在现实生活中,性别个人以性别身份实践某种性别角色的行为、满足某种性别期待,呈现某种性别形象,进行着"性别角色表演",于是,大多数女性不得不扮演贤妻良母,大多数男性不得不扮演事业男性。

第三节　高校女教师身份的观念重塑

　　文化必然是在时间的流动中存在并不断演化的。事实上,对男权观念、性别歧视的"习焉不察"和"视而不见",不仅普遍存在于学术探讨、理论研究以及教育教学等方方面面,还体现在日常生活当中。毋庸讳言,这些积习已经并继续构成着我们文化传统的一个非常重要的特征。为此,对这种充满男权观念和性别歧视的文化及其传统,无疑需要批判、拆解与重建。

我们在探讨高校女教师身份时,不仅要从性别角度去考察社会,还应从性别角度去审视我们所继承的人类知识,反省国人赖以生存和发展的文化环境,重构性别文化。笔者认为,无论是中国传统的儒家思想还是西方女性主义思想,在破解高校女教师身份困境上都有其局限性,基于中国妇女"解放"的特殊历史背景,应当促进中西方性别文化的对话,实现中国传统文化的现代转向和西方现代文化的本土改造,构建和而不同、价值无差的新型性别身份观。

一、中国传统文化的现代转向

在全球化和经济一体化浪潮中,当今中国正经历着复杂的社会转型,崇尚男尊女卑、男主女从、男外女内、男强女弱的传统男权中心文化正逐步失却滋长的土壤,在与现代文化与后现代文化不断的交锋与整合中力图寻求现代转向。

儒家历来强调和谐的思想,主张君仁臣忠,父慈子孝,夫唱妇随,兄友弟恭,朋友有信,这些内容虽然包含了人与人之间相互照应、和睦相处的伦理要求,但在一定程度上束缚了人性,尤其是作为人最基本的平等、自由权利的实现。传统文化中的性别和谐理念以往更多的是通过褒扬女性的奉献与牺牲,将女性置于卑下和顺从而得以维持表面的和谐,实际上具有严格的性别等级,而现代社会愈加注重女性的自由和权利,和谐的含义应当注入公正平等的思想。此外,儒家思想主张治国齐家平天下,家和万事兴,这一理念在过去单纯强调"母以子贵""妻以夫荣",宣扬女性对家庭的单方面付出,导致中国传统家庭中男性缺席、父亲缺位的现象。现代文化对此则提出直截了当的批评,认为不应当将女性捆绑在家庭中,将男性驱赶出家庭,而应当从人性深处来思考平等与公正问题,不仅仅在社会表层的收入、地位和身份名称方面用优美华丽的言辞对女性给予表扬和赞赏。

当代中国也应从传统文化中汲取灵感与源泉。在中华文化史中道家思想同儒家思想一样源远流长,贯穿了中国思想文化发展的始终。与儒家崇阳尚刚的立场形成鲜明对比的是,老子创立的道家尚阴崇柔,谓道是"天下之母"。《道德经》开篇即言:"道可道,非常道。名可名,非常名。无名天地之始;有名万物之母。""谷神不死,是谓玄牝,玄牝之门,是谓天地根。"谷神、玄牝代表着奥妙的母性和生殖本能,玄牝之门、天地之根均指生命之所从出者,体现的也是雌性的性别特征和生殖功能(贺璋瑢,2012)。道有至柔之性,柔弱能够战胜刚强。《老子》曰:"含德之厚,比于赤子……骨弱筋柔而握固,未知牝牡之合而脧作,精之至也。"又曰:"大国者下流。天下之交,天下之牝。牝常以静胜牡。以静为下。"牝、雌、母等阴性的事物都是对"道"的比喻和言说。

老子还常常用水来比喻"道",并且赋予水高度的赞誉。老子曰:"上善若水,水善利万物而不争,居众人之所恶,故几于道。居善地,心善渊,与善仁,言善信,正善治,事善能,动善时。夫唯不争,故无尤。"水是"上善",它滋养万物却不居功,具有七种善性,即"居善地,心善渊,与善仁,言善信,正善治,事善能,动善时"。英国汉学家李约瑟在评述道家思想时认为水是阴性的象征,现代社会的诸多问题在一定程度上正是文化中阳性因素借助于父权制过度发展而导致的,纠正的策略在于发扬文化中被压抑了的阴性成分,而老子思想就包含着这种成分(本杰明·史华兹,2004)。

老子崇尚阴柔,极为重视属阴的一类事物,对如柔、虚静、无为、处下等品性加以褒扬,并以此隐喻人类社会生活秩序的治理、两性关系的处理,主张阴阳对立统一,天地阴阳,既对立又统一,谁也离不开谁,互为本质。这种对立非对峙、对抗,实为对比中的独特性及各自的意义所在,由此创造的和谐之美(贺璋瑢,2012)。孤阳不生,独阴不长,阴阳互补,男女结合,乃是生命基本法则。老子的学说是对儒家学说的有力矫正,当代社会应当注重发扬中国传统文化中尤其是道家文化中崇尚阴柔、阴阳互补和谐的思想,树立性别互补、合作、和谐发展的观念,以此调节儒家观念中"重阳刚、轻阴柔"的社会性别偏差。

二、现代西方文化的本土改造

人类文化虽有差异,但都是共同的文明财富,相互理解、相互学习、取长补短是文化良性演进的基本规律。在文化交往过程中,最容易出错的就是盲目照搬。叶启政(2006)认为:"一个民族无法充分地吸收、理解和利用任何由外移植进来的知识,尤其移植自原本即具有高度异质的文化要素来源的知识。由于这种异质性,人们在运用已有的身心状态来理解、吸收、应用知识时,必然造成误解、误用或消化不良的情形。"

文化精华的提炼和借鉴都需要根据本地文化对未来社会发展的意义的审视,立足于享受本土文化的人们生存及其质量提升的要求。为此,照搬西方文化来改善自己是不可取的。当代西方女性主义思潮毕竟产生于西方相应的自然环境和社会背景,由于民族、地域、体制等各方面的差异,完全照搬引入中国难免出现水土不服。

西方女性主义在关注女性所受的压迫及探索女性解放的途径方面虽然做出了巨大贡献,但它所倡导的女性解放理论是在男女二元对立的基础上形成的,观点比较激进,主张通过激烈的变革消解或颠覆男权,把男女两性完全置于对立,这与中国文化讲究阴阳调和的思想是相悖的。中国文化不仅反对阳盛阴衰,也反对阴盛阳衰,既不主张阳压倒阴,也不赞成阴灭掉阳。此外,西方的人本思想以个体为本位,西方的政治体制建立在个性自由的基础上,与中国传统伦理文化以家庭为本位,自古以来将家庭伦理作为治国安邦准则、强调家国同构的理念大相径庭。因此,中国的文化研究不能陷入西化的窠臼,必须返回到中国女性的本土经验和历史语境中。然而,作为人类哲学的逻辑方法是相通的,西方文化自古便借鉴了许多东方的文化成果。古希腊便是东西方文化交汇的地方,其哲学和自然科学既是西方文化的源头,也是东西方文化交流的结果。

人类的文明与进步需要世界上不同民族不断传承和创新自己的文化,并不断汲取一切人类文明成果来丰富自己的文化成果。在当今世界全球化格局下,任何一种文化都不可能孤立于其他文化而存在,东西方文化相互碰撞、交流和渗透是一种历史的必然趋势。中华文化具有如水般的融合性与亲和力,以及海纳百川、有容乃大的包容性和气度。从佛教在中国的落地生根到五四时期对西方文化的“拿来主义”,再到马克思主义的中国化,外来文化如涓涓细流般不断整合、汇到中华文化的滔滔江河中,为中华文化不断注入新鲜的养分。

当代西方文化的重要成分之一的女权主义思想对我国传统文化产生了较大的影响和冲击。尤其是关于性别公正与平等方面的一些认识成果是值得欣赏的。我们应当从西方女权主义思想中汲取有益的因素,“譬如西方倡导并张扬的女性的个体意识、参与意识、竞争意识、拼搏精神,主张通过立法、利用法律保护女性的权利等理念,我们要采取鲁迅先生所谓的‘拿来主义’态度,使其成为建立先进性别文化的思想资源”(魏国英,2003)。女权主义的一些具体思想、方法及所倡导的一些观念等,也不乏值得借鉴之处,因此应当对西方现代性别文化进行本土改造,摒弃西方女性主义理论中性别斗争、性别对立的观念,将马克思主义妇女理论中强调生产力发展、政府占主导地位,西方女性主义中注重女性主体意识、主体精神的觉醒,以及主张通过立法保护女性权利等合理内核吸纳进来。

三、构建和而不同、价值无差的身份观

根据上述文化的分层方法,我们知道,文化的价值层来自文化深层结构,即观念层面对生命的理解。为此,只有认真反思传统文化中生命的性别特征才能校正我们对女性身份认识所出现的价值偏差。换句话说,性别平等的基础是性别价值的无差,只有作为男女性别基于生命的平等原点,现实社会中的性别平等才有可能实现。为此,当代社会应当树立尊重性别差异、消除价值差异的性别观,构建和而不同、价值无差的性别身份观,实现男女两性的真正平等与和谐共生。

马克思在《1844年经济学哲学手稿》中有这样一段话:“人与人之间的直接

的、自然的、必然的关系是男女关系①。性别关系贯穿在人类历史发展的全部进程中。和而不同的性别关系强调平等,且尊重差异,以两性共同发展为目标。它不以牺牲女性权利和机会为代价实现所谓和谐,也不以牺牲男性为代价,以女性取代男性成为权力中心形成新的不和谐,而是改变不平等的性别关系和性别分工,建立有利于两性共建共享的利益共同体,营造两性平等、协调、共同发展的和谐状态。"(马焱等,2008)

　　它不以孤立的女性解放和发展为目的,而是主张男性和女性的共同发展,立足于包含男性与女性在内的整个人类的发展;它不致力于男女之间的对立和抗争,而是将女性的独立自主地位建立在两性平等的基础上,促进两性在人类进步、社会发展中平等受益,共同进步(魏国英,2003)。它强调男女两性的人格和尊严受到同等对待,保障男女两性在社会、政治、经济、文化、教育和家庭生活的同等参与权,提倡公私领域中男女两性相互尊重、和谐相处、责任共担、共同发展。女性发展不能割裂"女性"的完整图景,应在两性和谐发展基础上,最终实现每一个人自由个性的发展(杨凤,2006)。

　　在主张和谐的同时,必须承认男女性别差异。李小江(2005)指出:"说到性和性别,不能回避'差异'这个词,性别差异先是自然和生理的,进而,更是社会和文化的,女权主义特别强调后者的作用。"要正视男女之间的生理差异,尊重和赞赏女性为人类生产作出的贡献,关爱女性,但绝不能把差异理解为一种缺陷。男女性别差异是大自然的设计,差异正是男女两性独特性和魅力所在、所有生命的意义所在,正是生命之间的差异为男女互补合作提供了人类生存和生活的必要和可能。差异也是社会造成的,不是固定不变的,在某种程度上,差异可能正是女性的力量之源,优势所在。德国哲学家费尔巴哈曾经说过,自然界的美全都集中且个性化于两性的差异上,这与费孝通所言的"各美其美,美美与共"有异曲同工之妙。人类社会既需要男性粗犷的阳刚之美,又需要女性细腻的柔和之美。正是男女间的这种差异性,构成了人类的生命力,彰显了大自然的和谐与美妙。正如在赞扬男性时,不能将女性置于被奴役的地位,对女性的颂扬也不必建立在对男性的贬抑之上,男性不因性别而拥有特权,女性不因性别而感到卑微。男女两性应当彼此尊重,相互欣赏,把原来等级化、对抗式、排斥性的性别关系转化为平等互补、合作型的性别关系,建立男女之间相互依存、不争高下,男女平等、和合共生的性别关系。

　　以往对男女平等的理解存在几个误区。第一,将男女平等误读为男女等同。认为男女都一样,忽略和抹杀性别之间存在的差异,根据男性的标准来要求女

---

　　① 《马克思恩格斯全集(第42卷)》,人民出版社1979年版,第119页。

性,否定和贬低女性所具有的性别气质和特征,认为女性只有向男性靠拢甚至同一,才能获得发展的机会,这样做造成的结果是"男女等同,女性不但没有获得解放,反而迷失了自己,看不到自己的真正价值所在"(丁慧,2012)。第二,错把差异理解为差等、等级。男性与女性有差异之别,却不应存在等级之分。差异不仅存在于女性相对于男性间,而且存在于男性、女性群体内部。差异本身是没有歧视和不平等的,只是当我们赋予差异以不同的价值时,不平等才出现。以往以男性为主体,以女性为客体来界定男女差异,将女性不同于男性的特征视为劣势、低价值甚至无价值的,从而在价值上对男女两性做出高低优劣的划分。第三,错将平等理解为结果平均,绝对平等。就人的权利而言,分为自然权利和社会权利。人作为自然人的存在,拥有自然的平等权,是与生俱来不能选择的,以人的尊严和基本权利为标准的无差别的完全平等,而人在后天个性发展过程中由社会、他人赋予的权利叫作社会权利,表征的是社会、群体、他人对你的认可程度,也是个人对社会关系的占有,体现着一个人在社会中的地位、声望等。这种平等是由人的自觉活动造成的,是可以选择的(车洪波,1999)。追求社会权利的绝对平等是虚幻、不现实的,这将使个人的责任、努力和贡献都无从体现,破坏社会的秩序和效率,就会造成另一种形式的不平等。真正现实的男女平等,是建立在差异基础上的相对的平等,正如艾德勒所说的"我们享受的平等"和"正义允许的不平等"(艾德勒,1998)。

　　在人类文化发展史中,女性要么被神化,要么被矮化,或尊为女神或贬为女奴,这都是被异化了的"非人"形象。女性首先是作为"人"而存在的,具有不可辩驳的人的本质属性与特征。男性和女性作为同一类生命体生活在这个世界上,尽管阶级、种族、民族、性别、国家等种种不同,但追溯到几万年甚至几十万年前,都来自非洲的同一个祖先,人与人之间从人格、精神、尊严、地位和价值上来说都是完全平等的。因此,无论生活在地球的哪个区域,其生命的同质性是无可非议的,绝不能以为传统文化所认定的女性身份低下就不可以改变,就必须承继文化糟粕所规定的女性第二性观念,就不允许对这种文化糟粕提出任何歧义。过去由科学技术落后所致的女性身份低下的文化价值意识,在今天应该得到澄清。女性在人类社会发展过程中的作用不可替代,男性和女性是人类社会中最基本的组成部分,应当正视彼此所不能替代的性别价值,更不能将某一性别的价值凌驾于另一方之上。既不能褒扬男性贬低女性,也不应抬高女性压制男性(丁慧,2012)。

第五章　高校女教师身份的文化制度层分析

> 一个公正的社会或制度应当能够保障生活于其中的每一个人不因自然禀赋和出身的不利而陷于发展不利处境，不受制于自身的天赋和出身，积极通过后天的努力，最大限度地实现自身的生命价值。
>
> ——约翰·罗尔斯

"身份源于社会，由社会制度型塑，并存在于社会情境当中。"(吴小勇等，2008)制度是人们彼此认可的某种既定行动模式，"是一种社会博弈规则，预先规定个体在组织中的位置及外界对其角色的观念和行为期待"(Jenkins，2008)，限制着人们的相互交往行为，是形塑个体身份认同的关键因素。约翰 罗尔斯(John Rawls)曾经说过，一个公正的社会或制度应当能够保障生活于其中的每一个人不因自然禀赋和出身的不利而陷于发展不利处境，不受制于自身的天赋和出身，积极通过后天的努力，最大限度地实现自身的生命价值。借用罗尔斯论证自由的话来说，在一个公正的社会中，有尊严的、平等自由的生命发展是确定无疑的，由正义所保障的生命权利不应当受制于政治的交易或社会利益的权衡(罗尔斯，1988)。正义否认为了一些人分享更大利益而剥夺或伤害另一些人的生命是正当的。即使是绝大多数人的生命价值的实现也决不能建立在对少数人生命价值的侵犯或损害的基础上，更何况是在这个世界上各占一半比例的男女两性。任何关于人的问题都包含一定的价值判断在其中，人的身份更不例外。教育是影响身份确认的重要变量，作为一种社会制度教育在维持和传承文化中发挥了举足轻重和决定性的作用，塑造着女性的身份定位。"教育产生着身份，或者至少是制造着身份认同。"(阿尔弗雷德·格罗塞，2010)

第一节　教育制度对女教师身份的型构

罗尔斯(1988)认为："制度的首要价值在于正义，人类社会的所有制度安排都必须保障人的平等自由地位,限制并调节一切阻碍人的平等自由权利的不平等。这又表明,能否保证公正是制度设置是否合乎正义的关键。"他同时指出:"一个正义的制度,必须形成自我支持的美德力量,这意味着它必须这样被安排:使它的社会成员产生相应的正义感,以及为了正义的理由而按照它的规范行动的有效欲望。"(罗尔斯,1988)教育是人类特有的文化传递制度,有着其自身的形式、手段和工具。从社会总体上看,教育是一种社会制度,它不仅是社会中的一个组成部分,也是文化系统中的一个动力子系统。从社会个体来看,教育是人的复杂社会生活的一个组成部分,是人的社会生活系统中的一个子系统。文化是人类社会的本质属性,传播是文化的本质,也是教育的存在。对社会来说,社会文化必须传承,否则社会生活就无法维持和发展。对个体来说,不接受、继承社会文化,个体就不能适应社会生活。换句话说,对个体而言,文化不是先验的,而是后天通过教育习得的。从教育的角度上看,文化作为一种社会历史存在的结果,不仅是社会的一个组成部分,也是教育的一个组成部分,教育就是对文化进行认定、筛选、固定和传承的过程。为此,性别文化也是通过教育来认定、筛选、固定和传承的,其方式可以从家庭教育、学校教育及隐含着教育意蕴的所有社会活动中来考察。

一、家庭教育对性别文化进行代际传递

人最初通过文化来告知我们的社会身份,从而了解并融入社会。随着年龄增长,文化使我们一步步理解身份,并通过各种渠道和符号来认识自我,达到社会化。在这一过程中,家庭是社会文化的最重要的中介,是个体认识自我的首属群体。男孩、女孩一出生就被置于性别界限分明的社会文化世界中,接受差异化、性别化的教育,从而成长为具有社会特定意义的男性、女性,这并非单纯生理意义上的男女之别,而是作为社会成员的社会性别身份之别。

自古以来我国的家庭教育就带有深刻的文化烙印,是一种典型的性别教育。古时候自孩子出生,就给予男孩和女孩不同的服装和玩具。据《诗经·小雅·斯干》记载:"乃生男子,载寝之床,载衣之裳,载弄之璋。其泣喤喤,朱芾斯皇,室家君王。乃生女子,载寝之地,载衣之裼,载弄之瓦。无非无仪,唯酒食是议,无父母诒罹。"从寝地、服饰到玩具都会予男孩和女孩区别对待,给予截然不同的待遇,赋予不同的角色期待。男子弄璋表达了对男子未来获取功名的期待;瓦是纺轮,象征织丝麻为衣裳,女子"弄瓦"即规定了她们成年后的从业范围。类似的记载也出现在《礼记·内则》中,"子生,男子设弧于门左,女子设帨于门右。三日,始负子,男射女否"。郑玄注说:"设弧设帨,表男女也。弧者,示有事于武也。帨者,事人之佩巾也。"《礼记·射义》亦云:"故男子生,桑弧蓬矢六,以射天地四方。天地四方者,男子之所有事也。"这里的设弧、设帨、桑弧蓬矢,不单是两性自然分工的体现,更在于其象征意义,目的是对未来的两性活动、价值判断、行为模式加以规范。

父母对儿童的性别塑造通过服饰、语言、玩具和行为方式等完成,儿童由此获得对性别的理解,很早就从父母的行为习惯要求中习得了性别角色和相应的性别观念。他们在婴儿期尚不具备表达喜好的能力时,就已经被这些带有典型性别标签的文化符号所包围。这对儿童的性别文化内化产生了深刻影响,他们不自觉地选择社会认可的性别文化进行身份认同,因为任何跨越性别界限的行为都是不受欢迎和鼓励的。"个体生活的首要任务就是对他所属的社群传统上手把手传下来的那个模式和规则进行适应,从呱呱落地伊始,社群的习俗便开始塑造他的经验和行为。到咿呀学语时,他已是所属文化的造物。而到他长大成人并能参加该文化的活动时,社群的习惯已是他的习惯,社群的信仰就是他的信仰,社群的戒律亦是他的戒律。出生于他那个群体的儿童都将与他共享这个群体的习俗。"(本尼迪克特,2009)

一个社会有什么样的文化就有什么样的生存方式,一个社会对女性有什么样的职业期待便有什么样的职业选择。从高校女教师的职业选择来看,大多受到了家庭重要成员,尤其是父母的影响。现在的 H 教师庆幸自己成为一名教师,但她当初填报大学志愿时的首选却并非师范类,选择师范类只是在未考上医学院后的无奈之举。

"我以前一直准备考医科大学学医,家里把路都给我规划好了,我高考报的重庆医科大学,结果当年高考改革是先填志愿,后公布分数线,我预估自己怎么都能考上,结果那一年重庆医科大学分数炒得很高(没能考上重庆医科大学的医学专业),只上了华西医科大学公共卫生专业。我认为这个专业不是特别好,结果就没有去。后来就考到师范大学来了,倒是也挺好的。我现在给我妈说,当老师挺好的,看到学生一个个生气勃勃的。

我本科毕业后也考虑过到检察院上班,但是与家里商量时,感觉从专业来看发展不是很好。我本科是计算机专业,到检察院也就是到信息中心之类的地方。这种情况下,父母觉得多读书总是没有坏处的,就鼓励我去考了研究生。毕业后,我就这样进了大学工作。"

H 教师原本是想成为一名作家,她希望有朝一日能够把自己的生活经历以小说的形式记录下来。

"我曾经想过能不能以第三人称,以小说的形式把我的这些故事写下来。只是我真的不知道如何写小说。之前莫言得诺贝尔奖,北京师范大学不是成立作家班吗?我真的很想去,不是开玩笑(强调的语气),很想去学一下写作。小说来源于生活,高于生活。你会发现,人生中有些东西是复制的,上一代人经历的问题在这一代又经历了,可能事件都一样,遭遇的问题都一样,但是社会背景不一样了,语境不一样,选择方式不一样。"

R 教师的父母都是教师,她是在父母的耳濡目染下走上教师这条路的。

"我爸妈都是老师,以前我爸是搞生物的。小时候我很羡慕我爸,穿着白大褂,在显微镜下工作。但我高中化学不好,经常五六十分,我爸就说,(以这个成绩)你考不起好学校,干脆就转成文科吧。我妈天天都跟我们说,女性一定要独立,自己养活自己。"

R 教师就这样选择了师范学校的师范专业,大学毕业后顺理成章地被分配到中学任教。教了 8 年中学以后考取硕士研究生,毕业后留校任教。

T 教师则是阴差阳错地考入师范院校,从而踏入教师这个行列的。她清楚地记得母亲的一句话:"女娃娃嘛,要不当老师,要不就当医生。"

"我当初之所以会进入师范院校完全是(因为)父母填的志愿,我第一志愿是山东大学,因为我老家是山东的。第二志愿是四川大学,第三志愿才是师范大学。当时的高考政策只要填了师范院校就提前录取,就没有其他机会了。因此我们班大量同学被录取到四川和重庆的两所师范大学。我读高中时比较糊涂,父母帮填的志愿。我妈特别想我当老师,或者医生。她觉得老师和医生对于女生来说都是比较好的职业。我姐高考没考上就当兵了,后来在部队里考上军医,当了医生。"

芭芭拉·罗高福(Barbara Rogoff)认为:"人们在参与文化活动中获得发展,文化活动本身也由于人们的代际介入而发展,每一代人在与其他人进行社会文化活动时,会运用和拓展从上代人那里继承的文化工具和惯例,人们通过共同运用文化工具和惯例而发展,同时人们也促使了文化工具、文化惯例以及文化机构的转变。"(黄瑾,2009)家庭教育有意或无意地延续和维持着男权文化,除了职业选择,长辈们还用自己的生活方式影响着下一代的婚姻,有时候甚至直接将人生经验悉数传授。R 教师认为自己的妈妈属于很传统的老一辈知识分子。

"我妈就树立了这么一个典范,全力以赴地照顾家庭。我爸事业心太重,我以前没怎么在家里见到过他人,我妈把家务事全部包完。所以现在我走我妈的老路,一点也不稀奇。其实我妈还是一直有事业心,但是要拿我和我姐的前途交换,她不愿意。其实我妈还是有遗憾,好多事没干成。她非常喜欢她的专业,她的理想是搞孵化,本来想退休后弄一个养殖场,搞优质孵化,牛的孵化、鸡的孵化。但是我爸退休后又被单位返聘,她不得不回去照顾我爸。因为我妈一走,我爸全部吃方便面。她说:'作为女性,你首先是要把孩子教育好。没孩子之前,你应该把自己经营好,奔自己的前程,有孩子之后,就要以孩子为重。所以你要权衡,就必须做出决定,为了孩子你不能只顾着去成全自己的那一点梦想和野心。'虽然我是心不甘情不愿,还是只能照着这个模式去选择。作为女性来说,家庭和孩子你必须考虑,这是我妈从小给我的教育。"

H 教师的妈妈极为担心女儿的婚姻,认为没有小孩的婚姻和家庭是不牢固、不稳定的。当谈及她的母亲是否给她施加压力时,她说道:

"噢,我妈岂止是无形地施加压力,她甚至会直接给我讲道理,比如:你想一下你们年龄好大了。其实我没觉得自己多大!(笑)。我告诉你,没有子女的婚姻是不稳定的,男性耗得起,女性是耗不起的哟!她会不断地强调男性和女性成功的成本是不一样的,反复强调。而且她还经常谈到,一旦结婚就不要去想离婚。她认为对于家庭来说,这是一种耻辱。哪怕是苟活在一起,只要能将就就要将就,你不能有追求自己的生活的想法。她经常跟我灌输这样一个思想和观点。她还经常谈起周围人的经历,比如谁谁谁为了追求爱情,谁谁谁为了追求生活的激情等,结果你看下场如何嘛!她经常举这些例子。有些观点我能接受,有些观点我可能会听着不反驳,但并不能接受。她认为你应当认同,从她的人生经历和价值判断来说,这就是不好的事情。"

可见,家庭教育以言传身教的方式对女性的性别身份进行着代际传递,是每个人都不可逃脱的潜移默化的文化形塑过程,性别意识便由此成为每个人人生道路的起点。

二、社会教化潜移默化地支配人的身份

个体是以性别、民族、种族、阶级、阶层、职业等多重身份进入社会关系的。这些身份是在个体社会化过程中获得的。性别文化镶嵌在文化体系之中,以无形而又无所不在的力量塑造着个体的性别身份(韩贺南,2013),让人不知不觉地承认社会给自己划定的身份地位。从个体社会化的角度来看,与性别相关的文化价值意识一方面规定了社会习俗、社会规则,成为个体社会化的重要内容,另一方面又通过这些习俗、规则来形塑"有性别的人",使其承认并将自己的身份归至文化使然的等级之中。

社会习俗、社会规则及社会文化环境等构成的社会教化是一种隐性的教育机制。社会既定的观念、习俗、规则都是通过文化构筑起的现实社会机制来进行其教育和规制个体人的工作的。个人在精神生活中逐渐建立起使个人偏好与社会文化认同之间应有的平衡与自我约束。在剧烈动荡社会中,个人处在偶然性、不确定性、有限性中,更需要普遍的文化原则,更怕自己立场站错,被排除在共同体之外,遭到主流舆论的抛弃、唾弃、打击。社会文化引导着个人精神文化生活的内容及程度,它要求个人实现自律,其思想、语言、行为、情感、表达的内容与形

式都必须在社会所能认可的范围之内，以防止个人的思想行为对他人及社会的思想文化造成损害。在一个男性主宰的文化背景下，面对其社会，女性就显得那么的纤细，那么的微弱。

在通常家庭中，一旦夫妻间职业发展出现冲突，多是女性不由自主地选择放弃，这种放弃有时候甚至没有抗争，反而得到了心理满足和社会认同，产生所谓的"适应性偏好"，即人们通过调整自己的偏好以适应社会和文化常规规定的正常或可接受的内容，个人认同并接受现存的社会精神信仰、意识形态，并力图使个人思想意识及各方面的职业规范符合现存社会价值判断体系和文化及道德标准。

社会文化价值通过各种社会规范对女性竞争意愿具有强大的改造功能，由H教师的谈话中可知一二。

"我有一些表姐，她们虽然谈不上嘲笑，但是完全不能理解我的生活。她们认为女娃娃做个美容、美甲，每天把自己打扮得漂漂亮亮的就可以了，事业上不用有太大追求。直接说，你能有多大个追求，难道你还能当你们单位的一把手啊？"

社会文化强大到一定程度就会产生性别支配。每个人在进行所有的社会性实践时，都不得不把自己作为"女性"或"男性"的一面展示给众人，因为既非"女"又非"男"的存在是不被认可为一个正常的社会成员的，不能被社会大众所接受。这种"支配"最终可以定位为，"性别化"了的个人在社会实践中，能够供其选择的选择项范围是依这个人"性别"的不同而不同的。通过明显限制个人在社会实践中能够选择的选择项范围来侵害个人的自我决定权，亦即，一个被"性别化"为"女性"的个人在其社会实践中，她能够选择的选择项范围被限制，甚至到了其自我决定权被侵害的地步（江原由美子，2002）。H教师读完硕士继续读博士，读完博士又出国去从事博士后研究，她在谈起自己的处境时心有余悸地说：

"如果像我这个年龄还没结婚，唉……（叹气）我估计我父母都不想让我回家了，他们肯定觉得丢不起这个脸！我妈妈在医院工作，爸爸在政府，属于社会交往比较多的职业，熟人碰到就会问：'你们家女儿怎样？'我妈妈就会觉得有社会压力。她又把压力转嫁给了我。在她身上，你可以看到上一代比较典型的受传统观念影响的中国女性对成功的定义，她对于女性所承担的社会价值和社会期待的定义和我的不同。说实话，她们是不认同我这样的生活的。"

"个体的认同部分是由他人的承认构成的，如果得不到他人的承认，或只是得到他人扭曲的承认，也会对自我的身份构成显著的影响，就会遭到实实在在的伤害和歪曲。这就是说，得不到他人的承认或者只是得到扭曲的承认，能够对人造成伤害，成为一种压迫形式，它能够把人囚禁在虚假的、被扭曲的和被贬损的存在方式之中。"(查理斯·泰勒,2003)正如江原由美子(2002)所说:"被'性别化'了的个人在受到限制的选择项内试图做出对自己尽量有利的选择这一行为本身,又再一次产生了由'性别化'或'性别'导致的对选择项的限制。"当社会成员想令自己的社会性实践在现实中成为有效的,而且是有利的社会性实践时,有关性别的社会性知识便构成了他们必须去考虑的社会性、状况性条件。"'性别支配'也作为这种社会性、状况性条件的一个'装置',已经被嵌入了社会之中,也就是说,也已经被'装置化'了。"(江原由美子,2002)

C大学正门的主大道两侧矗立着古今中外伟大的男性人物雕像;某学院学术报告厅四周白墙上全部悬挂着知名专家学者的照片,无一例外都是男性;学校偌大的校史馆里没有一张女性领导者的单人照片。在这样一个女性群体占着绝大多数比例的组织里,女性却找不到一个示范榜样,这些都无不彰显着男性的优越。

第二节 高校女教师自我身份建构的权力博弈

美国历史学家琼·斯科特(Joan Scott)认为,社会性别是一种基于可见的性别差异之上的社会关系的构成要素,是表现权力关系的一种基本方式。基于社会整体的性别不平等的事实,女性在缺乏足够的能力去抗衡不平等的权力格局,也没有足够的社会资源去发展自己之时,就会形成一种权力妥协。从高校女教师在社会权力与家庭权力、决策权与事务权、学术权力与教学权力的博弈中可以看出女教师个人的主观能动性是如何与制度化的体制进行交锋和形成妥协的。

一、让渡公共权力,把控家庭权力

在事业与家庭的两难中,女性倾向于让渡公共权力,将家庭权力牢牢地掌握在自己的手里。杨菊华(2014)在解释女性承担家务劳动问题时,提出女性策略理论,她认为:"在两性社会劳动参与'外—外'格局早已形成,但父权制度依旧主宰公域的资源分配和私域的权力关系的宏观和家庭背景下,女性可能将家务作为一种资源,以分担更多的家务作为经营婚姻、维持家庭和谐的一种策略。"地位较低的女性,希冀通过做好家务而得到"治家有方"的认可和肯定,进而维系夫妻关系,维持自己在家庭中的地位;对于事业上较为成功的女性,她们也需要处理好家庭事务,平衡家庭和社会之间的关系;同时,通过做更多的家务干好"分内之事",表现出对丈夫应有的尊重,以减轻丈夫的心理压力,亦避免因事业上的成功而可能产生的对家庭的歉疚感,也才能更好地获得家庭对她们在社会上打拼的支持(杨菊华,2014)。

女性对家庭事务的承担和对家庭权力的掌控,一方面源于女性的不安全感,女性在婚姻中处于弱势,离婚的风险更大、成本更高,故而她们必须小心翼翼地、主动地经营婚姻。女性在家务上的付出与承担是维持夫妻关系、增进夫妻情感的有效途径,有助于防止丈夫离心离德。另一方面,女性社会权力的微弱也迫使女性牢牢掌控家庭权力。权力是一个男性荷尔蒙色彩浓厚的字眼,女性如果过分追求事业成功、追求社会权力,会被人们视为野心勃勃,不仅与女性气质相悖,还意味着对男性权力的挑战,会由此而饱受非议,因此只能退而求其次,追求对丈夫和对家庭、对子女的控制。这样做的结果既能获得美名,又能获得实惠,在家庭中获得掌控权。男性也正好乐得其所,不承担家务,与男性气质是相吻合的。因此,女性一边口口声声喊忙嚷累,一边却享受着对家庭和男性控制的满足感。一旦失去这种权力,就会感到失落。与此同时,如果这种权力平衡有所打破,也会给男性带来不安全感、不确定感。H教师谈道:

"我老公曾开玩笑,也不知道他是不是认真的,说道:'早知道我不该让你去读博士。读了博士以后,我们在思想观念上越来越说不到一起了。'言下之意是,以前我可以蛮好地控制你,但是现在控制不了了。'我不知道用控制这个词好不好,或者是以前对你整体有一些把握,现在却在意识形态上看到了一些差异。读了博士以后,你的思路好像打开了,你的视野大大地打开了。'他说:'以前你跟在我屁股后面屁颠屁颠的,现在你不仅跟我齐头并进,而且有时候感觉成长得比我还快。'

这两年我丈夫觉得我变化很大,主要是能力方面。比如独立性,良好的组织能力、规划和决策能力等,我估计他说的是这些。我自己倒不觉得,但他觉得我以前是一个经常听取他意见,向他要主意的人,但现在我自己有主意后,可能会知会他,但不需要他拿主意就能把事情做好。我感觉他有这种压力。"

所谓女性天生擅长家务、烹饪和带小孩,不过是传统文化的浸润与女性自我身份认同的结果,这种身份认同将女性限定在家庭空间内部,经过代代相传,女性在此领域久而久之具有一定的知识优先权和占有权,依仗对日常生活知识的控制,使男性对家庭和对妻子产生强烈的依赖感,由此家庭更加具有凝聚力,家庭得以运行和稳固。

"我妈是第一批大学生,属于老知识分子,很传统。她给我说:'作为女性,首先要把孩子教育好。没孩子之前,应该把自己经营好,奔自己的前程;有孩子之后,就要以孩子为重。所以你要权衡,就必须做出决定,为了孩子不能只顾着去成全自己的那一点梦想和野心。'"(R老师)

女性在丧失了社会发展的同时,接受了将自我限定在家庭这一空间内,在对社会权力放逐的同时转而对家庭权力牢牢掌控。女性"拒绝"让男性参与家庭事务、家务劳动,从最初的不情愿走向自愿,尝试运用家庭知识的优先权与控制权掌控家庭、掌控男性,最终获得成功,形成了丈夫及孩子对妻子或母亲的依赖,凸显了女性自身的重要性,从而使家庭稳定性得以巩固。在家庭中获得掌管家庭的实权,以此消解事业方面的失意。

二、让渡决策权力,掌握事务权力

即便是在女性具有知识优势和控制权的私人领域,男性仍在家庭实权尤其是家庭重大事务决定权上拥有显著的优势,而女性则较男性掌握更多的日常家务决策权。研究发现,妻子在日常家庭事务中的决策权高于丈夫,而在重大事务的决定权上其权力天平则更多地向丈夫倾斜(陶春芳等,1993)。王金玲(2009)对第一期和第二期中国妇女社会地位调查的相关数据进行分析认为,夫妻平权是家庭权力格局的基本态势,但夫权与妻权相比较,则呈现夫权强于妻权的基本格局。夫权和妻权有着不同的权力区间及占有量和控制度,如妻权倾向于日常家庭开支决策和夫妻性生活实现,凸显家庭个人/私人事务领域;夫权倾向于家庭重大事务决策,凸显家庭整体/公共事务领域。

R 教师在谈到她们家"谁说了算"这个问题时这样说道:

"我们家教育孩子的事情我说了算,其他的事他说了算。比如买大件他说了算,财权也是他掌管。教育小孩的事他一般不干预。我这个人特别没有掌控欲望,他也是如此。他要做什么事,我不会强求他改变。我要做什么,他也不太干预。我负责孩子,他负责其他。我们目前买了两套房。在买家具时出现过一些分歧,但我从来不说一个字。他装房子,我也没去管。装修房子、买车子,这些都是他做。买菜、做饭都是我。炒菜其实他炒得更好吃。我们俩都不太斤斤计较。我给自己定的原则是:他干的事,我就不去指手画脚。有时候女性的累,是自己找的。但是教育孩子的事,我就不让他管,他也认可我的教育。"

T 老师家里的情况比较类似,生活中的琐碎小事也都是由 T 老师管,重要的事情则由丈夫决定。

"我先生他基本上不管娃娃,但是他有个特点,只在关键时候管。这个也算是我们之间一个没有挑明的分工。如果他意识到娃娃会出大问题,或者大方向要走错的时候,他就会很严肃地批评。有一次,具体事情记不清楚了,好像是娃娃的行为习惯不太好,以前他从来不打娃娃的,结果他打了娃娃一巴掌。在升学的时候他也要介入。我女儿一直在学画画,老师说她很有造诣,设计很好,色彩感很好,将来可以当一个很好的画家。她自己的理想就是想当一个美术史上留名的画家。她画画获了很多奖,包括获了一个国际奖。当时四川地区只有她一个人获这个奖。她一直想走画画这条路。我们觉得只要娃娃喜欢,我们也尽量给她创造条件嘛。我女儿的成绩也很好,初中毕业时分数考得很高,考入成都七中理科重点班。她一直想报考中央美院,我们打听了一下,中央美院基本上招文科生,只有很少的专业招理科生。为了这个,她高二的时候打算从理科转到文科。当时转方向的时候我没在家,出去开会了。她和她爸在家里商量了一下就决定了(笑)。第二天就通知老师,从理科实验班出来到了文科普通班。你想想,在成都市最好中学的理科实验班,本来顺顺利利地读下去就可以考一个很理想的大学了,就这样轻而易举地转出来了。当时我觉得很郁闷,我管了娃娃那么久,他们两个都不问问我的意见,就做出了一个这么重大的决定(笑)。"

T老师在叙说中强调了几次"我管了娃娃这么久了,居然不征求我的意见就做了决定"。为此,她在自己的博客里写下这一段经历,记录了内心隐约的不安感。若干年后她在谈起这事时仍有些哭笑不得。父亲在孩子的心目中似乎更有权威,负责与孩子交流思想、做重大决定,母亲更多的只是打理生活琐事。

"女儿跟他爸的观点一致,觉得我比较笨。经常教育我(笑),觉得我没有她聪明。她觉得与爸爸更好交流,很多大的问题都是跟她爸爸交流,特别是大学后学术问题都是跟她爸交流。一些问题在餐桌上进行争论,或者看电视看到一个问题就要问爸爸。她爸爸虽然平时管得不多,但对她影响很大,所以妈妈比较可悲,虽然吃喝拉撒管完了,有时候还抵不过人家一句话。

(她反思道)是不是中国娃娃从小可能就习惯了,跟妈妈交流生活琐事,变得(对妈妈)很不耐烦了。我觉得好像与娃娃习惯成自然的不是思想交流,基本都是生活琐事。有一次她学习下滑很厉害,一落千丈,她爸爸出面,很严肃地跟她谈话。直到现在她都很敬畏她爸爸,爸爸有一种威严感。"(T教师)

家务劳动或许更像是原本处于资源弱势的一方争取权力的一种不得已的方式,但其换来的权力是有限的,也并不能带来真正意义上的家庭实权的增长。李静雅通过研究认为,尽管家务劳动可以获得某些家庭事务决策权,但在教育程度或经济贡献相同的情况下,家务劳动越多者的权力则反而更弱,这再一次说明了在如今大多数夫妻经济收入和教育程度相当的家庭中,女性作为家务劳动的主要承担者却依然是权力的弱者的事实,女性以家务劳动为资源的投入和付出换来的权力只集中于家庭日常事务上,且并不意味着女性作为家务劳动的主要承担者可以获得真正的家庭实权,由此可见传统性别观念和文化规范对两性夫妻权力关系的影响之深(李静雅,2013)。

T教师言谈中充满了对丈夫的崇拜之情。丈夫比她年长十余岁,在她的生命中具有人生导师的意味,经常对她的职业发展提出建议,对她的事业发展有直接的影响。

"他经常告诉我,听丈夫的话还是不一样。他在我生命中有导师的味道。毕竟他比我大那么多,阅历丰富些,看问题要到位些,即便当时我不一定认可。

我之所以走到现在,我先生可能对我的影响还是很大。他一直那么坚持地做学问,我是比较随遇而安的,并没想过要怎么样,一直是稀里糊涂的,包括我高考,到了高二才晓得有高考这么回事,并且压力还那么大。我妈给我宽心,说没关系,考不起就不离开爸爸妈妈更好。我一直没有那么特别远大的理想。我现在这么认真地做这些所谓的学术,我觉得对我事业起决定性影响的人不多,除了我先生之外,还有就是我现在的博导了。

我刚毕业在中专学校时,除了工作以外,一个重要的工作就是给我先生誊抄稿子,所以现在他的手稿不是他的真迹而是我的真迹。以前没有电脑,他写的东西,都是我来誊抄,现在家里都还保留一大摞。现在看来,这些对我来说都是一种好的学术训练,因为你抄的时候就要读,他写郁达夫、丰子恺的精彩文章,文采很好,才华横溢。我边抄边读,也是一种积累。在抄论文的过程中,阅读到哪里想起哪篇文章了,马上把它找来读一下。抄写时他的语感、他看问题的思路,还有方法,都对我很有帮助,我收获很大。后来我能够比较顺利地开展学术研究,得益于这个经历。

他还对我的发展提出自己的看法。他觉得我应该走纯正的学术路,比如前几年他就说你踏踏实实地搞你的学术研究,不要什么事情都想去参与。他作为旁观者很清楚,但我当时心里没底,把握不住,现在想来确实还是没有太大价值,就是浪费了时间。他就说如果你5年前听我的话,成果远远在这个水平之上。回头来看,也确实是这样。"

女性在家庭中貌似具有较高的地位,具有决定权,但涉及重大问题时,往往还是以男性为重,以丈夫为先。H教师对家庭实际权力有如下的表述。

"表面上看我们家庭的一切都是我在做主。实际上,我在做决定的时候,老公的意见会是我考量的一个重要因素。虽然我在策划他在实施,其实他提的意见,我一定会作为重要因素来考虑。"

三、让渡学术权力,固守教学权力

学术是高校教师的核心竞争力,一旦学术成果累积到一定程度,各种学术头衔、学术职位接踵而来,彰显的是另一种形式的权力。男性教师获得学术权力后能够较为容易地将其转化为行政权力,因而男教师学而优则仕的现象更为普遍。行政职务是一种更多地依赖上级的赏识和任命的角色,这种非自致角色对女教师而言是难乎其难的。更何况,传统文化中"权力""权势"与"野心"等字眼一旦与女性"联姻"就变为贬义词,是与女性气质严重背离的,导致女教师对权力有抵触或回避心理。因此,女教师往往倾向于固守自己能够掌控的、能够让自己的形象定位符合大众认知的教学权力。T教师就是为了教学工作辞去管理职务的。

"我出去访学的时候就辞掉了教研室主任的职务。做教研室主任,对自己的发展干扰太大了,影响太大了。基本上所有的精力都要放在琐碎的事情上,特别是我们这个学科涉及每年学生的实习,课程改革以后还有培训,任务很重。作为教研室主任,你必须干。但你首先是一个教师,教学任务要完成,科研任务要完成。后来我就去了中央教科所访学,回来后就开始准备读博士。"

T教师在谈到高校的性别歧视问题时说:

"我的确没感觉到性别偏见、性别歧视,反而感觉到有优势,因为毕竟社会上对女性有些关爱,给予隐形的方便,可能跟职业有关,老师这个职业中并没有发现有歧视,(想了一下补充道)或者说歧视不大。职称的晋升上也没觉得有歧视。只要成果达到了要求就能上,反正标准对男女都是一样的。如果你达到甚至超过,他就无话可说。其他不公平要看评职称时,有没有对女性暂不考虑,或者倾斜。我不知道评审时有没有戴有色眼镜。"

T教师回忆起工作中遇到的不愉快事件。

"我遇到的不愉快不是学校体制造成的不公平,只是私人之间的不愉快。当时学校的政策很公平,公布了一个标准,如果在学生评教中有两次居前50名就有资格去申请学校首届教学名师,当时我们学院统计下来只有两人有资格,我是其中一个,还有另外一位男老师。教学秘书告诉我有两次进入前30。谁知上报时,我和这位老师都被替换了。我感觉到太不公平了,就跑去学校抗议,投诉。结果学校同意我们都申报,后来两个同事被刷下来了,我和另一个老师上了。本来对一线教师就应当鼓励,应当保护嘛。一线教师那么辛苦,要让学生认可你还是多不容易的。你说多荒唐的一个事情!

这种事遇到过几次。包括我现在搞的国家精品课程,因为我一直在做这块,在全国影响较大,当时学校主管部门安排我去申报,觉得拿到的可能性更大,结果突然换成了另外一个女老师。这个事情我之前一直在关注,也做了很多准备。如果没有这个基础,我想也就算了,但这样被换下来,我就很不甘心。后来就给学校打电话,学校处理得很好,宣布说愿意报就报,公平竞争。结果我申报的项目很顺利地通过了省里的评审,报到国家后也顺利通过了评审。"

T教师说起这些事愤愤不平,上述事件表面看上去属于学术内部纷争,其实受到了诸多外在因素的干扰。高校内部管理权力大多由男性掌握,这意味着男性拥有更多的信息资源,能够有效地运用这些资源实现自我发展或者克服发展道路上的障碍。从权力与身份的关系来看,社会身份存在于权力关系之中,并通过权力关系而获得(Jenkins,2008)。男教师管理权力的获得有利于其获得各类学术评奖、学术荣誉称号等,提高学术人身份的权威性。权力的实施会导致多重性的、相互交叉的或相互冲突的话语,进而通过对历史、政治和文化进程的描述或个人的叙事来建构某一个体或社会群体的多重性的身份(Antaki et al.,1998)。

第三节　高校女教师身份的制度突破

罗尔斯认为,正义是社会制度的首要价值,而"正义的主要问题是社会的基本结构,或更准确地说,是社会主要制度分配基本权利和义务,决定由社会合作产生的利益之划分的方式"(罗尔斯,1988)。女性要缩短与男性发展的剪刀差,实现自我定义身份,必须有赖于教育。

教育受到文化的制约和影响主要体现在教育价值观、教育目标、教育内容、教育方法、教育管理体制等方面。虽然如此,教育之于文化又有其筛选、传承、更新的功能(李小鲁,2007)。教育之所以为教育就在于教育本身具有的对文化的批判,在批判的过程中不断反思与评判已有文化对于人类未来文明的正负意义,从而摒除其糟粕,存留其精华。因此,本书在讨论高校女教师身份问题时需要从教育的这个文化功能来审视当下教育对此功能的发挥情况,从而思考作为未来中国高校女教师发展所需要的文化条件与基本过程,寻求发展的整体源头与结构。

文化是人的一切行为的结果,社会是人在文化价值使然和时下生存条件的选择下建立起来的群体集合,教育则是人对文化的筛选、认定、传承的过程,是当下社会存在的文明动力。

一、教育是女性身份建构的重要途径

教育是人类不断筛选、传承与创新文化的过程。每种文化都经历了漫长的历史岁月,积累了精华,也累积了不少糟粕。文化何以如此,在很大程度上取决于其人群所拥有的教育。对每个人而言,教育存在于生命的全部过程,从出生到死亡都伴随一生;对人类整体而言,教育伴随人类社会发展的整个过程。正是因为教育的存在,才有了人类的历史与进步,同样也会导致人类的错误与倒退。教育存在的条件是人的生命需要,其功能是让生命更加完善,换句话说,教育使人的生命存在于过去文明的基础之上,使人类生活于过去所有有意义的文化成果之中,让所有个体人生活在前人创造的文化产品和思想的基础之上。所以,教育最重要的功能是对文化的筛选、传承,这种筛选、传承本身也是一种教育所特有的创造,一种为了生存而筛选、传承文明所产生新文化的过程。

教育对过去知识、文化进行梳理、筛选,再传递给未来。教育的此过程源于

人们对过去经验的评判和对当下生存需求的理解,因而教育之源在于人们对过去和未来事物的价值选择,在选择中总是伴随着理性和非理性的思维、判断和追求。正因为如此,人类的教育总是出现后人承受前人负担或责任的情况。如果前人认为男性在社会中的地位必须高于女性,女性必须从属于男性,于是其教育目的、内容、方法等均在此价值指导下实现,后人便自然承担了这样的社会,特别是女性承担了过去那些对文化作出选择的人们的错误或片面的理解。一个很大的问题是,由于文化的使然,每个生活于此文化中的人都认为事情本该如此。为此,作为今天理性的教育就应该讨论过去我们教育之价值定位,以及由此而引出的教育目的、内容、方法、管理的正负效益,研究其结果与对未来之影响。其中,关于社会群体中性别平等与公正的内容是本书主要关注的重点,换句话说,通过对历史上和当下教育内容的分析,寻找教育价值的定位,从而理解过去到现在女性地位状况的根源,找到作为文化传承的教育责任及其革新思路。

　　教育具有选择、传递、保存、改造和创造文化的功能,并对矛盾冲突的多种文化具有整合作用,文化因教育而传承和发展(陈时见,2005)。没有教育,人类的知识和技能不能积累,文化也将停滞不前。理想的教育要善于撷取人类文化中的精华,并传递适应一定社会生活的普遍知识、技能、理想、态度,然后再经由有计划、有目的活动传授给下一代。教育不仅仅是反映现在的社会状况,适应固有的文化模式,而且要处理随着科技的发展和社会的变迁带来的新生活条件下的未来人生的价值思考,在人类已有的旧文化模式中力求更新与创造(李金莲,2007)。

　　教育不仅赋予个体以存在和发展的能力,而且通过"文化人"的活动将社会成员从自然状态中提升出来,使人形成和发展各种身份,获得人的意义感和价值感。文化与教育的关系是互动的,唇齿相依的。教育继承甚至创造文化,文化提供或者改变教育的理念、内容和方式。教育与文化又具有同一性。教育往往是文化的重要组成部分之一,而文化本身是用历史积淀的文明成果对人进行改造、提升即教育的过程。作为教育对象的人本身具有文化属性。文化对于教育是必需的,而作为培养、发展人和引导、推动社会进步的教育以其特有的社会组织形式,也要对文化作出选择(孙杰远,2009)。

二、性别公正是基于人的生命性别特征基础上的公平正义

　　学者杨丹(2008)认为,性别公正以尊重和维护两性平等的尊严和权利为基础,正视男女之间的性别差异,从而按照社会要求和个人意愿最大限度地发挥自己的优势和潜力,能让男女两性在人格、机会和基本权利平等的前提下各尽所能,各得其所。本书认为,性别公正不是以外在、以他人为参照物,而是遵从内在生命的需要,使人类在共享的、有限的资源和条件下,以满足每一个生命存在及发展为基本依据,力图使每一个人能够最好地享受作为人所应享受的一切权利和尊严,成就自己应该成就的幸福人生。人是生而平等的,性别是人的身份的基点,性别身份是人的众多身份之一。性别公正是立足于生命性别特征基础上的人的公平正义,是维护人之为人的不可剥夺的身份及尊严。男女之间的生理差异,与高矮胖瘦的生理差异无异,都是个体生命的丰富性所在。性别不应当是个体开展实践活动的束缚,反而应当成为个体自由度扩展的源泉。

性别公正不只是还给女性应有的尊严和权利,也要将男性从传统文化所束缚和压抑中解放出来,因为男性也是男权文化的受害者,应当使男女两性都能够"超越性别文化及社会建构的种种限制,按照自身的期望和心灵的渴求来进行自我定位,以此获得完美的人性本质"(胡晓红,2005)。"男性解放和女性解放都是通往更丰富、更统一的人性的步骤。在男性和女性解放之间和两者周围,有一块广袤的、尚未勘测而激动人心的认识领域。这里,我们寻求的解放正是我们人性。而不是什么男子性和女子性。人类的心是没有性别的。"(小哈德罗·莱昂,1989)在以往的公私对立中,男性为了维护其男性气质和男性尊严,不愿参与家庭事务,成了家庭生活的局外人,牺牲了与亲人间的正常情感建立与表达。这意味着,当女性被迫从公共领域中剥离出来的同时,男性在某种程度上被迫从私人领域抽离(段成利,2013)。

北美自由女权主义的公正论观点指出,"在一个公平的社会里,每一个成员都应该得到发挥自己潜力的机会,男女两性应当拥有同等竞争机会。公正的真正主题就在于最大限度地促进人的发展与人性的完善,其目标在于制度具有满足人的需要、增进人的幸福、体现人的平等和促进人的发展的功能。"(丽贝卡·J.库克,2001)

三、建立性别公正的教育制度

教育不仅是传承人类文明的载体,还是实现性别公正的重要途径和桥梁。教育在本质上是一种价值导向的活动,它要善于撷取文化中的精华,并传递适应一定社会生活的知识、技能、价值、态度,然后经由有计划、有目的的活动传授给下一代。教育不仅仅是反映现在的社会状况,适应固有的文化模式,更要随着科技的发展和社会的变迁,在人类已有的旧文化模式中力求更新与创造。社会的飞速发展使人的精神发展面临危机。表面看来,科学技术满足了人们生活上的欲望,使各种过去无法企及的物质需要得到了满足。但从更深层次分析,科学技术带给人们的不只是一般物质生活的满足,更是新的欲望的滋生与壮大。欲望的产生推动科技的发展,科技的发展带来新欲望的产生,由此形成了一个封闭的回路,精神在这个回路中不断回还,无法逾越物质欲望的桎梏。物质欲望的驱使让人类不断丧失对精神世界的建设,人类知识的膨胀速度越来越快,然而人类处理和使用这些知识的智慧和能力却越来越跟不上。科学技术的进步所带来的物质文明并不能同步带动精神文明的进步,相反,科学技术的进步如果不能很好地与人的生命意义和社会结构的合理适应,就可能成为满足与固守文化糟粕的工具。长此以往,物质世界慢慢占据了空虚的精神世界,就会导致人的失落。

学者高德胜(2007)指出,性别公正有三个维度,即性别平等、尊重差异和自由选择。在性别问题上,社会文化与学校文化是同构性质的两个循环。学校作为具有自觉、自为、超越性质的文化架构,如何通过自己的文化自觉阻断性别不公正的再生产过程,对性别公正的价值追求具有特别重要的意义(高德胜,2007)。学校作为自觉的文化机构,应该首先从自己这一小循环开始,通过多种努力追求性别公正的实现,并由此撬动社会文化这一大循环的变化(高德胜,2007)。

教师是阻断性别不公正的关键。从本质上讲,"教育不仅是社会文化传承的活动,而且是一种唤醒人的生命意识、启迪人的精神世界,建构人的生存方式,以实现人的价值生命的特殊活动"(吴文莉等,2014)。因此,教育是人与人精神的契合,是人对人主体间思想与灵魂交流的活动。"面对社会文化中无处不在的性别歧视以及女性事实上所处的不平等地位,唯一能阻止这一社会化过程产生不良影响的机构就是教育系统,而教师则是其中的关键要素。"(高德胜,2007)美国著名批判教育学代表人物亨利·吉鲁(2008)认为:"学校即民主的公共领域,教师是转型的知识分子,学生即解放的公民。"转型的知识分子应当形成一套结合批判的语言与可能性语言的论述,使教师意识到他们可以改变社会,他们有责任反对学校内外经济、政治与社会的不公正,努力创造条件,让学生有机会成为具有知识和勇气的公民。学者靳玉乐(2005)也提出,教师应当担当转型知识分子角色,具体包括:"其一,教师应该从传统的文化传递者向文化工作者转型,自觉肩负建设社会新文化的重要使命;其二,教师不只是能够有效地达成别人预定目标的专业实践者,更应当成为具有反省精神的自由人;其三,教师要对政府官僚、专家和出版商等的控制进行抗拒,成为有影响力量的批判的教育领导者"。教师是教育活动的主导力量,教师生命存在的意义直接影响教育活动的生命意义。这种生命意义是在文化中对人的理解来实现的,这种理解来自上千年的积累,弥散在社会的各个空间,作用于每个承担教师角色的人的身上(徐莉,2011)。教师是一种"文化"的存在,肩负着与文化息息相关的教育使命。教育过程是师生之间、教师之间的精神濡染与思想感化。教师的主要职责不仅仅是传递文化,更重要的是筛选文化,反思与更新文化(张东等,2011)。在文化变迁、多元并存、良莠一体的文化环境中,教师需要对文化做出主动的选择,树立明确的文化意识和文化身份,注重包括价值观念、人文精神、道德修养、思维品质等在内的教师文化品位的提升。

创设公正的课堂教学环境。教育的各个方面都带有深刻的文化烙印,文化渗透到教育中。教育因为文化而赋予教育对象以价值观念和方向性支持。我们发现,社会文明程度的标志之一,女性地位的认定尤其在教育上更为明显,特别是学校教育中对人的认识与男女的社会地位认定。这些文化观念通过教育传递给未来一代,传递给学生。从课程学观点来看,这些文化内容的传递不是显性的课程内容,而是隐含在学校场域的每个角落,是隐性课程。学校培养什么样的男性、女性,正是通过这些无形的渠道来实现的。怎么样定位教师(包括男教师与女教师),就怎么样教育着学生。

教师在课堂上的教学行为,表面上是随机的、无意识的,实质上充满着教育意蕴。对教师性别理解水平的提升是作为教师角色必不可少的人性修养,没有超越一般社会世俗性别观念的认识水平,就不可能达到在教育教学中的性别公正。同样,没有对人类公正信念的提升,也不可能将教师性别修养水平作为民族未来素质提高的基本要求,就会对未来发展埋下可怕的后患。

纠正教材的性别认知偏差。教材是社会权威反复强化的知识体系和文化代码。基础教育阶段学生模仿性强,可塑性强,教材中应当尽可能多地提供具有时代感,具有独立意识,与学生现实生活契合度高的女性形象。"重要的不是对女性在教材中出场频率的次数和对价值中立知识体系架构的关注,而是从女性的社会活动和立场去思考,以填补女性经验与主流知识框架之间的鸿沟。"(乔晖,2008)

1974 年,Coser(1974)提出了"贪婪的制度(greedy institutions)"的说法,用来指那些"寻求排他的和不可旁分的忠诚"的机构。这些机构"给他的成员施加压力,使他们弱化甚至切断其他任何机构或个人可能会与现有职责冲突的联系"。Wolf-Wendel 等(2006)认为,高校就是这样一个贪婪的制度,需要教师为之持续不断地投入,而"父母的身份"也是这样一个贪婪的制度,需要个人付出极大的时间和精力,当这两个贪婪的制度相遇时,高校女教师就成为最大的受害者。高等学校那些表面"性别中立"的政策和措施在实施过程中不知不觉造成了女教师事实上的不平等,父权制被编织进社会主义/资本主义的生产体制,绝不仅仅是一种文化意识形态,而是一种政治经济制度的安排。高等学校规章制度的制定总是以公正的面目出现的,但事实上,由于男性是主要制度的制定者和裁决者,其男性立场自然使其政策法律中充满了男权意识。男性价值判断标准的客观存在,造成了显性或是隐性的性别歧视。

改革高校绩效制度。制度是利益驱动的社会装置,教师的利益选择受到教师制度的规范与制约,同时教师利益的失落和不足也能够通过挖掘和创新教师制度的原因来追根溯源。当前的高等教育管理普遍借鉴工业生产模式来考核教师的教学和学术性活动。从本质上说,追求效率是工业的逻辑而不是科学的逻辑。工业生产需要整齐划一,而教学和科学研究依赖创新、灵感与激情;生产产品可以依葫芦画瓢,而教学不能照本宣科,学术成果产出也不可能批量复制。教学与科研都是高等学校最为核心的创造性活动,虽不可等量齐观,但有着相互不可替代的价值。高校所有的工作都通过时间(工作量)转换被赋予了价值,高校在职称评定上通行重学术轻教学的做法,使学术彰显出比教学更高的价值。学术职业等级阶梯是大学教师学术价值的形象化表现,反映着大学教师所从事的学术活动的价值序列。处于高级职业阶梯的教师能够在大学资源配置以及收入分配上占得先机。外界与大学建立学术联系时,也往往通过与处于高级职业阶梯的教师的联系来实现(别敦荣等,2006)。在当前教学科研评价机制和绩效考核办法下,女教师所擅长的教学工作价值未能得到应有的体现。因此,高等学校应重新审视绩效管理制度,尊重教学人的劳动成果,倡导"教学学术",充分发挥女教师的潜能和主观能动性。

延迟女性退休制度。我国长期以来实行男女差异化退休制度。1951年颁布的《中华人民共和国劳动保险条例》规定,男职工、男工人60岁退(离)休,女职工、女工人50岁退(离)休。1955年颁布的《国家机关工作人员退休处理暂行办法》以及1958年《国务院关于工人、职员退休处理的暂行规定》将女干部退休年龄规定为55岁,女工人退休年龄规定为50岁。这一规定不仅使女性的就业机会减少,而且影响了退休金分配。退休金支付规定,只有年满35年工龄才能得到工资替代率为88%的满额退休金。1990年2月,人事部颁发了关于高级专家离退休问题的通知:"女性高级专家,凡身体能坚持正常工作,本人自愿,可到60周岁退离休。"1992年组织部和人事部又颁布了《关于县(处)级女干部退(离)休年龄问题的通知》,规定党政机关、群众团体的县(处)级女干部,凡能坚持正常工作、本人自愿的,其退(离)休年龄可到60周岁。一些高校在实际操作中添加了必须是"国家级优秀专家,研究生导师,重点学科带头人,承担国家、省、部级科研项目的主持人"等附加条件,基本上还是执行55岁退休的政策,由此造成了高校女教师比男教师提前5年退休,加之女性的生命周期决定了女性生育小孩前后有3~5年的事业停滞期,进一步影响了女性的职务晋升,限制了女性的充分发展。女教师比男教师提前5年退休,实际上是失去了5年的竞争有效期,致使高校女教师在教学科研方面与男教师发展机会不均等。这种女教师提前退休的规定,挫伤了女教师的积极性,使得高校女教师在获取科研成果及晋升高级职称方面遇到的阻力和困难远远大于男性,也造成了高层次女性人才的浪费。这也是形成目前高校女教师职称层次越高,女教师越少的原因之一。

T教师谈道:

"过去觉得很不公平的一个政策,就是女性到了55岁就要退休。55岁正是年富力强的时候,尤其是人文学科与理工科不一样,积淀也有了,正是出高质量成果的时候。如果55岁就退,对女性来说,基本上把娃娃带完了,就该退休了。像我这样读博士都没有意义了(大笑),真正叫了却心愿了。特别是人文学科,需要一定的积累,必须用时间来夯(注:积累的意思)。我们现在这个年龄看问题,角度和视野跟以前都不一样,这个真是要靠时间去积淀。如果55岁就退休,退休金要少很多哟!现在的工资结构是基础工资加绩效,退休后绩效工资没有了,几乎要比退休前少三分之二。"

因此,应当实行男女同龄退休,为女教师拓展发展时空,使女教师在拟定自己的职业规划时更加从容,在制定自己的职业目标时眼光更加长远。

扩大女性管理参与度。目前我国社会中公共政策的制定几乎都被男性垄断,女性在决策者中的比例极低,这种状况使得在公共政策中女性权利难以得到保障。在干部选拔制度中,具有无党派、知识分子、少数民族、男性身份的人更受青睐。长期以来,C大学党政领导班子维持着一个女性领导在任的状况,退一个女性领导补充一个,没有男性领导的退出就意味着没有女性的进入机会。

公共政策制定中决策人员性别比例的严重失调,女性权益代言人缺席在一定程度上剥夺了女性在公共事务中的发言权,使得决策过程可能忽视、歪曲,甚至剥夺女性群体需求,使得男性文化中不自觉的性别歧视态度可能转化为公开的自觉的歧视性制度或行为。即使女性得以在决策者中占据一席之地,女性也往往不能或不愿充分地表达自己的意愿。因此,必须不断扩大女性参与社会事务和学校事务的程度,确保女性群体权益,这是实践并实现性别公正的关键环节。事实上,女性从事管理工作的优势正被研究者们不断发掘,英国管理研究所的研究报告《管理走向黄金时代》认为,"未来管理者应具备的基本心理素质是灵活性和适应性,专致精神、精力充沛、对组织变革的敏感性,而这些正是女性的主要特征"(Alison Straw et al.,1997)。简尼、玛瑞林和摩根的研究结果也指出:"现代组织将更加依赖集体协同工作来实现预定的目标,这正是女性管理者的优势,女性更能以身作则,尤其善于建立高效率、有成效的集体,她们的目标是确保在工作场合进行合作而不是竞争。"(Cameron,1988;McDougall et al.,1994;TanTon,1994)

实行差异化制度。被誉为20世纪西方政治哲学领军人物的罗尔斯(1988)在《正义论》一书中提出了正义的两个原则:"一是作为公平的正义原则,二是差异原则。"他主张立约者从公平的立场出发,通过一种公平程序来决定一个正义原则,作为社会权利和义务分配的准则,以此促进社会成员的平等,实现理想社会。差异原则就是社会和经济的不平等只有当他们有利于社会中最不利地位者的最大利益时才是可接受的。他还进一步界定,第一个原则优先于第二个原则。"这一次序意味着,对第一个原则所要求的平等自由制度的违反不可能因较大的社会经济利益而得到辩护或补偿。财富和收入的分配及权力的等级性,必须同时符合平等公民的自由和机会的平等。"(罗尔斯,1988)第一个原则说明,任何以物质利益或其他言辞利益来取代女教师的平等自由权利都是违反伦理的;第二个原则让我们明确,性别公正不仅是男女权利的无区别对待,还特别主张向弱势者倾斜,实行弱势者优先。罗尔斯理论中的正义与差异原则体现了对弱势群体的深切关照。男女两性的性别差异是历史形成的,历史对于男性来说就是优势不断积累的过程。对于女性来说,就是劣势不断积累的结果(高德胜,2007)。从性别公正的立场出发,社会应当给予女性更多的扶助和补偿,以保证女性接近实质性的平等。高等学校应当吸收国际上的实践经验,去除对女性发展的限制,针对女性的特殊困难给予制度化的特殊扶持。比如,在资源分配如项目立项方面对女性有所倾斜,可设立专项基金作为对女性生育所造成的个体发展滞后的补偿与扶持;实行人性化关怀,对围产期女教师实行单独考评,更不能扣发绩效工资;实行差异化管理,建立多元化评价体系,肯定女性特质的价值;等等。

刘江月(2013)指出,女性的发展和自我实现只有在保证所有人平等权利的正义制度安排背景中才可能获得。性别制度公正的本质,既要考虑其现实基础,又要考虑其理想性的价值取向。我们所追求的性别公正制度,既不能默认纵容女性成为男性社会生活的附属和点缀,又不能片面因女性的特殊生理特点而要求绝对的"女性至上"。真正公正的制度是在性别平等基础上承认性别差异的制度(刘江月,2013)。如果我们将女教师身份立足于"基于生命的性别特征所不可剥夺的身份与权利"的理解,那么,全社会和学校在女性生理和生活上将会有公正的安排,如工作时间、假日、健康、福利等将以其生命性别特征作为其制度基础。

人类从古到今有多少思想家、科学家一生都在为追求平等而不懈努力。不同时期人们对平等有着不同的理解。第二次世界大战以后,全世界经济社会得到了长足的发展,人们对平等的理解也进入了新阶段。人们不再简单地从平均角度来思考平等了。从卢梭时代追求契约精神到当代罗尔斯等人追求公正,对平等理解逐渐完善。在前人研究成果的基础上,本书将平等置于公正的内涵之下,只有当生命的性别特征保证其获得不可侵害的天赋身份和尊严的价值基础,性别平等才会较合理地实现,因为没有对不同性别的特征的自然规律的承认就会将平等置于低层次的或者说是狭隘的以男性生理为基础的身份判断之中,从而误导人的性别观和女性身份存在的价值认定。

第六章 高校女教师身份的文化行为层分析

> 时间是人的积极的存在,是生命的长度和发展的空间。[①]
>
> ——马克思

海德格尔认为,任何一种存在之理解都必须以时间为其视野。教育人类学家博尔诺夫也曾说过,人是在时间中希望和空间中居住(博尔诺夫,1999)。时间"深嵌"在我们的生命之中,"对时间的主体性占有和使用是身份认同建立的基本条件"(蔡辰梅,2015)。本书把女教师的时间作为洞悉高校女教师行为的一面镜子,透过时间这一棱镜折射出高校女教师的身份困境,力图探究女教师时间的价值、特性和本质,澄明时间具有深刻的性别烙印,时间是性别化的。本章将探析性别化的时间是如何建构女教师身份,女教师又采取了怎样的时间策略。

第一节 性别化的时间行为对女教师身份的建构

一、时间贫困造成了对女教师多重身份的挤压

从经济学的视角看,时间是一种稀缺资源。劳动经济学家提出了"时间贫困"的概念,即工作时间超过了一定时间限度并且得不到足够休息与闲暇的情况。职业女性既要从事经济活动,又需花费大量的时间在家务劳动中,比男性更容易处于时间贫困。研究发现,"如果男性增加市场劳动时间,那么他的家务劳动时间将明显减少;相反,女性的家务劳动时间并不会随着市场劳动时间的增加而减少。这种矛盾直接导致女性的时间支配权减少"(畅红琴,2010)。畅红琴(2010)指出,已婚女性时间贫困发生率高出已婚男性 10 个百分点(畅红琴,2010)。

[①] 《马克思恩格斯全集》第 47 卷,人民出版社 1979 年版第 532 页。

在社会场域里,时间是一种资本,社会交往面越大、社会活动越多,越能够积累更多的资本。高校女教师的社会活动时间极为匮乏,无暇加入社会团体或参与社会活动。在时间分配上,家务时间最多,教学时间其次,学术时间再次,闲暇时间可有可无。

杨菊华(2014)认为,中国家庭由过去男外女内的分工模式转变为男外女外格局后,女性非但未从繁重的家务劳动中解放出来,反而转变为双重负担,这种"内—外"双肩的劳作模式,制约着她们的经济活动、政治参与和终身发展。她通过对 1990 至 2010 年 20 年间两性时间利用的数据对比研究,发现女性家务劳动时间远多于男性。2010 年第三期妇女社会地位调查数据表明,72.7%的已婚妇女认为自己比丈夫承担了更多的家务劳动,其中包括做饭、洗碗、洗衣服、做卫生,照料孩子生活等。女性承担辅导孩子功课,和照料老人主要责任的占45.2%和 39.7%,分别比男性高 28.2、22.9 个百分点[1]。可见,家务劳动仍然是女性的主战场[2]。

尽管女性每天用于生产、劳动、经营活动(包括为生产、劳动、经营活动而往返路途)的时间与男性持平,但占据女性每天劳动时间 38.2%的是得不到社会承认、没有报酬的家务劳动(陈明侠,2005)。恩格斯说,"妇女的解放,只有在妇女可以大量地、社会规模地参加生产,而家务劳动只占她们极少工夫的时候,才有可能。"在一个对高校女教师的调查中发现,在家庭中承担全部家务的占被调查女教师的 13.3%,承担大部分家务的人占 50.4%,承担一半家务的占27.4%,极少做家务的占 8.9%,在抚育子女方面付出较多的占 82.2%(钟华等,2006)。时间被打上了性别的烙印,这并非女性自主、自愿的选择,过多的家务时间造成了对女教师多重身份的挤压。R 教师谈到寒暑假时说原本打算好好提升自我,可家里人觉得寒暑假正是她该全身心投入家务的时期。

"就像现在吧,那天我老公说,你马上就要放暑假了,放暑假就好了。言下之意,暑假什么事就可以甩给我了。我好不容易放个暑假,自己想干点事,他这样做让你啥事都干不了。"

二、他控时间削弱了女教师身份的自主性

我国高校女教师的时间在性质上是一种他控时间,非自主性时间。与男教师相比,女教师的科研时间少,教学时间更多。高校女教师承担了大量的教学任

---

[1]　第三期中国妇女社会地位调查课题组:"第三期中国妇女社会地位调查主要数据报告",《妇女研究论丛》2011 年第 6 期第 13—15 页。

[2]　全国妇联,国家统计局:"第二期妇女社会地位调查数据报告",《中国妇运》2001 年第 10 期第22 页。

务,过长的教学时间容易使女教师沦为教学机器。

"前年我一周 22 节课,很多年都是 20 多节,有时候是 3 门,有时候是 2 门,除了上课一天什么也干不了,像是一台机器。嗓子也受不了。有一次上了 4 节课,腰椎出问题了,路都走不动了,喊我老公把我背回去,直接去了医院。每天基本上都在上课、备课、上课备课。眼睛有晶体混浊,眼前飘很多很多东西。还好,去年跟学院说了,今年的课就少多了,调为 10 多节了。"(R 教师)

教学时间是刚性时间,不能自主安排的被动时间。C 大学对此有着严格的管理规定,教师上课迟到三分钟就会被当作教学事故,受到通报批评,并在当年的各类评优评奖中实行一票否决。

有研究发现,在相同职称段,女教师花在教学上的时间比例无一例外地都高于男教师,而花在研究上的时间比例都低于男教师(沈红等,2011)。通过进一步引入家务劳动时间的性别差异,发现女性之所以在工作总时间和科研时间上投入低于男性,很大程度上是因为她们在家务劳动上投入的时间过多。这意味着对高校教师群体而言,家庭内部不平等的性别分工延伸并影响着职业领域的性别不平等(朱依娜等,2014)。

女性主义学者认为,闲暇时间是判断性别平等的七大指标之一。西方女性主义学者弗雷泽将女性闲暇时间平等视为性别公正的一个重要原则。爱因斯坦也曾经说过,人的差异在于自由时间。闲暇时间必然随着劳动时间的增加而减少。马惠娣(2013)通过对第三期中国妇女社会地位调查中生活方式问卷数据分析得出,无论在工作/学习日或休息日,无论城乡,女性闲暇时间均少于男性。工作/学习日人均每天少 22 分钟,休息日少 1 小时左右。高校女教师缺乏闲暇时间,尤其是孩子年幼时期,女性的闲暇时间不仅总量少,而且大多围绕家庭度过(比特曼等,2001)。可见,高校女教师的闲暇时间依然是他人性、家务化、间断性的时间,质量低。

女性经济学家罗宾斯建议将时间自主权列为人们能力的度量指标之一,认为有充分的、可支配的时间自由是人们的某些功能得以实现的重要表现,过长的劳动时间不仅减少人们用于恢复体力、增进健康、提高生活质量的闲暇时间,而且制约人们对社会和政治活动的参与(畅红琴,2010)。

三、碎片化时间剥夺了女教师身份的完整性

女教师日常生活时间具有紧迫性、冲突性、单调性、循环性、琐碎性的特点,日复一日的家庭生活,造成了女教师时间的挤压,空间的单一,泯灭了女教师对生命意义的感受,抹杀了女教师对生命价值的追寻。繁重的家庭负担占据着高校女教师的主要家庭时间,沉重的工作任务不仅仅填满了在校时间,更挤占了大

量的休息时间。大多数高校女教师每天重复这样的生活场景：清晨一睁开眼睛便是忙乱的一天，简单洗漱顾不上照料自己，仓促准备家人早餐，急匆匆地送孩子上学，快速奔向学校教室，上完半天的课，结束繁重的教学任务；紧接着下午继续完成课堂教学任务，或是参加会议，六点钟拖着疲惫的身体回到家，除了操持晚餐、整理家务、辅导孩子学习之外，便是备课、修改课件、填表、做课题……许多女教师不堪重负，处于身心极度疲惫的状态。

从事学术研究需要付出大量的精力，需要不被打扰不间断的时间，才能够静心思索，潜心钻研。学术工作和其他公共领域的工作一样，被当作"男性的工作模式"，在这种模式设定下，雇员只有工作责任，职业发展呈现出连续的轨迹。而高校女教师只能利用晚上孩子睡觉后的时间或者是拼凑的断断续续的时间来从事科研，这些碎片化的时间无情地拖拽着女教师的学术追求。

"我们家里没有保姆，娃娃在家，老公也在家里，煮饭都是我。我现在工作任务比较重，自己的博士（学位）论文是一座山，手头还有一个教育部人文课题、一个国家精品课程，是两座大山，我必须管理好时间。基本上我每天早上起来弄了早饭就做自己的事（写东西），中午做饭，买菜就买一两天的，放在冰箱里。现在也比较会做了，两三个人的饭一个多小时搞定。中午吃完饭休息下，如果特别疲倦就睡一下，下午又开始做事。晚上吃得比较简单。5点左右我要出去锻炼下，快走、慢跑，坚持得很好。晚上还要再做点事，要集中精力把三座大山搬了。男的挣钱虽然也是压力，但与家庭琐事比较起来，要单纯得多。娃娃的吃喝拉撒，一睁开眼睛就是事情，要操心得多。看到一天过去了，好像没什么事，其实事情多得很。相反，男性负担要轻得多，可以轻装上阵，这是普遍现象。"（T 教师）

时间上的完整是保证个体自我完整的不可或缺的条件。女教师时间的碎片化，意味着教师自我遭到分解和分割。个体变得支离破碎，寻找不到完整的自我。

时间彰显人的生命价值，时间并非对所有人一视同仁，而是性别化的。迪尔凯姆"社会时间"概念的提出，进一步说明"时间概念不仅仅是人们对自然界依赖关系的反映，而是社会群体之间相互关系的反映。因而，它便不再是由生态学因素所决定的，而更多地由结构关系所决定"（普里查德，2001）。高校女教师的时间是一种典型的性别化的时间，是男性与女性身份特点和性别关系的体现。人的发展是时间上的绵延和空间上的拓展，在家庭里，女教师的家务劳动时间大于男性；在学校里，女教师的教学时间多于男教师；高校女教师的这种时间特性决定了其发展的空间范围。

第二节　高校女教师自我身份建构的时间策略

时间是劳动实践的尺度,是人的积极存在。高校女教师在自我身份建构中,有意识或无意识地形成了自己的时间策略,在不同的生命阶段,采取策略性妥协来谋求多重角色之间的动态平衡。第一,按照家庭优先原则,牺牲自我时间,保全家庭时间;第二,采取两全性时间策略,兼顾家庭与事业齐头并进;第三,以时间换取空间,在时间可及的前提下寻求自我发展。

一、家庭时间优先策略

时间是生命的计量单位,能够体现人的生命特点和生命价值。一个人对时间的选择,实际上是对自己生活方式和生命价值的选择。女性时间可以说是折射女性自身生活状态的一面镜子,女性往往按照家庭优先策略来分配自己的时间。

女教师为人妻尤其是为人母以后,其职业规划、职业角色和职业理想都发生了重大变化,为了照顾家庭和孩子,大多数女教师放弃自己的理想与抱负,过着柴米油盐酱醋茶的生活。在家庭时间与个人发展时间冲突的时候,高校女教师往往做出个人时间退让于、服从于家庭的选择,牺牲自我时间,保全家庭时间。正如 T 老师所言:

"整体来说,女性还是只有把家庭、娃娃安顿好了,有余力了,再做自己的事情。还是很不公平呀!"

在面临诸多选择时,她自始至终把家庭放在第一位。

"我一直有一个原则,首先是家庭,是娃娃。这是我一直以来的一个原则,包括现在。男性和女性不得不承认的一个差异就是有分工,家里如果没有一个人有所侧重,两个人都奔着(工作)去的话,家庭肯定就搞不好。"

T 教师大学毕业后在一所中专学校教书,其间客串了几年记者,从内心而言她热爱记者这一个具有较强挑战性的职业,然而最终她还是选择了回归。

聊起记者职业她兴致勃勃,认为这段经历对自己的促进和帮助很大,增强了捕捉问题的敏锐度。尽管如此,为了孩子的教育着想,后来她毅然从深爱的记者行业撤离。

"我去报社那会儿,孩子小,她还在上幼儿园。幼儿园主要是吃饱了穿暖了就可以,也没有学什么,不像现在的娃娃学这学那。每周就只带她去画画,压力不是太大。但是我离开报社的原因就是娃娃上小学了,必须要有人管了,在外面跑起就顾不了她的学习了。家里保姆、老人只能管生活,学习是管不了的。其实还是为了家,为了娃娃,没在报社干了。"

R 教师对此也深有感触。

"说到事业我是顺其自然啦。当你家里上有老下有小的时候,你没有办法啊。我总不能说,'老公,你来付出吧。'他也不愿意啊。你就只有站出来'自我牺牲'。你'自我牺牲'了以后,就得面对很多东西,你得承受事业上的失落。其实你内心很不甘嘛,谁甘心嘛?"

家庭中的女性长辈在自我牺牲方面对下一代女性也产生着强烈的示范效应,H 教师谈到她的母亲时这样说:

"我觉得她们那一代真的是牺牲得更甚。就我们家来讲,我小时候我爸非常忙,经常出差,还到异地挂职,我成长记忆中对父亲的印象不多,最多就是期末帮我辅导下功课。我母亲是医院的技术骨干,她错过了很多发展机遇。我读初中时学习压力很大,在那个阶段她整个人生的重心就是我,她甚至从最热门的专业技术岗位上直接申请调岗,调到防疫站打预防针去了。说白了(注:四川话,说直接一点的意思),就是为了照顾我。基本上从我读初二直到高中,母亲几乎放弃了一切的娱乐时间,不去打麻将,也不看电视,都守着我。我从我母亲身上看到潜在的家庭教育和行为影响。"

二、两全性时间策略

人类学家爱德华·霍尔在 20 世纪 80 年代提出"单事项时间"与"多事项时间"的概念。持多事项时间观的人对所处的情境有高度的敏感性,她们关注事情进展的进程,而不是计划表上所规定的目标达成。女教师往往具有多事项时间特点,力图在"公共人"和"家庭人""学术人"和"教学人"之间取得平衡,为了更好地平衡工作与家庭,女教师花更多的时间在教学上而不是在科研上。这表面看是女性特点的充分展现,实则为知识女性艰难平衡事业与家庭所采取的一种两全性策略。R 教师坦言:

"生了孩子以后,我就把心思放在孩子身上。因为没时间了,只能把教学弄起走,不能搞科研啦。"

我们知道,科学研究的条件有别于一般教学工作。科学研究要求研究者具有较完整的时间板块,需要研究者长时间地查找、阅读、分析、归纳、写作。心静是必需的,然而没有完整的时间来保证,心静就不可能。孩子的吃穿住行更多地需要母亲来关照,孩子的安全、健康更需要母亲付出更多的时间和精力,入托、择校、读书等,都需要母亲持续不断地付出。因此,一般女教师很难做到既保质完成教学任务又能有丰富的科研成果。

此外,对于来自学校组织的各种要求,比如增加课时、增开课程等,以及一些临时指派的工作,女教师们即使处于疲于应付的状态,也很难拒绝,而是竭尽全力挤压自己的时间多方兼顾。

一旦女教师不能兼顾工作或生活多种事项时,会莫名地产生焦虑和抑郁感。H教师在异地攻读博士学位期间,无法兼顾家庭,由此感到特别压抑。

"我一直在寻求一种很好的状态,那就是工作与生活的平衡。结了婚的女博士,平衡家庭的压力大;有了小孩的,就是小孩教育的问题、家庭关系的压力;所以一直在寻找一种平衡点。读博期间,我曾经有一段时间特别抑郁,原因就是周末特别想回家,但是我们学科点负责人把课程安排在周五晚上和周一早上,留给我们的时间很短,大家不敢迟到、早退,有时候就没法回家了。"

三、以时间换取空间策略

几乎所有女性都会经历单身时期、妻职时期、母职时期(孕期、产期、哺乳期、养育期)、空巢时期的生命历程,处于不同生命阶段的高校女教师呈现出不同的时间特点。生育作为女性特有的生命经历,对女性的职业发展和生命质量产生了不可忽视的影响。一般高知女性在生育前受到男女平等的现代社会性别文化的影响,追求女性独立和女性自主,不依附于男性,有着强烈的成就动机,希望在职业上获得较高成就,以实现自我的人生价值。生育后她们逐步向男主外女主内的传统性别文化妥协,逐渐将自己的职业身份让位于家庭人身份,搁置学习进修、职务晋升等职业发展机会。部分女性在实践中采取了这样的策略,以时间换取发展空间,在完成生儿育女的家庭使命和社会功能后再回过头来追求自身的发展。在冲突时选择退让,"在哪个阶段就干哪个阶段的事",这是她们面对自己事业与家庭之间冲突时的普遍抉择。T教师就以自己和所带女研究生的亲身经历为例来说明自己的观点。

"人的精力毕竟有限。我在带(硕士)研究生的过程中就给女研究生讲,分清你人生各个阶段的主次,认清不同的人生阶段的主要任务是什么,一定要想清楚,因为你的精力毕竟有限,除非你是超女,是超人,你什么都顾得过来。现实中毕竟超女、天才很少,慢慢地,你就要分清主次。

我遇到过一些中学女老师读在职硕士(研究生)的,工作很辛苦,又在怀娃娃、带娃娃。曾经带过一个女研究生拖了5年都没答辩。她整个人搞得很疲惫,一直都没有与我联络,有一天突然来告诉我想答辩,我看到她整个人状态好差哟!这就是什么都想兼顾,结果很难兼顾,搞得自己非常被动。人生不同阶段还是要分清主次。该带娃娃的时候就带娃,该读研就做好论文,学校里有些该放弃的就要放弃。现在有很多赛课,有些老师想通过赛课获得名次走出来,这个也没有说不对,也是她事业上的追求。但是要分清主次,如果你兼顾不过来的话,读研时就把硕士学位论文写好,以后毕业了再去参加赛课,机会太多了。女娃娃不得不考虑这些。因为家、娃娃毕竟还是需要妈妈。爸爸还是不能取代……(停顿,笑,补充道)妈妈不能取代爸爸,爸爸也不能取代妈妈,尤其是孩子小的时候更需要妈妈的关爱和呵护。"

H 教师的母亲在她读大学后重新回到原来的工作岗位上,退休后又返聘,仍留在工作岗位上。

"女性在绝经期会迎来人生事业第二高峰期,在我母亲身上好像有这个体现。虽然在生理上是以这个为界限,其实在中国语境下可能是孩子长大了,家庭没有太多的负担和依赖了,她愿意重新找回自己。我母亲说,如果你们有小孩了需要父母帮忙,我是不会来的,因为我工作很忙。但是如果你们需要经济支持,我是可以的。现在我爸生病了,挂着拐棍,本来她应该辞职回家照顾爸爸,结果她没有,而且我爸也不赞成她回来。一方面经济收入要好些,另一方面认为她年轻时付出太多,觉得她上班精神状态要好些。我去我妈上班的地方看过她,感觉到我妈在跟病人交流的时候,她很有成就感,能找到自己的价值,找回失去的自我。她们单位退休职工聚会,人家见到她的人都说她咋一点都没变?(身边)所有的人都说她没变,比好多岁数小一些的人状态好。她自己也说,她周围有好多年轻人,青年人教她好多东西,用到老,学到老。前些年她在家里连智能手机都用不来,iPad 也用不来,现在用得溜得很,没有被社会淘汰。她说现在社会发展那么快,一会是高铁、一会是动车,如果我不是跟着这些(年轻)人,我就只有迷路,搞不懂了。她觉得自己没有被时代淘汰,还有那么多的人需要她,很开心。如果把她现在的努力放在年轻时代,可能就远远不止这点成就。我经常觉得,我妈妈其实是一个很有事业心的女性,做事专注,很有毅力。但是在不同人生阶段,她的选择重心会不一样。"

中国传统文化固化了高校女教师的身份认同,将其禁锢在家庭狭小的空间里,尤其在家庭的初期及成长期,直到后期子女成年之后,女教师的事业发展才迎来重新艰难起步的机会。生育在相当程度上可谓她们事业发展的分水岭。生育和抚养孩子从客观上导致高知女性无法有充足的时间和精力投入工作,也导致她们主观上逐步放弃对职业理想的追求,降低对事业的期望。然而,并非每一个女性都能适时地从家庭角色中抽身而出,早则在孩子上小学后或小学高段重新顾及事业发展,晚则在孩子考取大学后开始反思和规划自己的人生。一般来说大多数女教师都属于后者,难免留下遗憾。

时间是一种习惯,也是一种秩序。知识女性在时间利用、分配原则在策略上采取家庭优先,多方平衡,以时间换取空间,在各种身份冲突和时间冲突的调和中努力实现家庭的完满,而由此衍生的心理满足和幸福感对事业发展的不利处境具有一定的补偿作用。高校女教师具有家庭、高校、社会不同的生活立面和与之相应的时间状态。家庭时间具有紧迫性、冲突性、单调性、循环性、琐碎性的特点,日复一日的家庭生活,构成了对女教师时间的挤压。学校里的时间则是一种组织、文化、制度、权力,是固定化、程序化、制度化的。女教师以家庭为主,艰难地平衡着家庭与职业的冲突,同时以教学为主,努力兼顾学术齐头并进,虽步履蹒跚却坚定执着。

第三节　高校女教师身份的时间超越

我国著名社会学家费孝通(2010)提出了"文化自觉"的概念,并进一步将其解释为,"一定的历史文化圈子会让生活其中的人产生文化的自知之明,能对其发展历程、未来等都有充分认识"。文化自觉是人的自我觉悟、自我觉醒,是人发展的前提。高校女教师应具有文化自觉,突破固有身份限制,通过自我时间赋权实现身份的和谐。

一、女教师多重身份的和谐

从价值论来看,文化自觉即是价值的自觉,是人对价值的追求和选择。人对自我价值的肯定和确证是人的生命存在的基本根据和理由。人的自我价值的确证贯穿于人的生命全过程,体现人存在的质量状况,决定人存在的方式样态,是支配人的思想行为的动力源。人的一切行为,归根结底都是为了自身生命的存在延续,以及质量的提高、价值的肯定。

马克思认为,人的本质不是单个人所固有的抽象物。就其现实性而言,是一切社会关系的总和[①]。女教师身份的多重性是人的社会关系全面性的体现,只有当女教师身份能够得到全面自由的彰显,才能实现人的全面发展。尽管自"五四"之后,中国女性接受了现代文化的熏陶,主体意识逐渐增强,但绝大多数女性获得的只是浅层次的主体意识,其深层次的主体意识和价值肯定并未真正确立。在传统与现代的纠葛中,高校女教师要对自己所处的文化、社会与身份有清醒的认识,力争突破传统文化对女性性别身份、社会身份和职业身份的桎梏,达成其多重身份的和谐一致。笔者认为,和谐包含全面性和自由性两个维度。

全面性。在中国传统文化中,教师往往被比作蜡烛、园丁、灵魂工程师,教师的形象要么被塑造为无私奉献、自我牺牲的楷模,要么被比拟为毫无瑕疵的圣人、完人,教师在此定义下不堪重负,不敢有丝毫的懈怠,更不能有丁点的抱怨。

---

① 《马克思恩格斯选集(第1卷)》,人民出版社,1995年版第56页。

而在实际生活中,高校女教师的生命历程扮演着母亲、教师、儿媳、女儿等多重角色,有着不同的生活立面。如果脱离日常生活,一味地强调女教师的职业身份,很容易促其在职业发展的过程中悄然失去自我。女教师专业发展与整体发展并不相背离,专业生活、教学生活也无法与整体生活相剥离。女教师的职业生涯与日常生活纵横交错,专业发展与整体发展相互勾连。生活世界虽然纷繁复杂、细小琐碎,困扰着教师,也因其丰富多彩而滋养着教师。高校女教师发展应当回归丰富而具体的个人,强调个体生活的整体性、完整性。

自由性。1998年,诺贝尔经济学奖获得者阿马蒂亚·森(Amartya Sen)以"自由"为中心来定义发展,他认为自由是发展的首要目的,发展是扩展人们享有真实自由的一个过程。美国经济学家丹尼斯·古雷特(Dennis Goulet)认为,发展包括三个核心内容:生存、自尊和自由。生存是指人们基本需要的满足,包括住房、衣着、食物和最基本的教育等方面。发展首先是提供基本需要。自尊就是国家和个人感到自己有价值、自尊自爱,同时不应受到别人的歧视和侮辱。现代社会通常把获得物质财富作为实现自尊的形式,此外还必须有工作的机会和较好的教育。自由是指摆脱贫困(want)、无知(ignorance)和卑贱(squalor)等限制而产生的更多的选择自由和更广阔的选择范围,使人能够决定自身命运的行动。这三个方面是构成发展的必不可少的要素,是美好生活的基本组成部分。

高校女教师身份应当是高校女教师自由的、能够使自身感到幸福的多种身份的和谐,遵从个人的意志,不受外在的任何束缚,不将性别身份视为一种与生俱来的束缚,能够自由地确立自己的身份。英国学者伊赛亚·伯林(Isaiah Berlin)(2003)指出:"自由有消极自由和积极自由两种形态。积极自由是享有从事自己所愿选择的事情的行为自由,即'去做……的自由'(freedom to do)。消极自由则强调一种被他人或管理方强加的制约,即'免于……的自由'(freedom-from)。"前者为"权利的自由",而后者则是"权力的自由"。只有每个个体能按他的真实意愿做出选择时,才是积极的自由。换句话来说,高校女教师的"真正的自由"在于从某种束缚和障碍中解脱出来,当她们面对丰富多样、多元性机会时能做出自我选择和判断。

如何定义自己的"女性教师"身份,决定着最终她将成为自己所定义的那一类人,也意味着她将采取怎样的发展方式。"教师发展应是教师自身生存的目的与基本方式,也是教师自为、自觉的历程。基于工具理性主义的教师专业发展消解了教师的文化身份和对教师人生的终极关怀,遮蔽了教师发展的内在价值,使教师发展从原本的主体性异化为客体性。"(伍叶琴等,2013)高校女教师身份的和谐,是高校女教师作为女性能够享有的尊严和自由选择生活方式,实现自身生命价值的一种自主自由的表现。高校女教师身份首先是女教师自身的事情,女教师只有重新认识自我、改变自我乃至超越自我,才能真正走上发展之路。

二、实现高校女教师多重身份的和谐

(一)不受制于性别身份,实现人与女性的和谐统一

性别不仅仅是标识人类生理特征的一个范畴,它更是和人类赖以生存的社会以及历史、文化、政治、宗教、情感等诸多要素紧密地联系在一起,通过上述元素的共同建构,成为和"一个人的生物性别相关的各种文化联系"的综合呈现。学者周华山(1992)指出:"每个人都是一个多元体,不断变化的综合体。每一面背后又隐藏着许多未经挖掘甚至不自觉的潜能。没有人可以永恒保持一种形象,如果无时无刻坚持自己的性别角色就会扼杀人性。"以往,文化将女性判定为是一种专门为子女及家庭等他人提供服务的存在,不容许女性生活方式的多样性,压抑了女性的自我实现。当代女性要敢于承认和尊重自己的认识、感觉、感情,要确证自己作为判断主体、认知主体的身份,因为这正是人的丰富性、人性的体现。生命不只意味着生存、活着的状态,更在于寻找生命的意义,在于彰显生命的独特性。女性的身份定位既不是向男性的归同,也不应是对男性的对抗与消解。女教师身份的合理范式是:一方面要承认女教师作为"人"的发展权利和要求,即从人的意义上女性与男性共同的发展权利和要求,另一方面又要承认女教师作为"女"人的发展权利与要求,即女性发展过程中不同于男性的独特权利与要求(杨凤,2006)。女性的自由发展需要不断超越性别斗争的狭隘视域,关怀整个人类的发展。这绝不只是简单地对男性的模仿或复制,更需要的是消灭性别歧视,绝不是女性特质。

总之,当论及"两性平等的标准",我们不是简单以男性眼光衡量,也非单独以女性要求建立,其核心要素在于以两性共同看法与经历为参照系,促成两性平等的发展权利和机会。

(二)不拘泥于社会身份,突破公私领域的根本对立

自从人类社会进入私有制时期,人类活动就被分为管理国家的公共领域和处理家庭事务的私人领域。公共领域是男性的天地,因为"男性的美德就是管理国家",而公共领域是女性的禁区,不允许女性涉足,因为"女性的美德是治理家庭、料理家务和服从丈夫"(阿内尔,2005)。学者们认为:"现代社会应当维持公共领域与私人领域的均衡态势,单纯的私人领域不足以彰显人类生活的本质特征。反之,若对私人领域的经历缺乏,则不足以积累参与公共生活的基本素养;同时,也不利于发展细腻的内心体验和交往技巧(任剑涛,2011)。由此我们可以

看出,不论是男性还是女性,私人领域、公共领域都不能偏废。

个体既要担当公共责任,也要守护好个人生活世界;既不让公共吞噬私人,也不让私人销蚀公共。现代女性历经艰难,好不容易突破了公共领域的屏障,但是根深蒂固的性别文化无时无刻不在发挥着作用,将女性圈钉在家庭之中。实际上,社会生活被划分为公领域与私领域,预设了男性和女性在家庭和社会中的现有角色分工和地位的合理性,是基于生物决定论的一种文化诡计(吴小英,2011)。恩格斯明确指出:"只要妇女仍然被排除在社会生产劳动之外而只限于从事家庭的私人劳动,那么妇女的解放、妇女同男子的平等,现在和将来都是不可能的。妇女的解放,只有在妇女可以大量地、社会规模地参加生产,而家务劳动只占她们极少的工夫的时候,才有可能。"①

女教师若能抛弃传统意义上对女性社会身份的惯性思维,彻底与"男性中心价值观"决裂,在社会领域实现从缺失到在场的转变,从边缘走向中心,主动成为社会主体,通过女性的独特方式参与和创造社会生活,才有可能实现自己的价值和作用。

(三)不纠结于职业身份,实现教学科研的相互转化

伯顿·克拉克认为,"现代大学教育中,最根本的问题在于教学、科研的关系。"(Clark,2010)就世界范围而言,早期大学的主要职能是教学,宣称"大学是教授普遍知识的场所"(纽曼,2001)。19 世纪初,德国柏林大学建立,正式确立了科研在大学中的重要地位,主张"教学与科研相统一"原则(洪堡,1987)。20世纪以来,大学逐渐成为学术资本大学(吴洪富,2011),教学与科研彼此分离,甚至相互对立。中国大学的创立不过短短一百多年的历史,20 世纪 90 年代开始,高校才重视科研;21 世纪以来,高校"重科研轻教学"的倾向开始变得明显。

教学与科研是高等学校教师的两大根本职责,前者多以口头语言的方式产出知识,而后者多以书面语言的方式产出知识。女教师倾向于自我定义为擅长教学而固守在教学领域,男教师则自诩为擅长理性思维而选择投入更多时间和精力做科研。雅斯贝尔斯(1991)认为:"最好的研究者才是最优良的教师。只有这样的研究者才能带领人们接触真正的求知过程,乃至于科学的精神……只有自己从事研究的人才有东西教别人,而一般教书匠只能传授僵硬的东西。"女教师作为文化建构的主体,应当把对性别文化的自我反省、自我创建作为其文化自觉的立足点,突破性别身份的束缚,打破教学与科研的隔离,实现教学与科研的相互转化。Boyer(1990)认为以往对学术的理解过于狭窄,应当有四种学术,即

---

① 《马克思恩格斯选集(第 4 卷)》,人民出版社 1995 年版第 16 页。

发现的学术研究、综合的学术研究、应用的学术研究和教学的学术研究。高校女教师一方面应把教学作为一种专门化的学术,大力发展教学学术,从事研究型教学;另一方面要积极投入学术研究,将科研活动和科研成果转化为教学资源。高校女教师只有勇于突破社会文化强加于女性的各种固有身份,才能开辟出自我发展的广阔天空。

三、实现高校女教师自我时间赋权

时间"深嵌"在我们的生命之中——制约着我们的生命节律(诺沃特尼,2010),对时间的主体性占有和使用是自我认同建立的基本条件,也是自我发展的内在方式。高校女教师应当冲破传统的性别文化壁垒,摒弃传统的"妇女"话语,意识到对时间掌握与控制的人的主体性。作为高校女教师,想要消除不平等的性别定位,应当通过自我时间赋权,把自己从性别定位的固有模式中解放出来。

马克思认为,自由时间包括积极自由时间和消极自由时间。"积极自由时间包括从事高级活动,包括科学、艺术等活动的时间,也包括个人受教育的时间、发展智力的时间、履行社会职能的时间、进行社交活动的时间、自由运用体力和智力的时间等。"消极自由时间指闲暇时间。自由时间是人自由发展的必要条件,女性获得自由支配的时间,就是获得了从事科学、艺术,参与社会生活的时间,获得人的多重身份充分自由发展的必要前提。

有研究表明,家务劳动时间每增加 1 小时,女性高层次人才工作关系的排斥程度便增加 0.055 个单位。家务劳动时间越长,女性高层次人才受排斥的程度越高(徐延辉等,2011)。因此,男性应当和女性一起,共同承担家庭的建设,分担家务劳动,这样两性都能有更自由的选择,同时培养合作的默契度,彼此建立更真诚的尊重,就像第四次世界妇女大会中主张的那样,"分一半家务给男性,分一半权利给女性"。

高校女教师的专业发展需要时间,而女教师常常处于时间贫困中,她们的生活中经常充斥着许许多多不得已的被动性的活动,疲于应付日常生活中的琐事、教学和科研的各种会议、检查、评比等,这种失去自我的消极性存在状态,使教师的自我无法在时间中舒展。教师主体自我与时间之间常常处于一种割裂状态——自我无法充分拥有并驾驭时间,时间难以承载并实现自我价值。女教师习惯于对家庭做奉献与牺牲,甘当家庭发展、丈夫事业、子女成才的垫脚石,把自己的外在价值与自我价值相割裂。高校女教师需要充裕的时间去充实自我,滋养心灵。缺乏关照自我的时间,教师的心灵会枯竭,思维会逐渐迟钝。

女性的时间价值低于男性时间价值。由于工作是社会活动,具有劳动价值,家务劳动则是女性擅长的活动,被界定为无价值或低价值,女性的价值遭到贬损。大学教学与科研的分离与矛盾使女性工作时间的价值同样遭到了贬损。女性擅长的教学工作价值低于科研的价值,导致女性时间的价值低于男性。家庭、学校、社会构成高校女教师的生活空间和时间立面,高校女教师的时间主要分布在家庭和学校,几乎与社会割裂。广泛的社会参与带来的远远不只是生存条件的改善,更重要的是"个人关系和个人能力的普遍性和全面性"的形成①。也只有在社会参与的过程中,女性才能"炼出新的品质,通过生产而发展改造着自身,造成新的力量和新的观念,造成新的交往方式,新的需要和新的语言"②。

时间作为一种"生活事实",人们须臾不离却往往熟视无睹。女性的自我解放除了观念上的解放,关键是需要自由自主的时间。自我的主体性需要自由的时间来凸显,也需要自主的时间以实现。在时间中自由地思考、自主地行动、自我认同才能够建立,自我价值才得以实现。高校女教师实现自我时间赋权就是要拥有自由时间,不被局限在任何一种时间内,不被任何一种固定的身份所束缚,而是按照自己的兴趣和特长支配自己的时间,实现人的全面、自由的发展。

---

① 《马克思恩格斯全集第 46 卷(上)》,人民出版社 1979 年版第 109 页。
② 《马克思恩格斯全集第 46 卷(上)》,人民出版社 1979 年版第 49 页。

第七章　结论与反思

"一个时代与另一个时代的差异性,是由于文化;一个民族与另一个民族的差异也是文化。甚至男性之所以异于女性,在好多方面,也是由于文化。""人之于文化,既是文化的创造者,也为文化所创造。"(陈序经,2010)五千年来中国文化历经变迁,其主流的性别意识并未发生根本性变化,男尊女卑的文化观念仍然以有形或无形的方式存在于社会生活当中,赋予男女两性不同的身份角色,以不同的文化指令规范着两性的行为逻辑和发展路径。

文化是分析和理解高校女教师身份困境的一扇门。本书将文化从抽象到具体,从内到外,从宏观、中观到微观,分为观念层、制度层和行为层三个层面。生活于相同文化环境中的高校女教师表现出较为相似的思想观念、意识,并在同一制度约束下出现较为一致的行为方式。本书对高校女教师的真实生活世界进行全景呈现,以文化三层结构剖析女教师的身份困境及其文化根源,从而揭示社会文明中女性地位所存在的问题。

第一节　身份建构与同构

一、高校女教师身份是社会文化与教师自我建构而成

"建构"的内涵在于一种发生于主体和客体相互作用过程中的生成。米德(Mead G. H.)将自我区分为主我(I)和宾我(me)两个方面,其中主我是自我的积极主动的部分,宾我就是自我所形成的认同。而身份认同就是主我与宾我之间的相互建构。它是通过与环境相互作用而发展(米德,1997)。

女性参与了性别文化的构建,女性本身也是女性身份和地位的创造者之一(肖泳,2006)。传统文化运用语言符号、行为方式和分工模式等社会生活的方方面面作用于每个人,几千年的传统形成了男权统治和资源配置向男性倾斜的文化基础,女性也将此内化为自我性别约束和对男女不平等社会安排的默许和认可。波伏娃(1998)提出:"男性一旦将女性变为他者,就会希望她表现出根深蒂

固的共谋倾向。"(波伏娃,1998)女性如果没有把再生产内化,那么再多的操控也不能成功再生产社会关系。女性不仅仅是父权制社会性别制度的被压迫者,而且是建造这一社会性别制度的男性的合作者暨建造者。

当代著名的哲学人类学家兰德曼(1988)也曾经指出,人是文化的产物,是文化的创造者,但也为文化所创造。人不是一个抽象的人,人的身份定位离不开具体的文化形态,人选择何种方式生活、选择如何实现自我价值与文化紧密联系。个体在成长的过程中,通过掌握一定的社会的生活知识和劳动技能,价值观念和行为规范,以及各种社会角色期待等,实现个体"文化化"(张凤,2009)。学者王金玲(2011)指出:"社会影响、自我选择形成了一种共力空间,每个个体则以这两者的夹角线行进,而性别社会化也就实践和实现了。"夹角线的位置代表社会作用力和自我构建力的力量角逐,如图 7.1 所示。

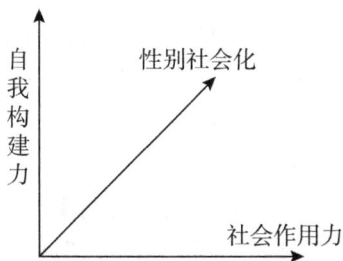

图 7.1　个体性别社会化建构力[修订自文献(王金玲,2011)]

本书通过对高校女教师身份建构的观念层、制度层和行为层解析,揭示出当代高校女教师身份困境既是传统文化对女性的形塑和规制,也源于女教师自身对传统文化价值的内化与认同。

男尊女卑的生命价值、双重标准的成功价值和反向抑制的母性价值建构了女教师的身份。作为文化再生产的家庭教育、学校教育和社会教化,都以制度的方式规定着女教师的身份。时间贫困、他控时间和碎片化时间是一种性别化的时间,限定了女教师的身份。反观高校女教师自身,在与社会文化不断协商、互动的过程中构建着自己的教师身份,形成了成功恐惧、替代成就和性别防御的文化心理;展开了让渡社会权力、掌控家庭权力,让渡决策权、掌握事务权,让渡学术权力、固守教学权力的权力博弈;采取了家庭时间优先原则,牺牲自我,保全家庭,以时间换取发展空间,在时间可及的前提下寻求自我发展的时间策略等。高校女教师身份困境通过社会中的文化因素而建构。同时,基于社会文化实践,高校女教师形成了"性别人""社会人""职业人"的"自我"建构。社会文化和女教师自我共同建构了高校女教师身份困境。

二、女教师的性别身份与社会身份、职业身份具有同构性

本书发现,女教师的性别身份是一种最为"本质"的身份,延伸到社会身份和职业身份中,衍生出高校女教师作为社会人的"家庭人"身份和作为职业人的"教学人"身份,导致女教师身份的不全面不自由。人的性别属性实际上是社会化的自然属性。马克思指出:"只有在社会中,人的自然的存在对他来说才是人的合乎人性的存在,并且自然界对他来说才成为人。"①法国著名的女权主义者西蒙娜·波伏娃(1998)曾说:"生理、心理、经济等多方面,命运并不能决定女性的社会表现形象。决定所谓的女性气质,乃文明。在社会和男性的眼光里,女性被视为第二性,被树为他者。"如果女教师将自己的性别身份定义为第二性的"次性人",她就倾向于在人的社会身份中把自己定义为"家庭人",在教师的职业身份中把自己定义为"教学人"。

一个人只有她的自然属性得到平等的对待,才能在更高层次上发展。苏珊·布朗米勒(2006)认为,社会文化所宣扬的女性特质是一大套令人窒息的繁文缛节,实际上是套在女性身上的枷锁,使很多女性以为缺乏女性特质就是不合格的女性。如果硬将女性特质与女性挂钩,男性特质与男性挂钩,高校女教师作为"具体的有性别的人",其发展必然受到性别身份的束缚与牵制。高校女教师在传统文化中被定位为"次性人""家庭人"和"教学人",而现代社会要求女教师成为"平等人""公共人"和"学术人",两者之间的冲突让女教师们陷于多重身份困境之中。高校教师的身份建构呈现出明显的性别向度,她们主动认同传统文化赋予的母性关怀和教学责任等,使其"家庭人""教学人"身份与女性的"本质"出现高度的同构性,而对"公共人""学术人"身份产生明显的疏离。

三、女教师身份处于不断生成和流变之中

身份建构指"一系列自我定义和对自我建构不断修正的过程"(Marchand et al.,2003)。女教师身份处于历史与情境限制的、难以调和的矛盾之中,是一个动态的,与社会协商的过程(Britzman,1992)。纵观我国高等教育历史可知,高校女教师身份是历史、文化和社会的产物,因社会变迁而不断发生变化。自1840年至今,中国社会政治、经济与文化发生了翻天覆地的变化,性别文化经历了男尊女卑、女性觉醒、男女趋同到多元冲突时期,社会对女性的期待由贤妻良母、女国民、半边天到当代的四自女性,女教师的身份从单一性别身份的高等教育缺席者、社会身份浮出的高等教育参与者,经历了性别身份消解的失语者,再到当下多重身份交织的"挣扎者"。

---

① 《马克思恩格斯全集(第42卷)》,人民出版社1979年版第12页。

　　文化和个体发展相互构成了彼此,个体发展是个体与文化相互建构的"参与中转变"过程。怀廷(Whiting,2003)认为,人类的发展是周围一系列社会和文化环境影响的结果,其中包括地理环境、历史条件、社群的生存模式、生产方式、社会结构、定居模式、法律和社会控制、劳动分工等,其次是影响个体发展的学习环境,最后是个体本身,它们之间具有潜在的因果关系。Rogoff(2003)于《人类发展的文化本质》一书中提出"人类发展文化本质理论",认为文化进程和个体不是独立存在的,应当以动态的方法检验文化,文化不是影响个体发展的实体,相反,人们促使文化进程的创立,文化进程也促使了人的发展,它们是相互交织、共同作用的两个方面,相互构成了彼此。女教师群体的身份困境是在当代社会各种文化与思潮并存,价值多元,由现代与传统之间文化冲突以及高等教育领域的深刻变革所引发的,也将随着社会文化的变化而变化的。

　　具体到女教师个人,她们不愿轻易将自己的私人生活公之于众,也不愿意敞开自己的内心世界,或许更深层次原因在于大部分女教师依旧处于集体无意识状态,她们从未将自己所遭遇到的问题和困难与自身的性别,或与文化、制度上的不公联系起来,只是一味地否定自己,承受着(同时也享受着)牺牲与成全。在本书中接受访谈的三位女教师都是具有一定性别意识的女性,过去她们对许多受访的问题并没有深刻地追究,但一经问起便不自觉地引起了她们对现实问题的关注。在访谈过程中,女教师们很容易就意识到自己过去沉浸于传统文化价值意识之中,并未注意到这些传统价值意识的客观存在,以致自己处于一种貌似清醒的迷糊状态。同样,受访女教师在与家人的对话叙述中也提醒男性应客观认识女性所遭遇的不公。所以,我们认为只要言之有理,言之有据,无论女性还是男性都会对传统文化价值的性别意识质疑,并有着强烈地寻求性别公正的愿望。记得与R教师曾经有如下这样一段对话。

　　R教师:我老公常常给我说,你嘛,评不评职称都没关系,只要把家庭照顾好了就可以了。他经常这样说,久而久之我就被麻痹了,好像觉得生活应该就是这样的。

　　研究者:那你会不会不由自主地按照你丈夫的期望去做,或许这样能够获得他对你的尊重和感情呢?

　　R教师:哎,平时没想过这个事,现在想来,可能还真的就是这么一回事。慢慢地,久而久之,你就变成了他期望的那种人,朝着他希望的方向发展。

　　以往R教师虽然也有一定的性别意识,但还停留在表层,通过访谈,感觉到她的性别意识和反思能力有所增强。女教师在叙述的过程中,有些时候甚至不需要我反问或者追问,就能产生新的感悟,比如H教师在谈到她和丈夫的关系时这样说。

　　"今天谈话我好像推导出另外一个生活公式,家庭和事业之间没有绝对冲突,只有一个问题:如何找到有效途径? 还有一点,我内心体会到一个微妙的变化。我先生以前感觉我是小鸟依人的,现在有所变化、独立起来了,会说:'这几年感觉你有很大变化,甚至有时候我好像感觉跟不上你的步伐。'哎,以前我好怕失去他哟(加重了语气)! 随时感觉自己这也不好,那也不好,虽然不至于说怕他嫌弃我吧,反正就是在这一段关系中找不到自我。现在反而觉得跟他越来越有一种平等对话的感觉。从内心来讲,对这段感情更加有自信了。"

　　笔者访谈持续时间较长,在这期间3位受访女教师与笔者本人的性别意识也是一个不断觉醒、相互启发的过程,也是不断与自己的内心对话,不断确认自己的价值的过程,女教师的身份也在这个过程中不断生成、重塑。访谈对研究者本人而言也是一次宝贵而丰富的体验,在触动受访女教师对自我生活进行审视,获得其对生活的新见解的同时,研究者也实现了自我审视和超越。

　　教师身份既然是建构的就不会是静态的和固定不变的,既然是建构的就可以重构。本书指出,高校女教师身份的重构需要文化观念重塑、教育制度变革以及女教师文化自觉。在观念层面,应当致力于传统文化的现代转换和西方文化的本土改造,建构和而不同、价值无差的性别观;在制度层面,应建立性别公正的教育,消弭显性和隐性的性别歧视;在行为层面,高校女教师应实现身份和谐发展和自我时间赋权。

四、追求以性别公正为尺度的高校女教师多重身份的和谐

　　人的存在总是受限于他所处的具体的各种社会关系体系中的地位约束。人的本质决定了人的身份的多重性。本书立足性别公正的价值立场,只有在性别公正的价值立场下,作为性别身份、社会身份、职业身份的高校女教师的"次性人与平等人、家庭人与公共人、教学人与学术人"的身份冲突才能得到消减,其生命特质才能够得到充分展现,其作为性别身份、社会身份、职业身份的多重身份才能真正实现和谐,高校女教师的生命特质能够得充分展现,不受限于任一固定的属性、身份和关系,不受制于任何特定的、外在的因素。

　　在以卡罗尔·吉利根(Carol Gilligan)为代表的女性主义学者看来,女性的发展则是始终和她们与家庭及他人的"联系感"、责任感和关怀相联系的,"妇女不仅在人际关系背景下定义自己,而且也根据关怀能力判断自己。妇女在男性生命周期的位置一直是养育者、关怀者和帮助者,是这些她所轮流依靠的关系网的编织者。但是,当妇女由此而承担起对男性关怀的使命时,男性们却在自己心理发展的理论中(就像他们在经济上的安排一样)倾向于怠慢和贬低这种关怀"(吉列根,1999)。

在女性主义研究者看来,与男性不同,女性个体同一性的发展恰恰不是她们在多大程度上通过竞争获得了"独立性",而是取决于她们对"社会联系"和"生命意义"的看重(Beutel,1995)。换言之,她们面临着"让自己在保持独特性的同时维持各种联系"的挑战(Josselson,1987)。女性发展是一种关系性、包容性的发展,不能够用某一单项内容来衡量。因此,高校女教师身份应当是高校女教师整体生命的和谐,包括自然性与社会性的完满结合,家庭与事业的和谐共生,教学与科研的和谐发展。自然性与社会性的和谐指作为一个自然人,追求人与女性的同一。家庭与事业的和谐,指作为一个社会人,突破公私领域的二元对立。教学与科研的和谐指作为一名职业人,实现教学科研的相互促进。高校女教师身份的和谐既不追求与男教师趋同,也不凌驾于男教师之上,而是在承认男性和女性的差异的基础上谋求男女的和谐与公正。男女两性都不应以牺牲对方作为发展自我的前提,而应该共建彼此尊重、平等相处、协力互助、平衡和谐的伙伴关系(林红,2004)。

第二节　反思及后续研究打算

近年来教师身份成为教师教育领域的研究热点。本书从文化的三层结构对高校女教师的身份困境进行根源探究,阐释高校女教师身份是如何建构的。本书只归纳和提炼了高校女教师具有共性的性别身份、社会身份、职业身份三重身份,未能关注不同学科专业教师身份的差异,譬如 T 教师是一名学科教学论教师,其专业身份实际上还面临着"教育人"与"学科人"的冲突。由于女教师来自不同学科专业,专业身份并非本书的重心,因而在本书未予呈现。再者,本书所呈现的几位女教师专业背景都具有跨学科的特点,H 教师是从教育技术学转到教育学原理,R 教师是从计算机科学转为影视编辑,T 教师则是从文学专业转为教育学,她们的学科专业边界较为模糊,也不便比较。

本书也未涉猎不同发展阶段、不同年龄阶段教师身份认同的差异性研究。在 3 位女教师中,H 教师的职业身份冲突相对较弱,可能是由于她在高等教育尚未发生激烈变革的 20 世纪 90 年代初期就度过了女性生育养育最为艰难的阶段,当 21 世纪初高等教育变革来临之时,她的整个家庭和工作都已步入正轨,使得她能够从容地面对后来的职业身份变化要求。但因为并未对此做专门研究,只能说是一种推论。

此外,本书在制度层面,主要从教育内部,以及大学场域内部考察制度,未能对制约男女两性公平发展的外部制度环境、高等教育变革中的制度供给等方面做进一步深入的讨论,这些不能不说是本书的遗憾。

　　当然,这同时也指明了笔者为了的研究进一步推进的方向,即进一步探讨教师学科专业以及生涯发展与教师身份认同之间的关系,关注教师自身独特的教师教育实践情境,关注教育变革和制度环境对教师身份的影响等,以期更好地回应与解决我国教师教育领域的理论与实践问题。

参考文献

阿内尔,2005.政治学与女性主义[M].郭夏娟,译.北京:东方出版社.

艾德勒,1998.六大观念[M].郝庆华,薛笙,译.北京:生活·读书·新知三联书店.

巴登尼玛,刘冲,2016.尊严论——汶川地震灾后文化重塑与和谐社会建设研究[M].北京:人民出版社.

巴格比,1987.文化:历史的投影[M].夏克,等译.上海:上海人民出版社.

白云.1915.女子职业谈[J].妇女杂志,(9):6-8.

鲍曼,2002.通过社会学去思考[M].高华,等译.北京:社会科学文献出版社

本尼迪克特,1988.文化模式[M].王炜,等译.上海:上海三联书店.

比特曼,韦吉克曼,2000.闲暇时间的特点与性别平等[J].美国《社会力量》:9.

别敦荣,陈艺波,2006.论学术职业阶梯与大学教师发展[J].高等工程教育研究,(6):17-23.

波伏娃,1998.第二性[M].陶铁柱,译.北京:中国书籍出版社.

伯格,2014.与社会学同游:人文主义的视角[M].何道宽,译.北京:北京大学出版社.

伯林,2003.自由论[M].胡传胜,译.北京:译林出版社:150.

博尔诺夫,1999.教育人类学[M].李其龙,等译.上海:华东师大出版社.

布朗米勒,2006.女性特质[M].徐飚,译.南京:江苏人民出版社.

蔡辰梅,2015.教育变革中教师自我认同的时间困境及其重建[J].教育研究,(7):90-97.

曹爱华,李捷,2006.对高校女教师角色冲突的理性认识[J].天津市教科院学报,(3):48-50.

畅红琴,2010.中国农村地区时间贫困的性别差异[J].山西财经大学学报,(2):10-14.

车洪波,1999.平等观的历史考察—对平等何以成为可能的追问[J].学习与

探索,(4):70-73.

陈衡哲,1938.衡哲散文集[M].上海:上海开明书店.

陈力,2005.前喻型教师文化—基础教育课程改革的内在需要[J].中小学教师培训,(9):8-10.

陈明侠,2005.婚姻法与中国妇女的婚姻家庭权利[M].陶洁,郑必俊.中国女性的过去、现在和未来.北京:北京大学出版社.

陈少雷,2015.文化价值观的哲学省思[M].北京:社会科学文献出版社:24

陈时见,2005.全球化视域下多元文化教育的时代使命[J].比较教育研究,(12):37-41.

陈戌国,点校,2002.春秋左传[M].长沙:岳麓书社.

陈锡坚,2011.学术性视野中大学教师专业发展的逻辑[J].教育研究,(8):95-98.

陈向明,2000.质的研究方法与社会科学研究[M].北京:教育科学出版社.

陈肖利.波伏娃《第二性》对中国女性主义的启蒙[J].中华女子学院学报,2009(6):48-52.

陈戌国,2002.四书五经[M].长沙:岳麓书社:743.

陈序经,2010.文化学概观[M].长沙:岳麓书社:70.

迟新丽,2008.成功恐惧的研究述评[J].社会心理科学,(2):7-11.

第三期中国妇女社会地位调查课题组,2011.第三期中国妇女社会地位调查主要数据报告[J].妇女研究论丛,(6):5-15.

刁彩霞,2011.大学教师身份的三重标识[J].现代大学教育,(5):22-26.

丁初我,1905.女学生亦能军操欤[J].女子世界,(3):24-26.

丁慧,2012.论两性平等问题的认知与纠正[J].长白学刊,(5):134-137.

董立平,周水庭,2011.学术人:高等教育管理的人性基础[J].江苏高教,(2):15-18.

杜芳琴,2001.妇女研究的历史语境:父权制、现代性与性别关系[J].浙江学刊,(1):106-111.

段成利,2013.论性别政治的终结[D].杭州:浙江大学.

费孝通,1998.乡土中国[M].北京:北京大学出版社.

弗洛伊德,1987.精神分析引论新编[M].高觉敷,译.北京:商务印书馆.

福克斯,2009.公民身份[M].郭忠华,译.长春:吉林出版集团.

高纯,1979.五四运动回忆录[M].北京:社会科学出版社:510-512.

高德胜,2007.性别公正与学校教育[J].全球教育展望,(9):33-34.

高德胜,2007.学校时间观念的反思与批判[J].首都师范大学学报,(1):

135-140.

戈夫曼,1989.日常生活中的自我呈现[M].黄爱华,冯钢,译.杭州:浙江人民出版社.

格罗塞,2010.身份认同的困境[M].王鲲,译.北京:社会科学文献出版社.

贡如云,2013.教育:谁的生活[J].河北师范大学学报(教育科学版),(2):24-28.

辜鸿铭,1996.中国人精神[M].海口:海南出版社.

顾辉,2013.国家、市场与传统社会性别观念回潮[J].学术界,(6):104-114.

顾嘉祖,陆昇,2002.语言与文化[M].上海:上海外语教育出版社.

海德格尔,2016.存在与时间[M].陈嘉映,王庆节,译.北京:商务印书馆.

韩贺南,2013.性别文化"嵌入性"探析[J].妇女研究论丛,(4):8-13.

郝明君,靳玉乐,2006.教师文化的变革[J].中国教育学刊,(3):70-74.

贺璋瑢,2012.《老子》的性别意识及其历史影响[J].华南师范大学学报(社会科学版),(1):105-111.

洪堡,1987.论柏林高等学术机构的内部和外部组织[J].陈洪捷,译.高等教育论坛,(1):93-95.

胡金平,2007.从学校组织类型的变化看我国教师身份的变迁[J].高等教育研究,(11):38-43.

胡睿,2015.高校教师管理制度改革效率与公平[J].法制与社会,(5):214-215.

胡适,2015.容忍与自由[M].云南:云南人民出版社.

胡晓红,2005.走向自由和谐的两性关系[M].长春:吉林人民出版社.

桦桢,2012.第二次浪潮之后[D].西安:陕西师范大学.

荒林,2004.中国女性主义[M].桂林:广西师范大学出版社.

黄华,2016.从陈衡哲的女性观看当代中国新主妇[J].首都师范大学学报,(6):70-78.

黄瑾,2009.走向文化生态取向的教师发展研究——来自人类发展文化本质理论的启示[J].学前教育研究,(1):31-34.

黄力之,1998.论文化定义狭义化的人文意义[J].哲学研究,(3):32-36.

吉登斯,2003.社会学[M].李康,译.北京:北京大学出版社.

吉列根,1999.不同的声音——心理学理论与妇女发展[M].肖巍,译.北京:中央编译出版社.

吉鲁,2008.教师作为知识分子—迈向批判教育学[M].朱洪文,译.北京:教育科学出版社.

江原由美子,2002.性别支配是一种装置[M].丁莉,译.北京:商务印书馆.

教育部师范教育司,2003.教师专业化的理论与实践[M].北京:人民教育出版社.

金天翮,2003.女界钟[M].上海:上海古籍出版社.

靳玉乐,2005.教师作为转型的知识分子[J].今日教育,(1):14-15.

卡西尔,1985.人论[M].甘阳,译.上海:上海译文出版社.

康翠萍,2007.学术自由视野下的大学发展[J].教育研究,(9):55-58.

苛费尔,布林克曼,2013.质性研究访谈[M].北京:世界图书出版公司北京公司.

科塞,2001.理念人:一项社会学的考察[M].郭方,等译.北京:中央编译出版社.

库克,2001.妇女的人权——国家和国际的视角[M].黄列,译.北京:中国社会科学出版社.

拉伦,2005.意识形态与文化身份[M].戴从容,译.上海:上海教育出版社.

莱昂,1989.温柔就是力量——男性解放的特征[M].袁莉莉,译.北京:作家出版社.

兰德曼,1988.哲学人类学[M].阎嘉,等译.贵州:贵州人民出版社.

朗格朗,1985.终身教育引论[M].周南照,等译.北京:中国翻译出版公司.

李灿美,2013.事实和理念的对垒:高校学术领域的性别解读与反思[J].西南科技大学高教研究,(3):4-7.

李慧英,2003.计划经济时期男女平等立法与政策[M]//杜芳琴,王向贤,妇女与社会性别研究在中国.天津:天津人民出版社.

李金莲,2007.文化·教育·人——从教育发展与社会变迁想起[J].福建论坛,(8):63-65.

李静雅,2013.夫妻权力影响因素调查——以福建省妇女地位调查为例[J].妇女研究论丛,(5):19-26.

李茂森,2010.自我的寻求——课程改革中的教师身份认同研究[D].上海:华东师范大学.

李清臣,2008.教师文化生命品性探寻[J].中国成人教育,(7):21-23.

李姗姗,2008.福柯的自我建构理论及其教育意义[J].东北师范大学学报(哲学社会科学版),(4):169.

李小江,1999.主流与边缘[M].上海:生活·读书·新知三联书店出版社.

李小江,2005.女性/性别的学术问题[M].济南:山东人民出版社.

李小鲁,2007.教育本质新探[J].现代哲学,(5):121-125.

李扬,2000.职业女性 走出你的心理误区[J].中国妇运,(6):45-46.

李银河,2005.女性主义[M].济南:山东人民出版社.

李长娟,2010.社会性别视角下乡村女教师生涯发展研究[D].长春:东北师范大学.

李自芬,2005.无性的两性关系:性别文化视野中的1950—1970年代中国诗歌[J].社会科学研究,(1):163-168.

梁漱溟,2006.东西文化及其哲学[M].上海:上海人民出版社.

廖志丹,2006.社会性别视野中的高校知识女性发展[J].教育评论,(6):35-38.

林红,2004.试析性别理论的核心思想及其学术价值——从性别概念的形成谈起[J].福建:福建论坛(社科教育版),(1):117-119.

刘江月,2013.性别制度公正视野下的妇女生育权利保障研究[D].长春:东北师范大学.

刘洁,2004.试析影响教师专业发展的基本因素[J].东北师大学报,(6):15-22.

刘晓辉,2010.当代中国女性发展探析[D].济南:山东大学.

刘卓红,2009.法兰克福学派批判理论及其对当代中国性别文化的审视[J].华南师范大学学报,(2):5-8.

龙宝新,2009.教师文化:基于生活世界的概念重构[J].当代教育与文化,(5):25-31.

卢乃桂,钟亚妮,2006.国际视野中的教师专业发展[J].比较教育研究,(2):71-76.

路日亮,2012.人的生命价值与人的全面发展[J].中国特色社会主义研究,(5):36-41.

罗超,2012.论教师生活中日常生活的退隐与回归[J].当代教育科学,(5):22-25.

罗尔斯,1988.正义论[M].何怀宏等,译.北京:中国社会科学出版社.

罗萍,2013.追问与求解:中国女教师发展报告[N].中国妇女报,2013-9-10(B01).

罗苏文,1996.女性与近代中国社会[M].上海:上海人民出版社.

罗雪松,2005.当代大学生应该树立公正的性别观[J].玉林师范学院学报,(4):112-115.

吕会清,2009.文化属性的嬗变与提升——教师发展的结点[J].吉林教育,(9):42-45.

吕俊彪,2012.文化多样性视角下的性别平等[J].云南民族大学学报(哲学社会科学版),(6):22-24.

吕思勉,2010.中国文化史[M].北京:北京大学出版社.

麻艳香,2010.文化是教育之根:教育与文化的关系研究[J].兰州:兰州交通大学学报,(2):62-64.

马惠娣,2013.中国妇女生活方式的调查与思考——第三期中国妇女社会地位调查•生活方式问卷数据分析[J].洛阳师范学院学报,(3):1-9.

马克思,1979.1844年经济学——哲学手稿[M].刘丕坤,译.北京:人民出版社.

马克思,恩格斯,1979,1844年经济学—哲学手稿[M].刘丕坤,译.北京:人民出版社.

马林诺夫斯基,1987.文化论[M].费孝通,等译.北京:中国民间文艺出版社.

马焱,陈慧平,2008.性别平等与和谐社会构建:多学科或跨学科的讨论[J].妇女研究论丛,(1):72-77.

米德,1997.心灵、自我与社会[M].赵月瑟,译.上海:上海译文出版社.

米尔斯,2005.社会学的想象力[M].陈强,张永强,译.北京:生活•读书•新知三联书店.

闵家胤,1995.阳刚与阴柔的变奏[M].北京:中国社会科学出版社.

木晓萍,2003."母亲价值"与女性发展[J].学术探索,(10):65-67.

南波,1990.马克思主义妇女解放理论的几个基本观点[J].中国妇女报,1990-08-17.

纽曼,2001.大学的理想[M].徐辉,等译.杭州:浙江教育出版:4.

纽曼,2002.大学的理想[M].徐辉,顾建新,何曙荣,译.杭州:浙江教育出版社.

诺沃特尼,2010.时间:现代与后现代经验[J].景天魁,等译.北京:北京大学出版社.

裴丽,李琼,2017.2000—2016年我国教师身份认同研究的国际化进展:分布特征及研究主题[J].外国中小学教育,(10):47-57.

普里查德,2001.努尔人:对尼罗河一个人群的生活方式和政治制度的描述[M].褚建芳,等译.北京:华夏出版社.

钱穆,2012.文化学大义[M].北京:九州出版社.

抢救民间家书项目组委会,2007.任鸿隽陈衡哲家书[M].北京:商务印书馆.

乔晖,2008.小学语文教材的性别偏见——从女性主义视角出发[J].教育学术月刊,(7):26-28.

曲燕,佐斌,2014.师生互动中的性别效应[J].青年研究,(6):65-72.

全国妇联,国家统计局,2001.第二期妇女社会地位调查数据报告[J].中国妇运,(10):22.

饶见维,2003.教师专业发展—理论与实务[M].台湾:五南图书出版公司

任剑涛,2011.论公共领域私人领域的均衡态势[J].山东大学学报,(4):9-14.

萨默瓦,波特,2003.文化模式与传播方式——跨文化交流文集[C].麻争旗,译.北京:北京广播学院出版社.

萨特,2014.存在与虚无[M].陈宣良等,译.北京:生活·读书·新知三联书店.

塞尔兹,1991.影响人类历史的名人思想大观[M].上海:上海人民出版社.

沈红,谷志远,刘茜,2011.大学教师工作时间影响因素的实证研究[J].高等教育研究,(9):55-63.

沈奕斐,2005.被建构的女性——当代社会性别理论[M].上海:上海人民出版社.

盛筵,2012.济宁日报[N].2012-2-3,第008版.

史华兹,2004.古代中国的思想世界[M].程钢,译.南京:江苏人民出版社.

叔本华,1987.叔本华论文集[M].陈晓南,译.天津:百花文艺出版社.

斯科特,1997.性别:历史分析中一个有效范畴.载于李银河.妇女:最漫长的革命[M].北京:生活·读书·新知三联书店.

宋广文,魏淑华,2005.论教师专业发展[J].教育研究,(7):71-74.

宋宏福,2004.教师文化及其对教师成长的意义[J].教育与职业,(15):92-94.

宋娟,2010.中学语文教材女性角色与学生性别意识的建构[D].重庆:西南大学.

宋晖,魏亚平,李为忠,2013.女教师的女性气质:学生道德成长的土壤[J].东北师大学报,(6):206-209.

苏舆,1992.春秋繁露·顺命,春秋繁露义证[M].钟哲,点校.北京:中华书局.

孙杰远,2009.教育的文化范式及其选择[J].教育研究,(9):52-56.

孙玲,2010.教师身份的历史变迁——变革中的深层反思[J].天津师范大学学报(基础教育版),(1):14-18.

泰勒,2003.承认的政治.是明灯还是幻象[M].韩少功,蒋子丹,译.昆明:云南人民出版社.

泰勒,2005.始文化:神话、哲学、宗教、语言、艺术和习俗发展之研究[M].连树生,译.桂林:广西师范大学出版社.

檀传宝,2000.教育是人类价值生命的中介:论价值与教育中的价值问题[J].教育研究,(3):14-20.

陶春芳,蒋永萍,1993.中国妇女社会地位概观[M].北京:中国妇女出版社.

仝华,康沛竹,2004.马克思主义妇女理论发展史[M].北京:北京大学出版社.

王刚,2016.个案研究类推的方法与逻辑反思[J].中国农业大学学报(社会科学版),(1):68-76.

王金玲,2009.家庭权力的性别格局:不平等还是多维度网状分布?[J].华中科技大学学报(社会科学版),(2):62-68.

王金玲,2011.论个体性别社会化和性别本色表演[J].云南民族大学学报,28(5):107-111.

王俊,2010.解读高等教育的性别符码[D].武汉:华中科技大学.

王宁,2002.代表性还是典型性? 个案的属性与个案研究方法的逻辑基础[J].社会学研究,(5):123-125.

王雪峰,高畅,2005.赋予教育研究以性别意识[J].清华大学教育研究,(4):60-64.

王政,1997.国外学者对中国妇女和社会性别研究的现状[J].山西师大学报(社会科学版),(4):49-53.

王政,1997.女性意识、社会性别意识辨异[J].妇女研究论丛,(1):19.

威利斯,2013.学做工——工人阶级子弟为何继承父业[M].秘舒,凌旻华,译.南京:译林出版社.

维柯,1987.新科学[M].朱光潜,译.北京:商务印书馆.

魏国英,1995.性别文化的理念建构与本土特征[J].内蒙古大学学报(人文社会科学版),(4):35-40.

魏建培,2011.教育学基础[M].北京:清华大学出版社.

温德尔,1995.女性主义神学景观[M].刁承俊,译.北京:生活·读书·新知三联书店.

吴洪富,2011.大学场域变迁中的教学与科研关系[D].武汉:华中科技大学.

吴捷,2004.教师专业成长过程及其影响因素研究[J].教育探索,(10):

117-119.

吴明永,林彦虎,2012.文化发展向度的人学意蕴[J].广西社会科学,(10):158-161.

吴文莉,张澍军,2014.论道德关怀是思想政治教育的原点要素[J].东北师大学报(哲学社会科学版),(3):210-213.

吴小英,2011.回归日常生活:女性主义方法论与本土议题[M].呼和浩特:内蒙古大学出版社.

吴小勇,黄希庭,等,2008.身份及其相关研究进展[J].西南大学学报,(3):8-13.

伍叶琴,李森,戴宏才,2013.教师发展的客体性异化与主体性回归[J].教育研究,(1):119-125.

西美尔,2000.金钱、性别、现代生活风格[M].刘小枫,译.上海:学林出版社.

夏峰,2014.人的文化存在与思想政治教育创新研究[D].济南:山东师范大学.

夏征农,陈至立,2010.辞海(第六版缩印本)[M].上海:上海辞书出版社.

向宗鲁,1987.说苑校正[M].北京:中华书局.

肖扬,2013,1950 年代国家对性别文化和性别关系的改造与重构[J].山西师大学报(社会科学版),(6):114-117.

肖泳,2006.女性的发现[D].杭州:浙江大学.

辛瑗,2014.妇女政治地位的影响因素分析——基于第三期中国妇女社会地位黑龙江省调查数据[J].学术交流,(2):49-54.

徐莉,2006.文化场视域下教师发展的动态历程[J].教育研究与实验,(4):44-49.

徐莉,2011.民族村寨女教师发展的文化机制[J].中国教师,(5):23-26.

徐延辉,熊欢,2011.女性高层次人才的社会排斥及其影响因素分析——基于福建省的调查[J].妇女研究论丛,(3):39-47.

徐延宇,李顺,2007.知识人角色与大学教师发展[J].扬州大学学报,(5):39-42.

徐彦之,1920.北京大学男女同学同校记[J].少年世界,1(9):10-13.

许纪霖,2003.中国知识分子十论[M].上海:复旦大学出版社.

许艳丽,谭琳,2000.女性主义方法论向男女不平等挑战的方法论[J].浙江学刊,(5):60-61.

寻阳,孙丽等,2014.我国外语教师身份认同量表的编制与检验[J].山东外语教学,(5):61-67.

雅斯贝尔斯,1991.什么是教育[M].邹进,译.上海:上海三联书店.

闫广芬,杨洋,2006.当代中学女教师身份认同的发展趋向[J].教师教育研究,(11):68-72.

闫莹莹,2014.高校女学者学术生涯发展与身份认同[D].西安:陕西师范大学.

阎光才,2009.要么发表要么出局——研究型大学潜规则研究[J].比较教育研究,(2):1-7.

阎云翔,2006.差序格局与中国文化的等级观[J],社会学研究,(4):201-213.

杨,2013.包容与民主[M].彭斌,刘明,译.南京:江苏人民出版社.

杨伯峻,1980.论语译注[M].北京:中华书局.

杨丹,2008.性别公正——女性主义研究的现代理念[J].学术论坛,(9):20-23.

杨凤,2006.当代中国女性发展研究[D].广州:中山大学.

杨菊华,2014.传续与策略:1990—2000年中国家务分工的性别差异[J].学术研究,(2):28-35.

杨菊华,李红娟,朱格,2014.近20年中国人性别观念的变动趋势与特点分析[J].妇女研究论丛,(6):28-35.

杨天宇,2004.仪礼译注[M].上海:上海古籍出版社.

杨秀莲,2011.试论人的文化存在方式[J].学术交流,(11):1.

叶澜,2003.教育创新呼唤"具体个人"意识[J].中国社会科学,(1):91-92.

叶澜等,2001.教师角色与教师发展新探[M].北京:教育科学出版社.

叶启政,2006.社会理论的本土化建构[M].北京:北京大学出版社.

裔昭印,2003.我国高校女知识分子性别观念研究[J].上海师范大学学报,(1):12-17.

尹弘飚,操太圣,2008.课程改革中教师的身份认同——制度变迁与自我重构[J].教育发展研究,(2):35-40.

于发友,2004.我国教师专业化面临的问题与影响因素分析[J].当代教育科学,(6):23-25.

于胜刚,2011.论大学学术人的利益取向[J].教育评论,(1):7-9.

余曲,2002.冯骥才文化散文的文化价值[J].当代文坛,(9):42-86.

袁小平,2012.人本主义视角下高校女教师生存状况研究[J].教育评论,(4):48-50.

袁志晃,2001.再谈"教师生涯发展"的题旨:释疑与释意[J].教育研究资讯,(9):27-42.

张岱年,程宜山,1990.中国文化与文化争论[M].北京:中国人民大学出版社.

张岱年,方克立,2004.中国文化概论[M].北京:北京师范大学出版社.

张丹,范国睿,2014.课堂教学场域中教师关注的性别差异研究[J].教育研究,(4):122-128.

张东,李森,2011.论教师专业发展的实然困境与应然向度[J].教师教育研究,(5):37-42.

张凤,2009.中介学习体验理论与儿童早期学习[J].教育导刊,(9):7.

张凤琴,2004.教师文化及其对教师专业发展的影响[J].内蒙古师范大学学报(教育科学版),(11):39-42.

张广君,2007.教师发展领域的九个关键词[J].天津教育,(3):14-16.

张建奇,1997a.我国高校女教师地位现状之研究[J].清华大学教育研究,(04):58-65.

张建奇,1997b.我国女性参与高等教育的制约因素与发展趋势[J].高等教育研究,(4):71-79.

张觅觅,2004.近代女子大学与女子高等教育[J].教育旬刊,(1):56.

张明芸,2002.中国高等教育中的女性研究与实践[J].妇女研究论丛,(3):12-15.

张曙光,2001.生存哲学—走向本真的存在[M].昆明:云南人民出版社.

张辛欣,2005.在同一地平线上[M].北京:台海出版社.

张新平,2010."女性教书男性管校"现象探析——女性在学校管理中的应为与难为[J].教育发展研究,(4):30-36.

张子恒,2010.性别伦理的价值取向研究[D].兰州:西北师范大学.

赵艳丽,2006.高校女教师心理健康状况调查研究[J].中华女子学院学报,(4):36-40.

赵叶珠,2007.中国高校女教师队伍发展的现状分析[J].大学·研究与评价,(2):60-65.

郑晨,1994.当代职业妇女角色冲突的社会学分析[J].浙江学刊,(6):45-46.

郑桂珍,2004.上海市高校女教师健康状况的调查报告[J].妇女研究论丛,(5):19-24.

中共马克思恩格斯列宁斯大林著作编译局,2009.马克思恩格斯文集第 4 卷

[M].北京:人民出版社.

中共马克思恩格斯列宁斯大林作编译局,1975.马克思恩格斯全集第32卷[M].北京:人民出版社.

中共中央马克思恩格斯列宁斯大林著作编译局,1995.马克思恩格斯选集第4卷[M].北京:人民出版社.

中国妇联,1991.中国妇女运动历史资料5(1840—1918)[M].北京:中国妇女出版社.

中国社会科学院语言研究所词典编辑室,1978.现代汉语词典[M].北京:商务印书馆.

中华人民共和国国务院新闻办公室,1994.中国妇女的状况[J].中国妇运,(7):3-13.

中央人民法制委员会,1982.中央人民政府法令汇编(1949—1950)[M].北京:法律出版社.

钟华,冀文秀,2006.高校女教师发展状况分析[J].内蒙古师范大学学报(教科版),(7):134-136.

周华山,1992.女性的一半也是女性[M].香港:创建出版社.

周乔木.要透过性别文化冲突看女性健康问题[N].中国妇女报,2017-1-7(A03).2012.

周有恒,2007.福斯特:哈佛大学第一位女校长[J].创新科技,(10):27-29.

朱新卓,2002."教师专业发展观"批判[J].教育理论与实践,22(8):32-38.

朱学勤,1999.书斋里的革命[M].长春:长春出版社.

朱亚男,2013.汉娜-阿伦特的公共领域理论研究[D].沈阳:辽宁大学.

朱依娜,何光喜,2014.高校教师工作与科研时间的性别差异及其中介效应分析-基于全国科技工作者状况调查数据[J].科学与社会,(3):86-100.

朱有瓛,1989.中国近代学制史料[M].上海:华东师范大学出版社.

祝成林,2017.高职院校教师的身份及其文化建构[J].教师教育研究,(3):19-24.

祝平燕,周天枢,宋岩,2007.女性学导论[M].武汉:武汉大学出版社.

庄祺,2013.试论女性文化的建设和发展[J].理论研究,(5):50-55.

庄淑芳,陈彰仪,1994.已婚职业妇女知觉夫妻性别角色及成就差异性与成功恐惧的关系[J].教育与心理研究,(17):455-476.

庄锡昌,顾晓鸣,1987.多维视野中的文化理论[M].杭州:浙江人民出版社.

Adams GB,White JD,1994. Dissertation research in public administration and cognate fields: an assessment of methods and quality[J]. Public Administration

Review, (6): 565-576.

Adey P,Hewitt G, Landue J, Landue N,2004. The Professional Development of Teachers: Practice and Theory [M]. Dodrecht: Kluwer Academic Publisher.

Allen HL,1997. Faculty Workload and Productivity: Ethnic and Gender Disparities[Z]. NEA:25-42.

Antaki C, Widdicombe S,1998. Identities in Talk[M]. London: Sage: 197-202.

Bain O, Cummings W, 2000. Academe's glass ceiling: societal, professional organizational, and institutional barriers to the career advancement of academic women[J]. Comparative Education Review,44(4):493-514.

Ball S, Goodson IF, 1985. Understanding Teachers: Concepts and Contexts [M]// S. Ball & I Goodson(Eds.), Teacher's Lives and Careers. Philadelphia: Falmer Press:1-26.

Beaman R, Wheldall K, Kemp C,2006. Differencial teacher attention to boys and girls in the classroom[J]. Education Review,58(3):339-366.

Bellas ML, Toutkoushian RK, 1999. Fauculty time allocations and research productivity: gender, race and family effects [J]. Meeting of the Southern-ecomomic-association,22(4):367-390.

Beutel AM, Marini MM,1995. Gender and value[J]. American Sociological Review, 60(3):436-448.

Biklen SK,1995. School Work: Gender and the Cultural Construction of Teaching [M]. New York, NY:Teachers College Press.

Billett S, 2006. Work, Subjectivity and Learning [M] // S. Billett, T. Fenwick, M. Somerville(Eds.) Work, Subjectivity and Learning: Understanding Learning through Working Life (pp. 1-20). Dordrecht: Springer.

Boyer EL,1990. Scholarship Reconsidered :Priorities for the Professoriate [Z]. The Carnegie Foundation for the Advancement of Teaching:16.

Britzman DP,1992. The terrible problem of knowing myself: towards a post structural account of teacher identity[J]. JCT, 9(3): 23-46.

Cameron J,1988. The Competitive Woman[M]. London: Mercury Books:160-170.

Clack B,2010. The Higher Education System: Academic Organization in Cross-National Perspective [M]. California: University of California Press.

Clark B,2010. The Modern integration of research activities with teaching and learning[J]. Journal of Higher Education, 68(3):241-255.

Clarke D, Hollingsworth H, 2002. Elaborating a model of teacher professional growth[J]. Teaching and Teacher Education, 18(8):947-967.

Cole JR,1987. Zuckerman HM. Motherhood and research performance in science[J]. Scientific American, 256(2):119-125.

Coser LA,1974. Greedy Institutions[M]. New York, NY: Free Press:6.

Dillabough JA, 1999. Gender politics and conceptions of the modern teacher: women, identity and professionalism[J]. British Journal of Sociology of Education,20(3):373-394.

Farrell TSC,2011. Exploring the professional role Identities of experienced ESL teachers through reflective practice [J]. System,39(1):54-62.

Folkman S, 1984. Stress: Appraisal and Coping[M]. New York, NY: Springer Publications:13.

Fox MF, Hesse-Biber SJ,1984. Women at Work[M]. Mountain View, Calif. : Mayfield Pub. Co:88.

Fullan M, Hargreaves A, 1992. Teacher development and educational change[M]// M. Fullan & A. Hargreaves(Eds.) Teacher Development and Educational Change. Washington,DC: FalmerPress:8-9.

Gllatthom A,1996. The Teacher's Protfolio [M]. Proactive Publications.

Hargreaves A, 1997. Rethinking educational change: going deeper and wider in the quest for success[J]. Association for Supervision and Curriculum, (5): 1-26.

Hoyle E,1980. Professionalization and De-Professionalization in Education [M]//E. Hoyle & MegarryJ (Eds.), World Yearbook of Education 1980: Professional Development of Teachers. London : Kogan Page.

Joanne D,1999. Gender politics and conceptions of the modern teacher: women, identity and professionalism [J]. British Journal of Sociology of Education, 20(3): 373-394.

Jenkins R,2008. Social Identity[M]. London : Routledge.

Josselson R,1987. Finding Herself: Pathways to Identity Development in Women[M]. San Francisco: Jossy-Bass.

Judith GR, Barbara KT, Becky RH,2000. Women in Higher Education: A Feminist Perspective [M]. Boston: Person Custom Publishing.

Kelly GP, Slaughter S,1991. Women's Higher Education in Comparative

Perspective [M]. Boston: Kluwer Academic Publishers.

Khoddami K, 2011. Being a Female English Teacher: Narratives of Identities in the Iranian Academy[D]. Exeter: University of Exeter.

Lan Z, Anders K, 2000. A paradigmatic view of contemporary public administration research[J]. Administration & Society,(2): 138-165.

Lazarus RS, Folk man S, 1984. Stress, Appraisal and Coping[M]. New York, NY: Springer Publications.

Lewis LS, 1996. Marginal Worth: Teaching and the Academic Labor Market[M]. New York, NY:Routledge.

Lomperis A, 1990. Are women changing the nature of the academic profession? [J]. Journal of Higher Education,61(6):643-677.

Marchand M, Parpart J,2003. Feminism, Postmodernism,Development: International studies of women and place[M]. New York, NY:Routledge.

Marianne H Marchand, Jane L. Parpart 1995. Feminism, Postmodernism, Development [M]. London :Routledge.

Maria A, Lomperris T, Lomperris MAT,1990. Are women changing the nature of the academic profession? [J]. The Journal of Higher Education, 61 (6):643-677.

Mina K, 2013. Constructing occupational identities: How female preschool teachers develop professionalism[J]. Universal Journal of Educational Research, 1 (4): 309-317.

McDougall M, Birley S, 1994. Developing Women Managers: Current Issues and Good Practice [M]. Edinburgh:HMSO.

Markus H R, Kitayama S, 1991. Culture and the self: implications for cognition, emotion and motivation[J]. Psychological Review, 98 (2):224-253.

Nelson DL, Quick JC, 1985. Professional Women: Are distress and Disease Inevitable[J]. Acad Manage Rev,10(2):206-218.

Nias J, 1989. Primary Teachers Talking: A Study of Teaching as Work [M]. London:Routledge:35-50.

Poole M, Bornholt L, Summers F,1997. An international study of the gendered nature of academic work: some cross-cultural explorations[J]. Higher Education,34(3):373-396.

Rogoff B,2003. The Cultural Nature of Human Development[M]. New York, NY: Oxford University Press: 42-46.

Rowland S, 1996. Relationships between teaching and research [J]. Teaching in Higher Education,1(1):7-20.

Ryan S, Class B,1983. Why So Few: Women Academics in Australian Universities[M]. Sydney: Sydney University Press.

Sarah W, 2010. Gender inequality and time allocations among academic faculty[J]. Gender and Society, 24(6) :769-793.

Simeone A. Academic Women: Working Towards Equality [M]. South Hadley, MA: Bergin & Garvey Publishers,1987:161.

Spencer-Oatey H, 2008. Culturally Speaking: Culture, Communication and Politeness Theory[M]. London: Continuum.

TanTon M,1994. Women in Management: A Developing Presence[M]. London: Routledge,1994.

Thomas L, Beauchamp C, 2011. Understanding new teachers' professional identities through metaphor[J]. Teaching and Teacher Education, 27(4), 762-769.

Tajfel. H, 1982. Social psychology of intergroup relations [J]. Annual Review of Psychology,(33):24.

Wenger E, 1998. Communities of Practice: Learning, Meaning and Identity[M]. Cambridge: Cambridge University Press.

Wolf-Wendel LE, Ward K, 2006. Academic life and motherhood: variations by Institution type[J]. Higer Education,52(3):487-521.

Zembylas M, 2003. Emotions and teacher identity: a post-structural perspective[J]. Teachers and Teaching: Theory and Practice,9(3):213-238.

附录:访谈提纲

说明:此提纲在实际访谈中仅作为参考,笔者并未严格按照以下访谈题目,也不拘于以下顺序提问,更多的是由受访教师自由地表达,其间笔者就感兴趣的问题采用追问的方式探寻细节。事实上,每位受访教师的生活世界是不一样的,面临的问题也是个体化和情境化的,访谈主要围绕女性的性别认知、家庭与事业、教学与科研几方面内容展开。

您如何定义女性?

您认为与男性相比,女性的优势和不足是什么?

您认为中国当代社会实现男女平等了吗?

您怎样理解男女平等?

您认为当前男女两性哪些方面平等、哪些方面不平等?

您欣赏女强人吗? 为什么?

您身边有女强人吗?

您愿意当女强人吗?

如果可以选择,您下辈子还愿意做女性吗?

您会经常关注自己的形象吗?

你认为理想的高校教师形象是什么样子?

您最崇拜的女性是谁?

如果让您将事业与家庭排序,您认为哪一个更重要?

对男性而言,您认为家庭还是事业更重要?

您家里的家务活是如何分工的?

您认为这种分工合理吗?

在您家里谁说了算?

如果用一个词来形容您与丈夫的关系,您觉得属于哪一种类型,朋友、亲人、还是伙伴、兄妹,或者其他?

您认为女性是否应当有自己的事业?

您对事业有什么样的憧憬?

您认为女性在工作中有什么优势? 有什么劣势呢?

您作为女性在工作中有没有受到不公正的待遇?

您觉得女性在事业上有没有受到限制的方面?

当事业与家庭冲突您怎么办?

您身边有因为事业影响家庭的女性吗? 有具体案例吗?

您认为女性偏重事业是否会影响家庭和谐?

生育小孩后对您的工作有没有影响?

您怎么理解幸福?

您的周末一般怎样度过?

您担任了哪些社会兼职?

您有没有承担一些来自地方政府、企业、机构或其他方面的横向课题?

您年幼时,父母希望您从事什么职业? 为什么呢?

您最初的志向是当教师吗?

您是怎样走上教师这条路的?

您认为一名好的高校教师需要具备哪些条件?

您认为学校应当对女教师提供什么样的帮助和支持?

您目前偏重教学还是科研? 为什么?

您认为教学还是科研哪一样带来的成就感更大? 为什么?

您近五年来承担了几门课?

您近三年平均每周有多少节课? 您认为合理吗?

您所在学校在评定高级职称上有什么要求? 您认为合理吗?

您每天大约有多少时间用于做科研? 每周呢?

您感觉做科研的时间充足吗?

您觉得教学与科研之间是否有冲突? 遇到冲突时您如何选择?

您在科研中遇到的最大的困难是什么? 您认为男性会遇到这些困难吗?

您认为男性从事科研的优势是什么?

您认为现行的科研评价制度、人事制度有什么不合理吗?

后　记

　　27年前,我以优异的成绩本科毕业时,毅然放弃了保送研究生的机会,后来通过在职学习获得硕士学位,接下来的日子便是生子、养育等一系列女性无法回避的生活事件。在柴米油盐酱醋茶的平淡生活以及按部就班的工作中,读博的想法无数次在头脑中闪现,又无数次说服自己放弃。不知不觉迈过40不惑的年龄,终于在2012年跨入四川师范大学教育科学学院成为一名博士研究生。

　　本书基于我在博士研究生期间的研究成果而著,付印之时感慨万千。如果用两个关键词来总结自己的心路历程,一是感恩,千言万语难以表达我对恩师巴登尼玛教授的感谢。在整个读博过程中,导师循循善诱,将我引入科学研究的殿堂,一路走来,经历了初时手足无措的迷惘,偶尔的自信满满,中途心生倦怠,大功告成时满心成就感,时而因茅塞顿开、豁然开朗而欢欣,时而又因千回百转,步入死胡同而沮丧。正如马克思·韦伯在《以学术为业》的演讲中所言,"想法的来去行踪不定,并非随叫随到。的确,最佳想法的光临,如伊赫林所描述的,是发生在沙发上燃一支雪茄之时,或像赫尔姆霍兹以科学的精确性谈论自己的情况那样,是出现在一条缓缓上行的街道的漫步之中,如此等等。总而言之,想法是在你坐在书桌前绞尽脑汁时不期而至的。当然,如果我们不曾绞尽脑汁,热切地渴望着答案,想法也不会来到脑子里。"做研究是一个备受煎熬却也充盈着幸福的历程,幸福不只在完成博士论文的那一刻,而是在"绞尽脑汁,想法不期而至"的时刻。导师巴登尼玛教授对教育的定义——教育是人类不断筛选与传承文化,提高人类生命质量的过程,犹如一盏明灯,不仅使我拨开云雾见太阳,随时校正着我的学术道路,同时也使我的博士生涯充实而幸福,懂得适度调节压力,在登高望远的路上不忘驻足欣赏沿途的风景。在这里也要特别感谢四川师范大学教育科学学院李松林教授、郑富兴教授、鄢超云教授、张烨教授等的关心和帮助,他们给予了我非常重要的点拨,他们的敬业精神和深厚学养让我不由产生"虽不能至,然心向往之"的由衷钦佩。感谢四川师范大学教育科学学院党委书记万英在得知我选题的第一时间,将手里有关女性研究的图书借给我。感谢师兄弟姐妹们给予我的关心与支持,李涯博士经常与我分享她的读博经历,作为一名女性深深地懂得我的研究所要表达的内容。高瑜博士逐字逐句地提出修改意见,给了我极大的启发。在我的研究进展最为困难之时,是李涯副教授、沈建峰副教授、高瑜博士的陪伴和期待给予了我精神支撑,让我感动到不敢轻言放弃。在论文写作的过程中,我一度约有半年的时间陷入了迷茫,痛苦不堪到不愿打开电脑。直到有一天卢德生师兄告诉我,不必苛求自己,没有完美的博士论文,你要容许和正视自己的不足,勇敢地走下去,方才幡然醒悟重拾勇气。在我收集了一大堆数据无从下手时(虽然最终未在书中呈现),请教了彭俊英教授、徐小燕教授、陈璟教授和沈建峰副教授,他(她)们耐心细致地教我处理和分析数据。难忘每周三晚上307室的同门切磋,刘争先博士后、杨其勇博士后,刘冲、毛道生、苏婕兰、张霞、胡芸、傅春敏、李久军等博士研究生同学的热烈讨论。此外,还有多位女教师主动为我提供素材,不厌其烦地接受访谈,在这里不便一一列出,只能一并致以诚挚的谢意!

第二个关键词是收获。庆幸选择了女性研究,让我步入一个全新世界,为我打开了另一扇窗门。婚后的我原本遵循着"贤妻良母"的角色定位,先生和孩子生活上的事情均由我打理,事无巨细。十余年来,先生不曾洗过一次袜子,唯一会做的家务事是烧开水。我呢,则是孩子名副其实的"全陪",陪玩、陪练钢琴、陪学习、陪锻炼。学习进度如何,何时添加衣被,都了然于胸,牵挂于心。我自我感觉如此重要,家庭似乎离开了我就无法正常运转。一方面疲惫不堪,另一方面也享受着家庭核心地位的心理满足。自从攻读博士学位以来,尤其是选择了女性研究领域,接触了众多的女性主义理论后,我开始反思这样的生活到底是不是我想要的,丈夫和孩子果真如此需要我吗?我尝试着调整自己的时间和生活方式,明确告诉他们我需要挤出时间学习,这一决定居然毫不费力地获得了丈夫和孩子的支持。渐渐地,先生开始早起为我们做早餐,周末独自带着儿子去打球,孩子也很快适应了没有我陪读的日子。倒是我自己偶尔会因为这么快被"抛弃"而倍感失落。事实上,在我对他们放手的同时,他们也解放了我。以前我时常感叹"时间都去哪儿了"。此时才知道,时间是自我赋予的。

不知不觉,博士研究生毕业已经四年了。四年里我参与了四川省、成都市等地市州的新一轮妇女儿童发展纲要、四川省指导推进家庭教育的五年规划,以及广安市儿童友好城市建设方案等编制工作,倡导发起的"性别、文化与人的发展"

公选课已经开课,筹建的"中国幸福家庭建设研究中心""四川省家庭建设研究院"正式挂牌,志同道合的朋友同仁们不断聚集。我们这一群人,一谈起正在做和想要做的事情就充满了激情,迸发出力量,鼓舞着彼此。我们常常想,如果每个人都竭尽所能,哪怕只有一点点改变,世界也会因此而美好。

　　这就是我们共同的希望。这也是我想要的生活。

　　你和我,所有的女性都可以。任何时候开始都不晚。